高等职业教育 "十四五" 规划教材　物流管理专业

运输与配送管理

主　编　罗松涛
副主编　李作聚　陈捷　刘健

中国水利水电出版社
www.waterpub.com.cn
·北京·

内 容 提 要

当前世界经济的发展呈现出全球化和市场化两大趋势，经济快速发展、科技不断进步、信息技术不断提高，将世界带入了前所未有的全球化和市场化时代。21 世纪国际物流的主要特征是信息化、网络化、智能化、柔性化、标准化和社会化，运输与配送是现代物流化的重要组成部分，是物流管理的关键环节。

本教材在重点介绍运输与配送相关理论的基础上，对运输组织管理、运输作业管理、运输运营管理、配送规划管理、配送作业管理等实际操作业务内容作了详细阐述，每一部分最后都结合"教学做"一体化实践案例来帮助学生理解，并提出思考题来引导学生进行更深层次的思考。

本教材可作为高职院校物流管理、物联网技术与应用等相关专业的教材，也可供培训班学生和自学者选用。

图书在版编目（CIP）数据

运输与配送管理 / 罗松涛主编. -- 北京 : 中国水利水电出版社, 2023.8
高等职业教育"十四五"规划教材. 物流管理专业
ISBN 978-7-5226-1590-5

Ⅰ. ①运… Ⅱ. ①罗… Ⅲ. ①物流－货物运输－管理－高等职业教育－教材②物资配送－物资管理－高等职业教育－教材 Ⅳ. ①F252

中国国家版本馆CIP数据核字(2023)第117576号

策划编辑：周益丹　　责任编辑：赵佳琦　　加工编辑：张玉玲　　封面设计：梁燕

书　名	高等职业教育"十四五"规划教材（物流管理专业） **运输与配送管理** YUNSHU YU PEISONG GUANLI
作　者	主　编　罗松涛 副主编　李作聚　陈捷　刘健
出版发行	中国水利水电出版社 （北京市海淀区玉渊潭南路 1 号 D 座 100038） 网址：www.waterpub.com.cn E-mail: mchannel@263.net（答疑） 　　　　sales@mwr.gov.cn 电话：（010）68545888（营销中心）、82562819（组稿）
经　售	北京科水图书销售有限公司 电话：（010）68545874、63202643 全国各地新华书店和相关出版物销售网点
排　版	北京万水电子信息有限公司
印　刷	三河市德贤弘印务有限公司
规　格	184mm×260mm　16 开本　15.25 印张　352 千字
版　次	2023 年 8 月第 1 版　2023 年 8 月第 1 次印刷
印　数	0001—1000 册
定　价	60.00 元

凡购买我社图书，如有缺页、倒页、脱页的，本社营销中心负责调换

版权所有·侵权必究

前　言

作为 21 世纪世界经济新的增长点，现代物流产业是中国经济的朝阳产业，同时也是中国十大振兴产业之一。现代物流产业的快速发展对物流人才产生了迫切需求，现代物流人才已被列为中国 12 类紧缺人才之一。

近年来，我国物流管理高等职业教育蓬勃发展，为社会培养了一大批高素质技能型的物流一线人才，要加大课程建设与改革的力度，增强学生的职业能力。改革教学方法和手段，融教、学、做于一体，强化对学生能力的培养。与行业企业共同开发紧密结合生产实际的实训教材，并确保优质教材进课堂。

本教材以德国"胡格"教学法来强化对学生职业能力的培养，是校企合作共同开发的基于工作过程的教材，可以实现教、学、做于一体的教学方法改革。

本教材的主要特点如下：

（1）基于工作过程的教学内容安排。

本教材是基于"工作过程导向"理念的新高等教育物流专业教材，编写上力求选材新颖、实用性强，体现"项目载体，任务驱动，行动引领"的理念，打破常规的学科知识体系，突出培养学生的职业素养，注重实际操作，让学生全程参与、全程实践，实现"做中学，做中教"，是一本运输作业管理操作的实用教程。

（2）实现"基于工作过程"的教学方法。

本教材设计了供学生实践的实训任务，对应于教师课上所授内容，进行各自小组的主题调查活动。教师教学活动与学生实践活动两条线同时进行，教师教学活动结束，学生自己的调查作品完成，实现"教、学、做"一体化的教学方法。

（3）以"胡格"教学法来促进教与学能力的提升。

本教材共 7 个项目，以学习者应用能力培养为主线，坚持以科学发展观为统领，依照运输与配送活动的基本过程和规律，围绕工作环节和具体业务流程，系统详细阐述运输理论、运输组织管理、运输作业管理、运输运营管理、配送规划管理、配送作业管理等基础知识，并通过就业能力训练培养提高应用能力。

正是由于定位明确、理论适中、项目真实，既注重经典理论和方法的介绍，又注重实践与调研能力的培养，因此本教材既可作为高等职业院校物流管理专业的教材，也可以作为工商企业、咨询企业从业人员提高业务素质的培训教材。

本教材由北京财贸职业学院商学院罗松涛、李作聚、陈捷、刘健共同编写，书中案例项目的编写得到了奇新物流有限公司、中石化北京易捷便利店、北京烟草配送中心及北京财贸职业学院的支持和帮助，在此一并表示感谢。

由于作者水平有限，书中难免存在不妥之处，恳请读者批评指正，以使教材日臻完善。

编 者

2023 年 2 月

目 录

前言

项目1 运输概论 1
    任务1 运输知识概述 2
        材料1 认识运输（理论） 2
        材料2 运输的特点 3
        材料3 运输的分类 4
    任务2 运输企业概述 8
        材料1 认识运输企业（理论） 8
        材料2 运输企业的一般作业流程 9
        材料3 运输企业的岗位设置 10

项目2 运输组织管理 14
    任务1 运输方式的选择 15
        材料1 认识运输方式（理论） 15
        材料2 运输方式的选择方法 16
        材料3 运输方式的优化 19
    任务2 运输风险管理 24
        材料1 运输风险控制（理论） 24
        材料2 运输风险管理的基本概念 26
        材料3 运输风险的控制 28
    任务3 运输绩效管理 31
        材料1 运输绩效评价（理论） 31
        材料2 运输经营绩效评价 32
        材料3 运输绩效评价的内容及方法 34

项目3 运输作业管理 38
    任务1 公路运输作业管理 39
        材料1 认识公路系统（理论） 39
        材料2 认识货运汽车 43
        材料3 公路货运流程 46
    任务2 铁路运输作业管理 50
        材料1 认识铁路系统（理论） 50
        材料2 认识铁路车辆 52

  材料 3 铁路货运流程 ... 54

 任务 3 水路运输作业管理 ... 61
  材料 1 认识水运系统（理论） ... 61
  材料 2 认识水运设备 ... 63
  材料 3 水路货运流程 ... 67

 任务 4 航空运输作业管理 ... 73
  材料 1 认识航空货运系统（理论） ... 73
  材料 2 认识航空设备 ... 76
  材料 3 航空货运流程 ... 78

 任务 5 联合运输作业管理 ... 84
  材料 1 联合运输管理（理论） ... 84
  材料 2 大陆桥运输管理 ... 88
  材料 3 中国"一带一路"陆桥运输的发展 ... 90

项目 4 运输运营管理 ... 95

 任务 1 运输市场营销 ... 96
  材料 1 运输市场的要素与概念（理论） ... 96
  材料 2 运输市场的构成、特征、作用和分类 ... 97

 任务 2 运输服务质量 ... 103
  材料 1 运输质量管理（理论） ... 103
  材料 2 运输质量事故分类和考核指标 ... 104
  材料 3 运输服务质量的测定 ... 105

 任务 3 运输合同管理 ... 108
  材料 1 运输合同概述（理论） ... 108
  材料 2 运输合同的订立和生效 ... 111
  材料 3 运输合同纠纷 ... 113

 任务 4 运输保险管理 ... 120
  材料 1 运输保险概述（理论） ... 120
  材料 2 运输保险的种类与业务流程 ... 125
  材料 3 运输保险的赔偿处理 ... 130

项目 5 配送概论 ... 136

 任务 1 配送知识概述 ... 137
  材料 1 认识配送（理论） ... 137
  材料 2 配送的分类 ... 142

 任务 2 配送中心概述 ... 149
  材料 1 认识配送中心（理论） ... 149
  材料 2 配送中心管理 ... 152

任务 3　配送作业一般流程 ... 159
材料 1　配送作业系统（理论） ... 159
材料 2　配送作业流程的内涵 ... 161

项目 6　配送规划管理 ... 166
任务 1　配送中心规划 ... 167
材料 1　配送中心系统规划（理论） ... 167
材料 2　配送中心规划资料的分析 ... 171
任务 2　配送线路规划 ... 180
材料 1　认识配送线路规划（理论） ... 180
材料 2　配送线路选择 ... 181
任务 3　配送计划制订 ... 189
材料 1　认识配送计划（理论） ... 189
材料 2　配送需求计划的制订 ... 191

项目 7　配送作业管理 ... 197
任务 1　订单处理 ... 198
材料 1　认识订单处理 ... 198
材料 2　订单处理的程序 ... 199
材料 3　订单管理系统 ... 202
任务 2　进货作业管理 ... 204
材料 1　认识进货作业 ... 204
材料 2　卸货及验收作业 ... 205
材料 3　分类与堆垛作业 ... 207
任务 3　仓储经营管理 ... 210
材料 1　配送保管型仓储 ... 210
材料 2　配送混藏型仓储 ... 211
材料 3　配送消费型仓储 ... 213
材料 4　配送租赁型仓储 ... 214
任务 4　拣货作业管理 ... 217
材料 1　拣货作业基本流程 ... 217
材料 2　拣货作业的方式 ... 219
任务 5　配送运输 ... 224
材料 1　配送运输作业流程（理论） ... 224
材料 2　配送车辆调度 ... 226
材料 3　配送车辆积载 ... 230

参考文献 ... 235

项目 1　运 输 概 论

知识目标
- 了解运输企业或部门的类型。
- 掌握运输企业岗位特点和服务功能。
- 掌握交通网络布局。
- 掌握运输配送业务操作和运输费用核算方法。
- 掌握运输业务管理、注意事项及其纠纷的处理。

能力目标
- 掌握自主学习的方法。
- 收集获取信息的能力、工作过程的管理能力。
- 分析并解决问题的能力。

素质目标
- 良好的职业道德和素质，具备较强的服务意识和客户导向意识。
- 具备高度的工作热情，谦逊、负责、勤奋。
- 良好的心理状态和团队合作能力。
- 语言表达、沟通交流洽谈能力。

项目情境

北京某物流运输有限责任公司于 1996 年成立，是一家主要经营国内快运物流及相关业务的服务性企业，如表 1-1 所示。自成立以来，公司从东北、华北区域公路零担快运起步，逐步建立了庞大的信息采集、市场开发、物流配送、城际班车等业务机构，形成了服务客户的全国性网络。

长期以来，公司不断投入资金加强基础建设，积极研发和引进具有高科技含量的信息技术与设备，不断提升作业水平，实现了对城际专线快运流转全过程、全环节的信息监控、跟踪、查询及资源调度，促进了城际班车运输网络的不断优化，确保服务质量稳步提升，奠定了业内客户服务满意度的领先地位。

表 1-1　某公司信息表

公司名称	北京某物流运输有限责任公司
公司地址	北京市大兴区亦庄科创三街 5 号，邮政编码 101702
税务登记号	320××××××××4334
会计年度	1 月 1 日至 12 月 31 日
通信方式	网址：www.dblog.com，E-mail：info@dblog.com

续表

银行信息	中国建设银行，账号：4200××××××××××××3420 银行代码 PCB×××BJGIS
运输业务范围	普通货运、国内零担货物运输、国内道路货运代理、仓储、人力装卸搬运、货物运输信息咨询
注册机构	北京市工商行政管理局大兴分局
经营条款	国内快运等
分支机构	北京、天津、唐山、石家庄、保定、张家口、曹妃甸、秦皇岛、大连、沈阳、吉林、哈尔滨
参股情况	宁波梅山保税港区 DB 投资控股股份有限公司 崔维星有限合伙人
资质	营业执照 运输经营许可证 运输经营证 税务登记证 组织代码证
质量管理	GB/T 19001—2008

公司有北京、天津、唐山、石家庄、保定、张家口、曹妃甸、秦皇岛、大连、沈阳、吉林、哈尔滨 12 家分公司。

北京分公司主要部门有财务部、业务部、集散网点、分拣中心、车队。其中集散网点共有 12 个，负责收集附近客户的货物；业务部负责对接长期客户，开发新 VIP 客户，负责每天与大客户对接，接收大客户的发货需求，下单给到车队，并负责每月与客户进行结款。分拣中心负责管理分拣仓库、城际运输、市内运输的送货工作。车队负责市内运输，大客户货物的取送、集散网点货物的取送。

任务 1　运输知识概述

工作内容

1．理解运输的基本概念。
2．认识传统运输与现代运输的关系。
3．对运输的分类信息进行描述。
4．用关键词描述运输的特点。
请读者学习材料 1、材料 2、材料 3 后完成运输认知工作页。

学习材料

材料 1　认识运输（理论）

1．传统运输的概念
所谓传统运输，是指人或物借助于运力系统在一定空间范围内产生的位置移动。

其中，运力系统是指由运输设施、路线、设备、工具和人力组成的具有从事运输活动能力的系统。运输包括客运和货运。

2. 现代运输的概念

根据《中华人民共和国国家标准物流术语》（GB/T 18354—2001）的定义，运输就是"用设备和工具将物品从一个地点向另一个地点运送的物流活动，其中包括集货、分配、搬运、中转、装入、卸下、分散等一系列操作"。

同时，《中华人民共和国国家标准物流术语》将"物流"定义为："物品从供应地到接收地的实体流动过程。根据实际需要，将运输、储存、装卸、搬运、包装、流通加工、配送、信息处理等基本功能实现有机结合。"即运输成为物流的一个基本功能、一个环节，还要与搬运、配送等活动紧密配合才能圆满完成任务。

3. 传统运输与现代运输的不同

（1）服务对象不同。传统运输既包括客运又包括货运，从物流的定义看，现代运输仅是物品从供应地到接收地的实体运送，不包括客运。

（2）服务领域不同。传统运输主要服务于流通领域，不包括生产领域。而现代运输作为物流系统的一个重要组成部分，不仅包括流通领域的运输（从生产领域向消费领域转移的活动），还包括生产领域的运输（即在生产企业内部进行的物的转移）。

（3）目的不同。传统运输目的只限于运输单一职能的实现，以"送达"为目的。现代运输目的的实现还要结合物流的其他职能综合考虑，提高效率，降低运输总成本，以便"准确、及时、经济、安全"地实现空间的位移。

材料 2　运输的特点

运输业虽然是一个物质生产部门，但又不同于其他物质生产部门，它有下述明显的特点。

1. 运输业不为社会创造新的物质产品

运输业的产品是旅客和货物的位移。在运输过程中，一不增加运送对象的数量，二不改变运送对象的性质，运送旅客和货物的结果只是改变了它们的空间位置。因此，"位移"就是运输业的"产品"，它的计算单位分别是人·公里和吨·公里。

2. 运输业的产品既不能储备也不能调拨

运输业的产品——旅客或货物的位移，同运输过程本身不能分离，即生产与消费是同时进行的，在它被生产出来的同时就被消耗掉了。更确切地说，运输产品是先销售后生产。因而运输产品既不能储存，也不能积累，更不能调拨。这和工农业生产可以用产品建立储备不一样，运输业只能储备运输能力。同时，运输业不能用调拨产品的方法调节不同时期、不同地区对运输的需求，而只能调动运输业的生产能力——如机车、车辆、汽车等生产工具来进行调剂。所以，运输业必须具备一定的后备运输能力，才能适应突发事件的运输需要。

3. 运输业是通过运输工具的移动来实现生产过程的

在运输过程中，运输人员不直接作用于劳动对象（旅客和货物），而是作用于运输工具（机车、车辆）。在运输途中，旅客和货物随着机车、车辆的运行而改变其所在位置。因此，要使运输业满足国民经济不断发展的需要，就必须发挥运输人员的主观能动性，充分、合理地利用运输工具的运载能力和加速运载工具的周转，提高运输效率，确保运输安全。

4. 运输可以创造"场所效用"

货物的运输将空间上相隔的供应方和需求方联系起来，使供应方能在合理的时间内将货物提供给需求方，增加了产品的经济价值。

5. 运输费用在物流成本中占有较大的比例

在整个物流费用中，运输费用与其他环节支出相比是比较高的。运输路程越远，运输费用越高，在整个物流费用中所占的比例也就越大。

材料3 运输的分类

1. 按运输设备及运输工具不同分类

（1）公路运输。主要使用汽车，也使用其他车辆（如人力车、畜力车）在公路上进行客货运输的一种方式。公路运输主要承担近距离、小批量的货运和水运与铁路运输难以到达地区的长途、大批量货运及铁路、水运优势难以发挥的短途运输。公路运输也可作为其他运输方式的衔接手段。公路运输的经济半径一般在200km以内。

（2）铁路运输。使用铁路列车运送客货的一种运输方式。铁路运输主要承担长距离、大批量的货运，在没有水运条件的地区，几乎所有大批量货物都是依靠铁路，这是在干线运输中起主力运输作用的运输形式。

（3）水运运输。使用船舶运送客货的一种运输方式。水运主要承担大批量、长距离的运输，是在干线运输中起主力作用的运输形式。在内河及沿海，水运也常作为小型运输工具使用，承担补充及衔接大批量干线运输的任务。

（4）航空运输。使用飞机或其他航空器进行运输的一种形式。航空运输的单位成本很高，因此主要适合运载的货物有两类：一类是价值高、运费承担能力很强的货物，如贵重设备的零部件、高档产品等；另一类是紧急需要的物资，如救灾抢险物资等。

（5）管道运输。利用管道输送气体、液体和粉状固体的一种运输方式。其运输形式是靠物体在管道内顺着压力方向循序移动实现的，和其他运输方式的重要区别在于，管道设备是静止不动的。

2. 按运输的范围分类

（1）干线运输。指利用铁路或公路的干线、大型船舶的固定航线进行的长距离、大批量的运输，是进行远距离空间位置转移的重要运输形式。

（2）支线运输。指与干线相接的分支线路上的运输。支线运输是干线运输与收发货地点之间的补充性运输形式，路程较短，运输量相对较小，支线的建设水平往往低于干线，运输工具水平也往往低于干线，因而速度较慢。

（3）二次运输。指干线、支线运输到站后，站与用户仓库或指定接货地点之间的运输，路程较短，是一种补充性的运输形式。

（4）厂内运输。指在工业企业范围内，直接为生产过程服务的运输，一般在车间与车间之间、车间与仓库之间进行。

3. 按运输的作用区分的运输方式

（1）集货运输。指将分散的货物进行汇集的集中运输形式，一般是短距离、小批量运输，货物集中后才能利用干线运输形式进行远距离及大批量运输。

（2）配送运输。指将据点中已按用户要求配好的货分送给各个用户的运输。配送运输属于运输中的末端运输、支线运输，它和一般运输形态的主要区别是距离较短、规模较小，一般使用汽车作运输工具。

4. 按运输的协作程度区分的运输形式

（1）一般运输。指孤立地采用不同运输工具或同类运输工具而没有形成有机协作关系的运输，如汽车运输、火车运输等。

（2）联合运输。指各种运输方式间或同一种运输工具之间由几个运输企业联合在一起，实行一次托运、一票到底的货物或旅客运输。

（3）多式联运。多式联运是联合运输的一种现代形式，是在集装箱运输的基础上产生发展起来的现代运输方式，按照多式联运合同，以至少两种不同的运输方式，由多式联运经营人将货物进行"门到门"的运输。

5. 按运输中途是否换载分类

（1）直达运输。物品由发运地到接收地，中途不需要换装和在储存场所停滞的一种运输方式。

（2）中转运输。物品由生产地运达最终使用地，中途经过一次以上落地并换装的一种运输方式。

初识运输特点工作页

	简单定义	关键词	优点	不足	适用性
运输本质					
运输能力					
运输生产					
运输场所					
运输费用					

运输分类信息统计工作页

序号	信息来源	货品名称	货件数	货物重量（kg）	货物体积	发货地区	发货联系人/电话	收货地区	收货联系人/电话
1									
2									
3									
4									
5									
6									
7									

任务 2　运输企业概述

工作内容

1. 认识运输企业。
2. 理解运输企业组织结构。
3. 了解运输企业运作流程。
4. 用关键词描述运输基本岗位。

请读者学习材料 1、材料 2、材料 3 后完成运输企业认知工作页。

学习材料

材料 1　认识运输企业（理论）

1. 运输企业的含义

运输企业是为其他生产或流通企业提供运输服务的第三方物流企业。运输产业是整个国民经济物流产业中的重要组成行业，其发展水平往往反映一个国家的物流发展水平。《中华人民共和国国家标准物流术语》(GB/T 18354—2001)对物流企业的定义是：至少从事运输或仓储一种经营业务，并能够通过对运输、储存、装卸、包装、流通加工、配送等基本功能进行组织和管理来满足客户物流需求，具有与自身业务相适应的信息管理系统，实行独立核算、独立承担民事责任的经济组织。运输企业具有集散、中转、运输、配送、营销等基本功能。

2. 运输企业的分类

（1）一般分类。

1）综合性运输企业与单一型运输企业。综合性运输企业能够完成和承担多项物流功能，如铁路（公路、水路、航空等）运输并兼有仓储、配送、营销的业务，这样的综合性运输企业一般是多年经营的传统物流企业转型而形成的，其规模较大、资金雄厚，并且有着良好的服务信誉。而单一型运输企业具有一定规模的运输设备和一定的经营规模，仅能承担运输功能，不兼营其他物流业务。

2）自营性运输企业。自营性运输企业是工商企业利用自己的运输设施、设备来完成自己的运输业务，如海尔、联想、国美、苏宁等大型工商企业下属的物流运输企业均属此类。

3）运输代理企业。运输代理企业是完成委托人委托的运输服务的企业。其货运代理企业可分为综合性代理和功能性代理两种类型，如综合性货代公司与单一型货代公司。

（2）按《中华人民共和国国家标准物流术语》（GB/T 18354—2001）对运输企业分类。

1）运输型物流企业。该种企业的特点是：
- 以从事货物运输业务为主，包括货运代理和快递业务，具有一定规模。
- 按照业务要求企业必须配备有运输设备。
- 具有网络化信息服务功能，可提供货物运输查询服务。
- 能够实行门到门、站到站服务。
- 企业有完善的客户服务体系，能够有效地、及时地为用户提供运输服务。

2）综合服务型运输企业。该种企业的特点是：
- 能够客户提供运输、货运代理、仓储配送等多种综合物流服务。
- 按客户需求为用户制定整合物流资源的解决方案，为用户提供综合物流服务。
- 企业具有一定规模的跨区域货物集散分拨网络。
- 企业有必备的运输设施和运输、装卸、搬运设备。
- 企业有完善的客户服务体系，能够有效地、及时地为用户提供运输服务。
- 具有强大的网络化信息服务功能，可对货物运输服务全过程进行查询和监控。

材料2　运输企业的一般作业流程

1. 货物通知、提货和装运

（1）发货审批。销售部根据业务员发货申请开具出库单，提交部门负责人审核后报总经理批准。

（2）调度车辆。调度员汇总发货单后，根据业务员发货时间安排，提前1天通知运输方准备适型车辆，按时到公司仓库准备上货。

（3）仓库发货。仓库保管员根据审批手续齐全的出库单发货，业务员应当协助保管员清点所发货物的数量与规格品种，保证零差错。

（4）装运发车。调度员填写送货单，标明规格、数量、到达地点和收货人，交给运输人员。

2. 货物运输、卸货与交接

（1）及时卸货。货物运达目的地后，运输业务员或随车押货，或联系客户厂家，联系好卸货准备工作，尽快完成卸货工作。运输业务员必须按规定地点卸货。如客户方有其他要求需向调度员讲明，以便重新安排调整。

（2）厂家送检。运输业务员及时完成送检程序。

（3）收货证明。卸货完成后，驾驶员应当要求随车押货业务员或客户方在送货单上签收，以确认收货的完整性，作为运费结算依据。

（4）意外事件处理。在运输过程中，如遇到货物灭失、短少、污染、损坏，调度员应进行登记，通知业务员与客户方联系，处理善后事宜，评估损失，制定理赔方案。

（5）数量误差。若运输货物移交有误，企业销售部要及时核对，查找分析原因，制定善后方案。

3. 运输费用结算审核

（1）结账通知。在每个月末轧账后，运输管理员通知相关方将运输结算单汇总，提交给管理员。

（2）数量核对。运输管理员将运输作业单交予保管员核对发货记录。

（3）作业完整性审查。运输调度员根据运输作业记录对当月运输作业情况进行审核，对未尽职作业对照运输协议条款提出核减意见。

（4）结算运费总额。销售部根据运输单价和作业量计算运费金额。

（5）过程复核。运输管理员对运费结算进行二次复核。

（6）通知开票。运输管理员将核定运费总额通知运输方开具税票。

4. 运输财务审核与付款

（1）财务审核。运输管理员将运费发票和附件送财务审核。

（2）企业总经理批准。运输管理员将财务审核后的运费发票报企业总经理审核。

（3）交出纳处付款。运输管理员将审批后的发票交财务部出纳处，协调付款计划。

5. 运输监督及评估

（1）财务部门负责对运输价格和运输作业实施情况进行审核和追踪。

（2）财务部门有权查阅运输作业过程中的执行细节，对违反本程序的行为有监督权和反映权。

6. 运输应急处置

（1）如在运输过程中发生交通事故、盗抢等突发事件，运输企业应委派专人小组前往事故发生地点进行应急处置。

（2）运输企业销售部应及时与客户方取得联系，及时补充发货以保证客户需要。

（3）运输企业应委派人员全程参与事故处理，销售部对事故产品提出就地处理或运回处置方案。

材料3 运输企业的岗位设置

运输企业一些必要的岗位设置应由运输作业流程来决定。运输企业一般可以设置以下岗位：

（1）营业管理部门：负责进货等作业环节的安排及相应的事务处理，同时负责对货物的验收工作。

（2）储存管理部门：负责货物的保管、拣取、养护等作业运作与管理。

（3）加工管理部门：负责按照要求对货物进行包装、加工。

（4）配货装载部门：负责对出库货物的拣选和配货（按客户要求或方便运输的要求）作业进行管理。

（5）运输作业部门：负责按客户要求制定合理的运输方案，将货物送交客户，同时对完成运输进行确认。

（6）客户服务部门：负责接收和传递客户的订货信息、送达货物的信息，处理客户投诉，受理客户退换货请求。

（7）财务管理部门：负责核对运输完成表单、出货表单、进货表单、库存管理表单，协调、控制、监督整个运输中心的货物流动，同时负责管理各种收费发票和物流收费统计、运输费用结算等工作。

（8）退货作业部门：当营业管理部门或客户服务部门接收到退货信息后，将安排车辆回收退货商品，再集中到仓库的退货处理区，重新清点整理。

以上岗位设置是一般运输企业设置的主要岗位。由于运输企业的规模、设施设备、作业内容、服务对象不同，岗位设置也不尽相同。

工作页

材料1至材料3学习存疑记录表

材料1存疑：

材料2存疑：

材料3存疑：

其他问题：

A 同学发言：

B 同学发言：

C 同学发言：

D 同学发言：

E 同学发言：

F 同学发言：

运输企业指标工作页

评估指标		级别				
		AAAAA级关键词	AAAA级关键词	AAA级关键词	AA级关键词	A级关键词
经营状况	年货运总营业收入/元					
	营业时间					
资产	资产总额/元					
	资产负债率					
设备设施	自有运输车辆/辆					
	自有仓储面积/m²					
	运营网点/个					
管理及服务	管理制度					
	质量管理					
	业务辐射面					
	咨询服务					
	顾客投诉率（或顾客满意度）					
人员素质	中高层管理人员					
	业务人员					
信息化水平	网络系统					
	电子单证管理					
	货物跟踪					
	客户查询					

项目 2　运输组织管理

知识目标

- 学习运输风险组织与规划。
- 理解运输方式选择的原理和方法。
- 能够客观评价运输绩效管理。
- 领悟运输企业对风险控制的意义。
- 了解各种运输方式之间的关系。

能力目标

- 掌握运输绩效理论及其衡量标准。
- 掌握运输风险、注意事项及其纠纷的处理。
- 熟悉运输方式管理形式。
- 掌握自主学习的方法。

素质目标

- 良好的职业道德和素质，具备较强的服务意识和客户导向意识。
- 具备高度的工作热情，谦逊、负责、勤奋。
- 良好的心理状态和团队合作能力。
- 语言表达、沟通交流洽谈能力。

项目情境

ABC 运输公司是一家全国性运输企业，总部设在上海，下设五家分公司：北京分公司、辽宁分公司、广东分公司、天津分公司和江苏分公司，现在我们以辽宁分公司为例。

ABC 公司辽宁分公司（以下简称辽宁公司）下设 4 个部门：

（1）经理室：负责辽宁地区的业务拓展、人力资源管理及日常行政管理。

（2）项目部：负责对外接单、配载调度及客服等业务。

（3）运输部：负责根据项目部的下单具体从事运输作业。

（4）财务部：负责日常财务业务。

辽宁公司运输部接到沈阳机床厂销售部的传真，要求三天后把该厂生产的一台 SYK-2005J 型机床（长 3 米，宽 2 米，高 1.5 米，重 2 吨）从沈阳机床厂的一号库（沈阳市于洪区东鸭绿江 58 号）送到沈阳黎明汽车制造有限公司四号库（沈阳市大东区望花南街 12 号），这段距离全长 45 公里，同时又接到沈阳飞跃轮胎制造有限公司的电话，要求三天后把该公司生产的五只 195/65R15（91V）型汽车轮胎（胎面宽度 195 毫米，扁平比 65%，R 的意思是子午线轮胎，轮胎内径 15 英寸，载重指数 91 表示最大承载量 615 公斤,速度代号 V 表示安全速度是 240 公里)送到沈阳长宏汽车修配厂仓库(沈阳市大东区望花南街 13 号)。

任务 1 运输方式的选择

工作内容

1. 熟悉影响运输方式选择的因素。
2. 学习运输方式选择的原则和特征。
3. 对运输方式的选择方法进行信息描述。
4. 使用运输的优化方法对运输费用进行搜集。

请读者学习材料 1、材料 2、材料 3 后完成运输方式认知工作页。

学习材料

材料 1 认识运输方式(理论)

一、运输方式选择的原则

运输方式的选择将影响到产品的价格、运输的准时性和商品抵达时的运输质量情况,而这些又将直接影响到顾客的满意程度。

影响运输方式选择的各种因素:货物的特性、运输时间、交货时间的适应性、运输成本、批量的适应性、运输的机动性和便利性、运输的安全性和准确性等。

对于货主来说,运输的安全性、运输费用的低廉性和缩短运输总时间等因素是其关注的重点,如表 2-1 所示。

表 2-1 各运输方式的影响因素

影响因素	详述
货物的特性	货物的价值、形状、单件的重量、容积、危险性、变质性等都是影响运输方式选择的重要因素
可选择的运输工具	对于运输工具的选择,不仅要考虑运输费用,还要考虑仓储费用和营运特性等
运输总成本	是指为两个地理位置间的运输所支付的费用以及与运输管理、维持运输中存货有关的总费用
运输时间	是指从货源地发货到目的地接收货物之间的时间。运输时间的度量是货物如何快速地实现发货人和收货人之间"门到门"的时间,而不仅仅是运输工具如何快速移动、货物从运输起点到终点的时间
运输的安全性	包括所运输货物的安全和运输人员的安全,以及公共安全;对运输人员和公共安全的考虑也会影响到货物的安全措施,进而影响到运输方式的选择
其他因素	经济环境或社会环境的变化也制约着托运人对运输方式的选择

二、运输方式的技术经济特征

各种运输方式都有自己的特点和适合运输的货物,目前全球 5 种主要运输方式技术经济特征的综合比较如表 2-2 所示。

表 2-2　各运输方式的技术经济特征

运输方式	经济优势	经济劣势	主要运输对象
铁路运输	大批量货物能一次性有效运送	近距离运输费用高	长途、大量、低价、高密度商品,如采掘工业产品、重工业产品及原料、制造业产品及原料、农产品等
	运费负担小	不适合紧急运输要求	
	轨道运输,事故相对少、安全	由于需要配车编组,中途停留时间较长	
	铁路运输网完善,可运达各地	非沿线目的地需要汽车转运	
	受自然和天气影响小,运输准时性较高	装卸次数多,货损率较高	
公路运输	可以进行门到门运输	装载量小,不适合大量运输	短距离具有高价值的加工制造产品和日用消费品,如纺织和皮革制品、橡胶和塑料制品等
	适合于近距离运输,较经济	长距离运输运费较高	
	使用灵活,可以满足多种需要	环境污染较严重	
	运输时包装简单、经济	燃料消耗大	
水路运输	运量大	运输速度慢	主要是长途的低价值、高密度大宗货物,如矿产品、大宗散装货、远洋集装箱等
	成本低	港口装卸费用较高	
	适于超长超宽笨重货物的运输	航行受天气影响较大	
	单位燃料消耗最少	运输正确性和安全性较差	
航空运输	运输速度快	运费高	通常适用于高价、易腐烂或急需的商品
	安全性高	重量和体积受限制	
	机动性好	可达性差	
	舒适	受气候条件限制	
管道运输	运量大	灵活性差	目前仅限于石油、天然气、煤浆等少数货物品类
	运输安全可靠	仅适用于特定货物	
	连续性强	服务范围有限	

材料 2　运输方式的选择方法

选择运输方式时,企业必须综合考虑运输费用、交货速度、发货频率、运输工具的运载能力及其安全性和可靠性,主要工作方法有下述 3 种。

一、综合评价选择法

物流运输系统的目标是实现物品迅速安全和低成本的运输,但是运输的安全性、及时性、准确性、便利性和经济性之间是相互制约的。若重视运输的速度、准确、安全、便利则运输成本就会增大；反之，若运输成本降低，运输的其他目标就不可能全面实现。

因此，在选择运输方式或运输工具时，应综合考虑运输的各种目标要求，采取定性分析与定量分析相结合的方式选择出合理的运输方式或运输工具。

如果以运输方式的安全性、及时性、准确性、便利性和经济性5个指标（或称之为运输的功能需求）来选择，那么就可以采用综合评价的方法得出合理的选择结果。

这种评价方法的步骤如下：

（1）确定运输方式的评价因素。评价运输方式的因素有运输方式的经济性、及时性、安全性、便利性和准确性等。

（2）确定运输方式的综合评价值。如果用F1、F2、F3、F4、F5分别表示运输方式的经济性、及时性、安全性、便利性和准确性，且各因素对运输方式的选择具有同等重要性，则运输方式的综合评价值F为：

$$F=F1+F2+F3+F4+F5$$

但是，由于货物的形状、价格、交货日期、运输批量和收货单位的不同，运输方式的这些特性对运输方式的选择所起的作用也就各不相同，因此可以给这些评价因素赋予不同的权数来加以区别。如果这五个评价因素的权数分别为a1、a2、a3、a4、a5，则运输方式的综合评价值可表示为：

$$F=a1F1+a2F2+a3F3+a4F4+a5F5$$

如果可选择的运输方式有铁路、公路、船舶、航空，它们的评价值分别为F(R)、F(T)、F(S)、F(A)，则有：

$$F(R)=a1F1(R)+a2F2(R)+a3F3(R)+a4F4(R)+a5F5(R)$$
$$F(T)=a1F1(T)+a2F2(T)+a3F3(T)+a4F4(T)+a5F5(T)$$
$$F(S)=a1F1(S)+a2F2(S)+a3F3(S)+a4F4(S)+a5F5(S)$$
$$F(A)=a1F1(A)+a2F2(A)+a3F3(A)+a4F4(A)+a5F5(A)$$

显然，其中评价值最大者为选择对象。

（3）确定F1、F2、F3、F4的价值。

1）经济性F1的数量化。运输方式的经济性是用运费、包装费、保险费以及运输手续费用的合计数来表示的。费用越高，运输方式的经济性就越低，这是不利因素。假设这4种运输方式的所需成本分别为C(R)、C(T)、C(S)、C(A)，则平均值为：

$$C=[C(R)+C(T)+C(S)+C(A)]/4$$

4种运输方式经济性的相对值分别为：

$$F1(R)=C(R)/C \qquad F1(T)=C(T)/C$$
$$F1(F)=C(F)/C \qquad F1(A)=C(A)/C$$

2）及时性F2的数量化。运输方式的及时性是用从发货地到收货地所需时间（天数）来表示的。所需时间越多，及时性越低，这是不利因素。假设这4种运输方式的所需时间分别为H(R)、H(T)、H(S)、H(A)，则平均值为：

$$H=[H(R)+H(T)+H(S)+H(A)]/4$$

4 种运输方式及时性的相对值分别为：

$$F_2(R)=H(R)/H \qquad F_2(T)=H(T)/H$$
$$F_2(S)=H(S)/H \qquad F_2(A)=H(A)/H$$

3）安全性 F3 的数量化。运输方式的安全性可以通过历史上一段时间货物的破损率来表示。破损率越高，安全性越差。假设这 4 种运输方式的破损率分别为 D(R)、D(T)、D(S)、D(A)，则平均值为：

$$D=[D(R)+D(T)+D(S)+D(A)]/4$$

4 种运输方式安全性的相对值分别为：

$$F_3(R)=D(R)/D \qquad F_3(T)=D(T)/D$$
$$F_3(S)=D(S)/D \qquad F_3(A)=D(A)/D$$

4）便利性 F4 的数量化。运输方式便利性的数量化表示方法可采用代办运输点的经办时间与货物运到代办运输点的运输时间之差来表示。其中，时间差越大表明便利性越高，所以时间差大是有利因素。如果各运输方式的时间差分别为 V(R)、V(T)、V(S)、V(A)，则平均值为：

$$V=[V(R)+V(T)+V(S)+V(A)]/4$$

4 种运输方式便利性的相对值分别为：

$$F_4(R)=V(R)/V \qquad F_4(T)=V(T)/V$$
$$F_4(S)=V(S)/V \qquad F_4(A)=V(A)/V$$

各评价因素赋予权数大小的确定没有绝对的办法。一般来说是结合货物本身的特征，并尽可能吸收实际工作者或有关专家的意见来进行确定。

二、成本费用分析选择法

物流运输费用是承运单位提供运输劳务所耗费的费用，即运价。运价是由运输成本、税金和利润构成的。运输费用占物流费用比重最大，是影响物流费用的重要因素。为了达到以最快的速度、最少的运输费用实现物资流转，必须要对所选择的运输方式进行技术经济比较分析，即进行成本费用分析，这就要求掌握各种运输方式成本的构成内容及运价计算方法。

通过对运输成本与费用的分析，对同一批货物应计算其铁路、公路、水运的成本费用，然后根据运输时间、运输的条件、货物的特征选择合理的运输方式。如果是自营运输，还应加强对各种运输工具和运输设施的合理运用，运输工具、运输设施都属于固定资产，这类费用可称相对固定费用。

这就是说，这部分费用在物流变动时其绝对额通常保持不变或变化较小。这部分费用水平同物流量成反比关系，即物流量增长时费用水平反而下降，分摊到每一单位物资上的这一类物流费用就会减少。因此，应加强对运输工具和运输设施的合理运用。尽可能加快物流速度，扩大运输量，从而使这部分费用相对减少。

三、线性规划方法

根据预定的决策规则对备选运输方式的选择进行估计。决策规则考虑评估每一种备选运输方式优劣标准，如总成本 C(T)。若给定了通道，并已知货物的货流量时，那么就可以确定各备选运输方式的一个集合，并估计每个备选运输方式的 C(T) 值。优化模型就是把每一组货物分配到 C(T) 值最低的备选运输方式上的方法。

最简单最普遍的优化法一般是假定运输成本函数是线性函数，即平均运费是常量，与货流量无关。在这种情况下，货流量在备选运输方式上的分配通过线性规划模型完成，其目标函数是总的系统成本最小。由于任一备选运输方式上的总运量是分配在该运输方式上的不同货种运量的和，所以为使计算的运输费用符合实际，必须对常规线性规划模型进行修改。

材料3　运输方式的优化

一、运输优化的内容

运输优化的内容是避免不合理运输的出现，因为不合理运输是对运力的浪费，会造成运输费用不必要的增加，从而使运输费用及服务失衡。以下是运输优化所需要解决的问题。

1. 对流运输

对流运输亦称"相向运输""交错运输"，是指同一种货物或彼此间可以互相代用而又不影响管理、技术及效益的货物在同一线路上或平行线路上作相对方向的运送，而与对方运程的全部或一部分发生重叠交错的运输。它是不合理运输中最突出、最普遍的一种。对流运输不合理的实质在于多占用了运输工具，出现了额外的车辆走行的公里和货物走行的吨公里，增加了不必要的运费。对流运输所产生的多余吨公里可表示为：

$$\text{对流运输浪费的吨公里} = \text{最小对流吨数} \times \text{对流区段里程} \times 2$$

2. 空车无货载行驶

可以说这是不合理运输的最严重形式。在实际运输组织中，有时候必须调运空车，从管理上不能将其看成不合理运输。但是，因调运不当、货源计划不周、不采用运输社会化而形成的空驶则是不合理运输的表现。

造成空驶的不合理运输主要有以下几种原因：

（1）能利用社会化的运输体系而不利用，却依靠自备车送货提货，这往往出现单程重车，单程空驶的不合理运输。

（2）由于工作失误或计划不周造成货源不实，车辆空去空回，形成双程空驶。

（3）由于车辆过分专用，无法搭运回程货，只能单程实车，单程回空周转。

3. 迂回运输

迂回运输的原因有很多，但多是选择运输路径不当而引起的。如果因道路施工、事故等因素被迫绕道是允许的，但应当尽快恢复正常，因为它会引起运输能力的浪费和运输费用的超支。迂回运输造成的损失可表示为：

迂回运输浪费的费用 = 迂回运输浪费的吨公里 × 该种物资每吨公里的平均运费

4. 重复运输

把可以直线运输的物资进行不必要的中转称为重复运输。这不仅浪费装卸劳力，增加作业和负担，而且增加物资损耗和出入库手续，造成物流时间长、费用消耗和占用多等不利情况。

5. 过远运输

过远运输在运输总量中占有相当大的比重，主要表现在木材和建筑材料上。在木材的不合理运输总量中，过远运输甚至达到 70% 以上。

过远运输浪费的运输吨公里 = 过远运输的货物吨数 ×（过远运输的全部里程 − 该物资的合理运输里程）

过远运输浪费的运输费用 = 过远运输浪费的运输吨公里 × 该物资的平均运费

6. 无效运输

无效运输即不需要的运输，它不仅浪费大量的能力，而且往往人为地夸大生产单位的成果，使消费者不能按量地得到价格适当的产品。例如，德国大众货运公司由于增设了原油脱水设备，使原油含水量由 7% 下降到 2%，一年就消除了 18 万吨水的无效运输，由此可减少罐车 4500 辆，节约运费 500 万元。

二、运输优化的作用

1. 有利于加速社会再生产

合理组织物品的运输，有利于加速社会再生产的进程，促进国民经济持续、稳定、协调发展。

2. 降低物流成本

物品合理运输能节约运输费用，降低物流成本。运输费用是物流费用（成本）的重要组成部分。在物流过程中，运输作业所消耗的活劳动和物化劳动占的比例最大。据统计，物流成本中运输费用的支出约占 30%，如果把运输过程中的装卸搬运费加上，其比例更大。因此，降低运输费用是提高物流系统效益、实现物流系统目标的主要途径之一。

物流过程的合理运输，就是通过运输方式、运输工具和运输线路的选择进行运输分类的优化，实现物品运输的合理化。物品运输合理化必然会缩短运输里程，提高运输工具的运用效率，从而达到节约运输费用、降低物流成本的目的。

3. 缩短运输时间

合理的运输缩短了运输时间，加快了物流速度。运输时间的长短决定着物流速度的快慢，所以物品的运输时间是决定物流速度的重要因素。合理组织物品的运输，才能使被运输物品的在途时间尽可能缩短，达到到货及时的目的，因而可以降低库存物品的数量，实现加快物流速度的目标。因此，从宏观的角度讲，物流速度的加快，减少了物品的库存量，节约了资金的占用。

4. 节约运力、节约能源

运输合理化，可以节约运力，缓解运力紧张的状况，还能节约能源。物品运输的合理化克服了许多不合理的运输现象，从而节约了运力，提高了货物的通过能力，起到合理利用运输能力的作用。同时，物品运输的合理性，还可以降低运输部门的能源消耗，提高能源的利用率。

评价运输活动的优劣，通常是用安全性、及时性、准确性、便利性和经济性5项标准来衡量，这也是运输合理化所要实现的目标，因此也可作为选择运输方式的基本原则。

三、运输合理化的要素

1. 运输距离

运输过程中，运输时间、运输费用等若干技术经济指标都与运输距离有一定的比例关系，运输距离长短是运输是否合理的一个最基本的因素。

2. 运输环节

每增加一个运输环节，势必要增加运输的附属活动，如装卸、包装等各项技术经济指标也会因此发生变化，所以减少运输环节将对合理运输有一定的促进作用。

3. 运输工具

各种运输工具都有其优势领域，对运输工具进行优化选择，最大限度地发挥运输工具的特点和作用，是运输合理化的重要一环。

4. 运输时间

在全部物流时间中，运输时间占绝大部分，尤其是远程运输，因此运输时间的缩短对整个流通时间的缩短有决定性的作用。此外，运输时间缩短，还有利于加速运输工具的周转，充分发挥运力效能，提高运输线路通过能力，不同程度地改善不合理运输。

5. 运输费用

运输费用在全部物流费用中占很大比例，运输费用高低在很大程度上决定着整个物流系统的竞争能力。实际上，运输费用的相对高低，无论对货主还是对物流企业来说都是运输合理化的一个重要标志。运输费用的高低也是各种合理化措施是否行之有效的最终判断依据之一。

四、合理化运输的原则

1. 及时

及时，就是按照商品的生产和销售的规律，不失时机地用最短的里程、最快的速度、最少的时间迅速地把商品从产地运到销地，及时满足市场的需要。

商品送达速度的快慢是评价商品运输合理与否的标准之一。这是因为商品运输及时不仅能使商品及时地完成从生产领域到消费领域的转移，满足市场的需要，而且还直接影响资金的周转。运输及时可以缩短商品的流通时间，从而缩短再生产时间，也就加快了社会再生产的进程。同时，及时运输可缩短商品的在途时间，使大批"在途商品"提前投入生产和生活消费。

2. 准确

准确，就是要求在商品运输的全过程中做到货物不短缺、不溢余、不串货，切实防止各种差错，准确无误地完成商品运输。提高运输工作的责任心，这是实现准确运输和提高运输质量的前提。如果运输过程中出现了差错，既延误了时间，又浪费了财力和运力，还影响了运输企业的信誉。因此，准确运输也是合理运输必须坚持的原则。

3. 安全

安全，就是要求在商品运输的全过程中不发生货物霉烂、残损、丢失、爆炸、燃烧和中毒等事故，切实保证人身、设备、货物和运输工具的安全。

4. 经济

经济，是指在商品运输的全过程中应尽可能节约运输费用，这就要求选择合理的运输路线，减少不必要的运输环节，充分使用运输工具，有效地利用运力，节约人力、物力和财力，降低商品的运杂费用，提高商品运输的经济效益。运输费用的节省是评价商品运输合理性的重要标准之一。

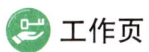 **工作页**

运输方式费用信息认知工作页

运输类型	方式	运载工具	油耗成本	路桥费	差旅费	装卸人工费	人员成本	工具维护费	返程损耗	其他
公路										
铁路										
水路										
航空										

公路运输报价费用标准信息工作页

车型	方式	车况	差旅补助标准（元/天）	装卸费用标准（元/吨）	装卸时间	车辆标准维护费用（元/年）	人员工资（元/月）	时速增加比值	时速油耗修正参数	车况油耗修正参数

任务 2　运输风险管理

工作内容

1．运用头脑风暴法对运输风险的客观存在进行分析。
2．用关键词对运输风险管理进行描述。
3．熟练掌握运输风险管理方案的设计。
4．掌握运输风险的控制原理。

请读者学习材料 1、材料 2、材料 3 后完成运输风险管理认知工作页。

学习材料

材料 1　运输风险控制（理论）

一、我国风险管理学界主流的风险定义

运输风险定义分为以下两个层次：

（1）强调风险的不确定性。

（2）强调风险给人们带来的损害。

第一个含义，可以用概率来衡量风险的不确定性。

第二个含义，可以用风险度来衡量。

二、运输风险的形成机理

1．风险因素

风险因素是指能增加或产生损失频率和损失幅度的要素，它是事故发生的潜在原因，是造成损失的内在或间接原因。

2．风险因素分类

（1）物理风险因素。物理风险因素是有形因素，并能直接影响某事物的物理性质，例如汽车的质量、刹车系统的性能等。

（2）道德风险因素。道德风险因素是无形因素，与人的修养品德有关，如人的欺诈行为等。

（3）心理风险因素。心理风险因素也是一种无形因素，它与人的心理状态有关。例如侥幸心理、投保后不注意对安全的防范等。

三、运输风险的分类

运输风险的分类如表 2-3 所示。

表 2-3 运输风险的分类

风险的划分依据	风险名称	说明
损失产生的原因	人为风险	分为行为风险、经济风险、政治风险和技术风险
	自然风险	由自然界不可抗力而引起，如台风、洪水、地震
风险性质	纯粹风险	风险结果只有损失而无获利机会
	投机风险	既有损失，又有获利机会
损失环境	静态风险	由不可抗力或人的错误行为引发的风险
	动态风险	由市场、需求、组织结构发生变化导致的风险
风险对象	财产风险	财产损坏、毁灭与贬值的风险
	人身风险	疾病、死亡带来的损失
	责任风险	不履行合同造成的损失
人的承受能力	可接受风险	损失在承受能力的最大限度内
	不可接受风险	损失超过了承受能力的最大限度
形成的原因	主观风险	由人们心理意识确定的风险
	客观风险	客观存在的风险
风险波及的范围	局部风险	在某一局部范围内的风险
	全局风险	涉及全局、牵扯面大的风险
风险控制程度	可控风险	能采取相应措施控制发生的风险
	不可控风险	对风险表现为束手无策或无力控制
预期的风险损失程度	轻度风险	风险损失较低
	中度风险	一旦发生危害较大
	高度风险	也称重大风险或严重风险
风险存在的方式	潜在风险	已估计到损失程度与发生范围的风险
	延缓风险	有利条件改变风险事故发生的风险
	突发风险	偶然事件引发没有预料到的风险
风险责任承担的主体	国家风险	国家为风险承担者
	企业风险	企业为风险承担者
	个人风险	个人为风险承担者
风险的来源	特殊风险	来源于特定个人的风险
	基本风险	来源于某个组织或整个社会的风险

四、运输风险事故

运输风险事故是指造成生命财产损失的偶发事件，是直接或间接造成损失的事故，因此可以说风险事故是损失的媒介物，即风险只有通过风险事故的发生才能导致损失。

例如下雪天路很滑，导致发生车祸，造成人员伤亡，这时"雪"是风险因素，"车祸"就是风险事故。

1. 运输事故的原因

运输事故的主要类型及原因如下：

（1）相撞：与建筑物、维护设施相撞。

（2）翻倒：因装载不当、超速或地面因素而造成。

（3）碰撞：与其他车辆或行人碰撞。

（4）冲击：驾驶员因材料堕落或车辆翻倒而受伤。

（5）卷伤：卷进机械的危险部件或操纵装置之中。

（6）爆炸：发生在充电或轮胎爆炸时。

（7）驾驶员或主管人员的错误：缺乏经验或培训不到位。

2. 运输事故调查

除了国家及地方法规、标准关于事故报告、记录的要求之外，由事故调查所得到的反馈信息是非常有用的。这类信息对于驾驶员的培训、与有关人员的讨论、增加公司的经验和对驾驶员进行评估都有用处。在车辆事故中，相关驾驶员要填写一个标准的表格。在有可能的情况下，主管人员还应亲自了解情况来证实驾驶员所提供的情况并得到任何必需的附加信息。

对于每个车辆及每个驾驶员都应保持一份记录。驾驶员的记录可以成为奖励的基础，也是对其评估、了解其性格及行为的依据，而且是用来确定是否要进行"回炉"培训的依据。

3. 运输事故的预防

预防运输事故应采用的方法与途径如下：

（1）驾驶员的选择、培训、考核及监督：防止未经许可人员使用车辆，批准使用要根据对所驾驶的具体车辆类型、相应的培训和对从事相应任务的驾驶员的选择来确定。

（2）外来驾驶员管理：驾驶员必须知晓作业规则。这种规则，或者是作为合同条件的一部分写入文字，或者是用交通安全信号或标识给出。

（3）作业场所的交通管理：行人与车辆分道、优先顺序、道路使用权限和必要时的其他决定。

（4）事故调查：报告系统，报告后续分析及相应的整改措施。

（5）维护：程序安全、经济及效率都源于定期的检查和维护，另外还应服从地方及国家所规定的要求。

材料2　运输风险管理的基本概念

1. 风险管理的定义

风险管理是为了达到一个组织的既定目标而对组织所承担的各种风险进行管理的

系统过程，其采取的方法应符合公众利益、人身安全、环境保护及相关法规的要求。

风险管理包括策划、组织、领导、协调和控制等方面的工作。

风险管理的四要素形成联锁的闭环，并从初始规划之后相互依赖。风险管理要求由每个部门共同承担责任，并明确由上至下的职责和职责权限。

运输风险管理是指为了降低运输风险可能导致的运输事故，减少运输事故造成的损失所进行的风险识别、风险源分析、隐患判别、风险评价、制定并实施相应运输风险对策与措施的全过程。

2. 运输风险管理评价的范围

（1）车辆运行安全。

（2）事故及事故潜在隐患。

（3）设施、设备、车辆、安全防护用品。

（4）人为因素（包括违反安全操作规程和安全规章制度的行为）。

（5）停车场地安全。

（6）气候、地震及其他自然灾害。

3. 运输风险管理评价的准则

（1）有关的安全法律法规及要求。

（2）有关的安全规范、技术标准。

（3）企业的安全管理标准、技术标准。

4. 运输风险评价的流程

（1）充分考虑公司内部运行正常、异常和可能的紧急情况，以及过去、现在、将来不同时态的运行；充分考虑机械能、电能、热能、化学能、放射能、生物因素、人机工程因素（生理、心理）7种类型；充分考虑向大气的排放、向水体的排放、向土地的排放、原材料和自然资源的使用、能源使用、能量释放、废物和副产品、物理属性8个方面，并应重点考虑如下因素：

1）火灾、爆炸。

2）冲击和撞击。

3）中毒、窒息和触电。

4）有毒、有害货物的泄漏。

5）其他化学性、物理性危害因素。

6）对环境的可能影响等。

（2）发放风险因素调查表，采取全员参与和现场排查相结合的方式进行风险因素的辨识。

（3）企业各部门层层动员和布置，全员参与。部门负责人将风险因素识别的内容和注意事项传达到全员，发动全员以口头或书面的形式反映各自岗位存在的风险因素，各部门将风险因素进行汇总上报。

（4）组织评审小组（即安委会成员）进行现场排查、修改、补充，制定风险因素清单，上报批准后发放至运输企业各部门。

材料3　运输风险的控制

根据运输风险管理评价的结果确定优先控制的顺序，采取措施消减风险、控制风险，预防运输事故的发生，并将运输风险管理评价结果及所采取的控制措施对运输从业人员进行宣传、培训，使其熟悉工作岗位和作业环境中的风险及所应采取的控制措施。

1. 选择风险控制的原则

（1）控制措施的可行性和可靠性。

（2）控制措施的先进性和安全性。

（3）控制措施的经济合理性及企业的经营运行情况。

（4）可靠的技术保证和服务。

2. 风险控制措施的制定

（1）技术措施，实现本质安全。

（2）管理措施，规范安全管理。

（3）教育措施，提高从业人员的操作技能和安全意识。

（4）从业人员的自我防护措施，减少职业伤害。

3. 风险控制的主要内容

根据运输企业的运营模式进行风险控制，主要内容存在于火灾风险、盗窃风险、货物风险、车辆安全风险、人员风险等。

（1）火灾风险与控制。

1）火灾隐患的风险源：热源、燃料、氧气、气流及其他有关要素。

2）风险控制措施：抑制风险，控制热源，减少损坏程度。隔离友善之火或热源，隔离敌意之火，完全隔离，回避风险。

3）具体操作方式：建立《消防安全制度》；配备灭火器材；对场所进行巡逻，按照指定路线，在固定时间段内每个地方安排重点盘查，利用有效监控措施使火险能够得到识别上报；使连续生产过程受到监督，防火设备受到检查，并且在万一发生火灾的情况下能及时通知报警。

4）组建义务消防队，制定紧急消防预案。

5）对重点厂房、设备进行风险转移。

（2）盗窃风险与控制。

1）盗窃隐患的风险源：偷盗、抢劫、雇员的不诚实行为。

2）风险控制的方式方法。

● 物质防护：限制进入和保险箱、保险柜的有效使用。

- 报警系统：监视器等。
- 保护方法：雇佣更夫、保安人员等。
- 雇员不诚实的控制方式：运用会计控制、监督控制与责任分离方式建立一套有效的防范风险的控制机制。

（3）货物风险与控制。

1）货物损失的风险源：暴力装卸造成货物破损、在运送途中的损失与丢失。

2）风险控制措施：《货物运输管理办法》的公布和《货物装卸管理规定》的公布。

3）风险转移方式：合同转移、保险转移。

（4）车辆安全风险。

1）车辆安全风险主要包括：涉及汽车责任风险及他人驾驶所产生的责任风险。

与汽车责任相关的风险主要存在于：所有权的占有、车辆的维护与保养、驾驶车辆过程中的操作规范。

他人驾驶所产生的责任风险：雇主与雇员、提供有缺陷的车辆、疏忽委托。

2）车辆安全的风险控制：《车辆维护保养办法》的公布、《安全行车管理规定》的公布、《驾驶员培训计划》的公布等。

3）转移风险方式：建议险种有人身意外伤害保险、全车损失险及附加险、第三者责任险及附加险等。

工作页

运输风险控制认知工作页

拓展活动	头脑风暴：运输企业的"风险控制"如何完成？
主持人：_____	今天讨论的问题是运输企业的"风险控制"如何完成？请大家畅所欲言，过程中我们不加以任何评价，记录员请做好记录。
记录员：_____	

任务 3 运输绩效管理

工作内容

1．理解运输绩效管理。
2．认识运输服务绩效评价原则。
3．对运输绩效评价的内容进行描述。
4．运用头脑风暴法对运输绩效改进方法进行阐述。
请读者学习材料 1、材料 2、材料 3 后完成运输绩效认知工作页。

学习材料

材料 1 运输绩效评价（理论）

一、运输管理绩效概述

对运输进行绩效评估是运输管理的重要组成部分，也是改进运输服务的必要手段，及时、准确的绩效评估对运输工作总结经验和继续发展起着非常重要的作用。

二、运输服务质量的评估及评分标准

1. 运输前的评估指标

（1）组织结构的完整性。
（2）可联系性，即客户是否能随时联系到运输部门。

2. 运输中的评估指标

运输中的评估指标如表 2-4 所示。

表 2-4 运输中的评估指标

指标名称	指标定义	达标客户数	指标计算结果	指标加权值	备注
集货延误率	未按照合同约定时间到达指定集货地点				
运输延误率	未按照合同约定时间到达指定运输地点				
货物破损率	在集货、城间运输、市内运输及仓库管理中总的货物破损率				
在途货物破损率	在集货、城间运输、市内运输中总的破损率，以票数计				
货物差错率	在发货过程中，发错、少发及送错的货物占总货物的比率				
货物丢失率	在运输过程中货物丢失的比率				

续表

指标名称	指标定义	达标客户数	指标计算结果	指标加权值	备注
签收率	城间运输、市内运输单据签收的比率				
签收单返回率	城间运输、市内运输签收单的返回比率				
信息准确率	各个部门为指标能够准确地反映客观事实，要求信息准确、完整				
运输稳定性	根据延误率、货损率、货差率等指标汇总，考评某一条线路在一定时间内的稳定性				

3. 运输后的评估指标

运输后的评估指标如表 2-5 所示。

表 2-5 运输后的评估指标

指标名称	指标定义	达标客户数	指标计算结果	指标加权值	备注
通知及时率	到货信息、货损信息、延误信息、及时通知客户率				
投诉预警率	在物流各环节发生问题前给客户满意答复比率				
客户满意度	客户及收货方对运输公司整体满意的比率				
索赔赔偿率	客户得到索赔的比率				

材料2 运输经营绩效评价

1. 运输服务绩效评价

运输服务绩效评价指标主要包括价格、质量、作用、形象、名誉、关系与服务，物流企业的战略由它所选择的市场部分或运输客户群体来界定。绩效评价体系应确定每个选定的市场部分中的运输客户目标。当然，战略的精髓在于选择做什么与不做什么。根据物流企业的战略选择，运输客户服务绩效评价指标应与此相适应。

2. 运输服务的一般评价指标

这是一组常用的评价指标，由下述 5 个指标组成因果关系链。

（1）市场份额。在确定运输客户群体或市场领域之后，就可以直接评价市场占有率。当然，一些企业团体、协会、政府部门等也对市场份额进行总体规模的估计。

（2）运输客户的忠诚度。留住运输客户，这是所有企业共同的希望。在运输客户服务绩效评价中，通过评价同现有运输客户的交易量来评价运输客户的忠诚度。

(3)运输客户的满意程度。对运输客户的满意程度无论多么重视都不过分,只有在运输客户购买产品与享受服务时完全满意或极为满意的情况下,企业才能指望他们反复交易。

(4)获得运输客户。公司若想获得自己的运输客户,扩大市场份额,其绩效评价是通过新增运输客户的数量或新增运输客户的采购总额来评价的。

(5)从运输客户处获得利润。公司不仅评价同运输客户的交易量,还要评价这种交易是否有利可图。应当注意,有些运输客户尽管无利可图,但是他有很大的增长潜力,不可忽视。如果同公司交易多年的运输客户仍然无利可图,应尽快摆脱这些运输客户。

3. 对运输客户价值重视程度的评价标准

上述评价同传统的财务评价有着同样的弊端,即职员并不能及时知道自己的服务能否留住运输客户,等他们意识到自己需要改进工作时则为时已晚。注重下面3个指标的评价,可以在运输客户购货时就提供高质量的服务,建立良好的私人关系、形象和声誉。

(1)产品与服务特征。产品与服务的价格及质量是产品和服务的主要特征。有两种类型的运输客户:一类运输客户希望价格低的供货商,另一类运输客户希望提供特殊的产品与服务。第一类运输客户不会在产品和服务档次上提出特别的要求,他们希望得到的是基本产品、尽可能低的价格、保质保量按时交货。而第二类运输客户为了实现自己的竞争战略,可为特殊的产品和服务支付额外的价格。

(2)客户关系。对运输客户的要求应尽快做出反应。保持同运输客户的关系还包括向运输客户做出长期的承诺,以建立范围更广泛的关系。

(3)形象与声誉。形象与声誉是吸引运输客户的两个抽象因素。一些公司通过广告或产品和服务的质量来确定其形象和声誉,并保持运输客户对公司的忠诚。形象和声誉宣传可使公司在运输客户面前积极地展示自己的长处。

4. 满足运输客户需求的评价指标

(1)时间。尽可能在最短的时间内满足运输客户需求是极为重要的。对运输客户的要求做出迅速而可靠的反应通常是争取与留住运输客户的关键。一些运输客户不仅要求物流企业在最短的时间内做出反应,而且更关心这些反应的可靠性。

(2)质量。在21世纪的经济发达国家,质量不再是必要的战略性竞争优势,而已成为硬性指标。不过对我国新型的物流产业来说,杰出的质量仍然为企业提供商机。

产品的质量一般是通过次品率来评价的,例如每百万件产品中的次品率。服务质量往往和时间概念联系在一起,例如按时交货就是评价服务质量的一个指标。

(3)价格。运输客户总是关心产品的价格,价格在某种程度上是影响交易的主要因素,企业往往是根据竞争对手的价格来确定自己的折扣与优惠价,以有竞争力的价格售出产品和服务并赢得更多的运输客户。对一些中间商(如批发、零售、代理等)物流企业应力争成为可为这类运输客户提供最大利润的供货商。

5. 运输客户服务绩效评价的指标设计

运输客户满意指标设计的核心是确定产品或服务在多大程度上满足运输客户的欲

望和需求。运输客户的期望和需求可归纳为一系列绩效指标,指标因企业和行业不同有所不同,我国物流企业确定运输客户满意度的指标可以依据以下两条原则:

(1)绩效指标对运输客户而言必须是最重要的、最关键的,确定的唯一途径是听运输客户怎么说。

(2)绩效指标必须能够控制。关键的绩效指标可以通过将定量和定性研究的方法结合起来确定,这些方法包括深入访谈、电话访问、邮寄调查表等。

设定初步的绩效指标,信息来自企业内部,主要是销售主管代表、运输客户服务人员。接下来向外部拓展,与运输客户直接沟通是什么都不可取代的。通过与运输客户的访谈来筛选、确定一系列的绩效评价指标。可以用统计方法来选择最终的绩效指标系列,再确认被选出的绩效指标能否很好地预测整体满意或不满意的程度。这样得到的绩效指标系列不仅在统计方面有效,而且从逻辑方面也适于测量运输客户满意度。

材料3 运输绩效评价的内容及方法

运输作为物流的一项重要活动是运输的重要组成部分,主要完成实物从供应地到需求地的移动问题。进行运输绩效评价与分析有利于提高运输效率和运输经济效益。

1. 运输绩效评价指标

运输中心进行运输绩效量化考核的指标主要有:

(1)商品运输量:考核商品运输量可以从实物件数和运输金额两个方面进行。

(2)运输损失:主要指按运输收入或按商品价值计算的损失率。

(3)运输费用水平。

(4)运输费用效益。

(5)合理运输评价指标:包括商品待运期和货损货差率。

(6)消耗评价指标:包括实际油耗和保修费用。

(7)安全评价指标:包括事故频率及安全间隔里程。

(8)运输效率和效益评价指标:主要有车船完好率、车船利用率、车船实载率、吨位产量、吨公里成本及单车船经济效益。

(9)运输质量评价指标:包括准时运输率和车船满载率。

2. 运输绩效评价标准的选择

运输中心进行具体绩效评价与分析时,可以参考以下内容来确定评价标准:

(1)运输、取货、送货的服务质量,即整个运输过程是否做到准确、安全、迅速及可靠。

(2)是否能够实现门到门服务,而且费用合理。

(3)能够及时提供有关运输状况、运输信息及其服务的能力。

(4)货物丢失或破坏,是否能够及时处理有关索赔事项。

(5)是否认真填制提货单、票据等运输凭证。

(6)与客户长期保持真诚的合作伙伴关系的能力。

在对运输活动进行绩效评价时,并非完全按照上述6条标准选择,可结合承运人与运输客户的实际情况来确定评价标准，并将所选择标准按重要程度进行打分，根据汇总的总分多少判别优劣，具体操作如表 2-6 所示。

表 2-6 运输活动绩效评价标准

评价因素	相对重要性	承运人绩效	承运人等级
运输成本	1	1	1
中转时间	3	2	6
可靠性	1	2	2
运输能力	2	2	4
可达性	2	2	4
安全性	2	3	6
总等级	2	3	6

注：承运人等级 = 相对重要性 × 承运人绩效
　　相对重要性：1 — 高度重要　　2 — 适度重要　　3 — 低度重要
　　承运人绩效：1 — 绩效好　　　2 — 绩效一般　　3 — 绩效差

运输活动显然首先考虑的是评价标准，但是运输费用并不是唯一的成本构成，整个运输系统的成本还必须考虑运输设备条件、索赔责任及装载情况等相关因素。

中转时间直接影响库存水平，所以也是一条重要的标准。可以想象，如果承运人提供的运输服务不稳定，就必须有较多的库存。同样道理，如果承运人不能将货物及时送达，就可能会失去市场。

可靠性的评估通常是以订货交付的完成为基础。一旦一票订货已经完成并装运交付，仓库就会记录抵达日期与时间，并传输到采购部门。经过计算机处理后，将一个承运人绩效记录及时提交给采购部门及运输部门，这很容易分析判断承运人的可靠程度。

运输能力包括运输与服务两方面的能力。运输能力主要指提供专用车船的能力及卸车的能力。服务能力主要是 EDI 的运用、在线跟踪存储及门到门服务。另外一个标准是可达性。多式联运提供的是广泛服务，使可达性越来越不成为问题。通过"直达运输"和"联合运输"的协议来实现承运人的可达性越来越重要。

最后一个标准是安全运输能力。一旦出现事故，承运人有无能力迅速理赔。对安全性的评价包括预防能力和理赔能力两个方面。

3. 运输活动绩效评价量化指标

（1）商品运输量。

1）以实物件数为计量单位。

　　　　商品运输量（吨）= 商品件数 × 每件商品毛重（公斤）÷ 1000

2）以金额为计量单位。

　　　　商品运输量（吨）= 运输商品总金额 ÷ 该类商品每吨的平均金额

（2）运输损失。

1）按运输收入计算。

$$损失率 = 经济损失之和 \div 运输业务收入 \times 10000‰$$

2）按商品价值计算。

$$损失率 = 经济损失之和 \div 发运抵达商品总价值 \times 10000‰$$

(3) 运输费用水平。

$$运输费用水平 = 运输费用总额 \div 商品纯销售总额 \times 100\%$$

(4) 运输费用效益。

$$运输费用效益 = 经营盈利额 \div 运输费用支出额$$

(5) 合理运输评价指标。

1）商品待运期。

商品待运期 = 计算期每日累计待运商品的吨数 ÷ 计算期逐日累计商品发运吨数

2）货损货差率。

$$货损货差率 = 货损货差票数 \div 办理商品发运抵达总票数 \times 10000‰$$

(6) 安全评价指标。

1）事故频率（次／万公里） = 报告期内事故次数 ÷ (报告期内总行驶公里 /10000)

2）安全间隔里程（万公里／次） = (报告期内总行驶公里 /10000) ÷ 报告期内事故次数

(7) 运输质量评价指标。

1）准时运输率 = 准时运输次数 ÷ 运输总次数 ×100%

2）车（船）满载率 = 车（船）实际装载能力 ÷ 车（船）装载能力 ×100%

(8) 运输效率与效益评价指标。

1）车船完好率 = 报告期内运营车船完好总天数 ÷ 报告期内车船总天数 ×100%

2）车船利用率 = 报告期内运营车船投产总天数 ÷ 报告期内车船总天数 ×100%

3）车船实载率 = 报告期内车船重驶总里程 ÷ 报告期内车船总驶里程 ×100%

4）吨位产量 = 报告期内完成的周转量 ÷ 报告期内平均总运力 ×100%

5）吨公里成本 = 报告期内运输生产总成本（元）÷ 报告期内货物总周转量（吨公里）

6）单车船经济效益 = 单车船营运总收入 - 单车船成本合计

 **工作页**

运输绩效管理认知工作页

拓展活动	头脑风暴：运输企业的"绩效管理"如何完成？
主持人：_____	今天讨论的问题是运输企业的"绩效管理"如何完成？请大家畅所欲言，过程中我们不加以任何评价，记录员请做好记录。
记录员：_____	

项目 3　运输作业管理

🌐 知识目标
- 了解公路物流运输的组织与管理。
- 熟悉铁路运输组织与管理。
- 了解水路运输和国际租船运输业务。
- 了解航空运输的理论知识和业务流程。
- 领悟联合运输理论知识与发展趋势。

📋 能力目标
- 掌握航空运输形式的性质及作用。
- 掌握国际海洋运输进出口流程。
- 掌握铁路运输组织与业务管理。
- 掌握联合运输的业务流程。
- 掌握自主学习的方法。

🏃 素质目标
- 良好的职业道德和素质，具备较强的服务意识和客户导向意识。
- 具备高度的工作热情，谦逊、负责、勤奋。
- 良好的心理状态和团队合作能力。
- 语言表达、沟通交流洽谈能力。

👥 项目情境

进入 21 世纪以来，中国运输市场剧烈变化，货源结构和市场需求事先难以确定。合肥省某运输公司主要从事本省市内区间货物运输，货运任务主要来源于货运订单，而且订单的前置时间很短，多数在一两天或几小时，要求运输企业提供及时服务，做到以客户为中心，最大限度满足客户需要。公司车队接受运输任务有三个渠道：一是受理的拖运计划；二是客户以传真或邮件的形式发送的运输任务书；三是电话或口头通知（指老用户或相当熟悉的客户）。

该公司某年 10 月 10 日确定的 10 月 11 日运输任务如下（天气阵雨）：

（1）苏宁电器航空托运电脑配件 200 箱，共 5 吨，自合肥苏宁配送中心至阜阳机场太和仓库，运距 356 公里。

（2）合肥饲料公司公路托运饲料 150 吨，自肥西饲料厂至肥东畜牧场，运距 34 公里。

（3）合肥食品公司公路托运生猪（鲜活）200 头，约 18 吨，自肥东畜牧场至合肥食品公司肥西屠宰场，运距 36 公里。

（4）合肥机床厂托运（联运）机床 5 台，每台 6.5 吨，自合肥机床厂至芜湖港，运距 210 公里。

（5）合肥果品公司托运梨（鲜活）45 吨（4500 箱，每箱 10 公斤，45×30×20 堆码），自宿州砀山县至肥西仓库，运距 450 公里。

（6）南陵建材铁路托运水泥 160 吨，自合肥水泥厂至南陵建材库，运距 260 公里。

（7）太湖县水产品市场水路托运白虾 24 吨，自太湖至合肥海鲜市场，运距 287 公里。

（8）大商集团公路托运地瓜（鲜活）16 吨。自庐江县至合肥周谷堆批发市场，运距 97 公里。

任务 1 公路运输作业管理

工作内容

1. 对公路运输系统的构成进行描述。
2. 熟练掌握公路运输所需的设施设备。
3. 使用关键词对公路货运基本组织与技术进行描述。
4. 采用小组讨论法对公路货运作业程序进行推演。

请读者学习材料 1、材料 2、材料 3 后完成公路运输认知工作页。

学习材料

材料 1 认识公路系统（理论）

一、公路运输的含义

公路运输是在公路上运送旅客和货物的运输方式，所用运输工具主要是汽车。

公路运输也是生产企业内部运输的主要方式，对铁路运输、水路运输、航空运输起到衔接、集中、疏散的作用。

公路运输因具有这种独特的作用是其他各种运输方式所不能替代的，其在经济和社会发展中的重要地位不容置疑。

二、公路运输的特点

1. 公路运输的优点

（1）机动灵活，适应性强。由于公路运输网一般比铁路网、水路网的密度要大十几倍，分布面也广，因此公路运输车辆可以"无处不到"。公路运输在时间方面的机动性也比较大，车辆可随时调度、装运，各环节之间的衔接时间较短。尤其是公路运输对客、货运量的多少具有很强的适应性，汽车的载重吨位有小（0.25～1吨）有大（200～300吨），既可以单个车辆独立运输，也可以由若干车辆组成车队同时运输，这一点对抢险、救灾工作和军事运输具有特别重要的意义。

（2）可实现"门到门"直达运输。由于汽车体积较小，中途一般不需要换装，除了可沿分布较广的路网运行外，还可离开路网深入到工厂企业、农村田间、城市居民住宅等地，即可以把旅客和货物从始发地门口直接运送到目的地门口，实现"门到门"直达运输。这是其他运输方式无法与公路运输比拟的特点之一。

（3）在中短途运输中，运送速度较快。在中短途运输中，由于公路运输可以实现"门到门"直达运输，中途不需要倒运、转乘就可以直接将客货运达目的地，因此，与其他运输方式相比，其客、货在途时间较短，运送速度较快。

（4）原始投资少，资金周转快。公路运输与铁、水、航运输方式相比，所需固定设施简单，车辆购置费用一般也比较低，因此，投资兴办容易，投资回收期短。

有关资料表明，在正常经营情况下，公路运输的投资每年可周转1～3次，而铁路运输则需要3～4年才能周转一次。

（5）掌握车辆驾驶技术较易。与火车司机或飞行员的培训要求来说，汽车驾驶技术比较容易掌握，对驾驶员各方面素质的要求相对比较低。

2. 公路运输的缺点

（1）运行持续性较差。有关统计资料表明，在各种现代运输方式中，公路运输的平均运距是最短的，运行持续性较差。如我国1998年公路平均运距客运为55公里，货运为57公里；铁路客运为395公里，货运为764公里。

（2）安全性较低，环境污染较大。据历史资料记载，自汽车诞生以来，已经吞吃掉3000多万人的生命，特别是进入21世纪后，死于汽车交通事故的人数急剧增加，全球平均每年达150多万人。这个数字超过了艾滋病、战争和结核病每年的死亡人数。汽车所排出的尾气和引起的噪声也严重地威胁着人类的健康，是大城市环境污染的最大污染源之一。

三、公路运输的类型

公路货物运输货种繁多，货物的批量大小不同，各种货物对装运车辆的要求也不同，需要公路货物运输企业以多种运输类别来满足货物托运人的要求。

我国公路货物运输企业开发的运输类别主要有：

（1）按托运批量大小可分为整车运输、零担运输、集装箱运输和包车运输。

（2）按运送距离可分为长途运输和短途运输。

（3）按货物的性质及对运输条件的要求可分为普通货物运输和特种货物运输。

（4）按托运的货物是否保险或保价可分为不保险（不保价）运输、保险运输和保价运输。

（5）按货物运送速度可分为一般货物运输、快件货物运输和特快专运。

（6）按运输的组织特征可分为集装化运输和联合运输。

四、公路运输设施与设备

公路运输设施与设备主要包括货运车辆、公路及货运站场等，它们的技术水平和管理水平直接影响整个物流系统的运输效率和经济效益。这里以公路为例进行详细讲述。

1. 公路的基本构成

公路由路基、路面、桥梁涵洞、防护工程和交通服务设施等构成。

路基是公路的基础，由土方或石方填高或挖低而成，经加工夯实，务求坚固平坦。公路路面是用各种材料分层铺筑在路基顶面供车辆行驶的层状结构物。桥梁是为公路跨越河流、山谷或人工建筑物而建筑的构造物。涵洞是为了排泄地面水流或满足农田灌溉需要而设置的横穿路基的小型排水构造物。

公路排水系统是为了排除地面水和地下水而设置的，是由各种拦截、汇集、输送及排放等排水设施组成的构造物。防护工程是为了加固路基边坡，确保路基稳定而修建的结构物。交通服务设施一般是指公路沿线设置的交通安全、养护管理、服务、环境保护等设施。

2. 我国公路的分级

（1）我国公路的技术分级。

《公路工程技术标准》（JTGB01—2020）是国家颁布的关于公路设计、修建和养护的技术准则，反映了我国公路建设的方针、政策和技术要求。公路技术等级划分的定量指标主要有交通量和行车速度。

交通量是指单位时间（每小时或每昼夜）内通过两地间某公路断面处来往的实际车辆数。行车速度是指公路的设计计算行车速度，它是在保证行车安全的前提下，公路受限制部分（如弯地、视距、曲线等）所允许的汽车达到的最高行车速度。我国的公路技术标准规定了各级公路的计算行车速度，如表3-1所示。

表3-1 各等级公路计算行车速度

公路等级	高速公路		一		二		三		四	
地形	平原微丘	山岭重丘	平原微丘	山岭重丘	平原微丘	山岭重丘	平原微丘	山岭重丘	平原微丘	山岭重丘
计算行车速度（公里/小时）	120	80	100	60	80	40	60	30	40	20

1）汽车专用公路。汽车专用公路是专门提供给各类汽车、摩托车等快速机动车行

驶的公路，一般不允许慢速机动车（如拖拉机）和非机动车及行人使用，它包括高速公路、一级和二级汽车专用公路。

2）一般公路。一般公路既可供汽车、摩托车使用，也可供慢速机动车（如拖拉机）、非机动车及行人使用。一般公路构成的交通称为混合交通，包括二级公路、三级公路、四级公路。

（2）我国公路的行政分级。

1）国道。国道是指具有全国性政治、经济意义的主要干线公路，包括重要的国际公路、国防公路，联结首都与各省、自治区首府和直辖市的公路，联结各大经济中心、港站枢纽、商品生产基地和战略要地的公路。

2）省道。省道是指具有全省（自治区、直辖市）政治、经济意义，以省会城市为中心，联结省内重要城市、交通枢纽、主要经济区的干线公路，以及不属于国道的省际间重要公路。

3）县道。县道是指具有全县政治、经济意义，联结县城和县内主要乡（镇）、主要商品生产和集散地的公路，以及不属于国道、省道的县际间的公路。

4）乡道。乡道是直接或主要为乡/村内部经济、文化、行政服务的公路和乡/村与外部联系的公路。

5）专用公路。专用公路就是专供或主要供某特定工厂、矿山、农场、林场、油田、电站、旅游区、军事要地等与外部联结的公路，它由专用部门或单位自行规划、建设、使用和维护。

（3）高速公路设施与装备。为了确保高速公路的安全与畅通，为驾驶人员提供快速、优质的信息服务，高速公路安装了先进的通信、监控系统，可以快速、准确地监测道路交通状况，并通过可变情况板、交通信息广播电台及因特网实时发布交通信息。

1）外场设施。主要有应急电话、光缆、车辆检测器、气象检测器、可变情报板、可变限速器板、可变标志牌、可调摄像机、电动封道杆、交通信息电台及供电设施等。

2）机房设施。主要有主控台、监视器、大屏投影、服务器、计算机终端、光端机、供电设施及系统管理软件等。

3）应急电话。每2公里设置一对应急电话，通过有线或无线方式与控制中心进行通信，有线方式主要通过高速公路专用通信网的电缆和光缆传输，无线方式则通过公众移动通信网（GSM）传输。

4）车辆检测器。采用环型检测线圈形式和压电电缆，主要用于检测车流量、平均速度、占有率、车头间距及轴数、轴重等。

5）气象检测器。主要用于检测特殊路段的雨、雾、雪及冰冻情况，并将有关信息传输到控制中心，由控制中心通过可变情况板、交通电台及可变限速板发布警告和控制信息。

6）可变情况板。通常设置于高速公路分岔口的事故多发地段的前方，一般可

20 公里设置一块,是调节交通量和指挥高速公路交通非常重要的信息发布载体。

7) 可变限速板和可变标志牌。是特殊情况下用于显示限速、前方施工和事故的标志。

8) 可调摄像机。通常设置于高速公路互通立交桥、隧道、弯道及事故多发地段等,焦距、方向可调。

9) 系统管理软件。用于整个系统的数据采集、处理、计算和存储,并发布控制指令和信息。

材料2　认识货运汽车

汽车是用于完成道路运输任务的主要物流设备。根据国家标准,"汽车是由动力装置驱动,具有四个或四个以上车轮的非轨道无架线的车辆"。货车是指运载货物的汽车,又称载货汽车或卡车。货车通常采用前置发动机,车身由独立的驾驶室和货箱两部分组成。

1. 汽车的产品代号

传统的汽车型号由企业名称代号、车辆类别代号、主参数代号、产品序号几部分组成,必要时附加企业自定代号,各部分的含义及规定如图 3-1 所示。

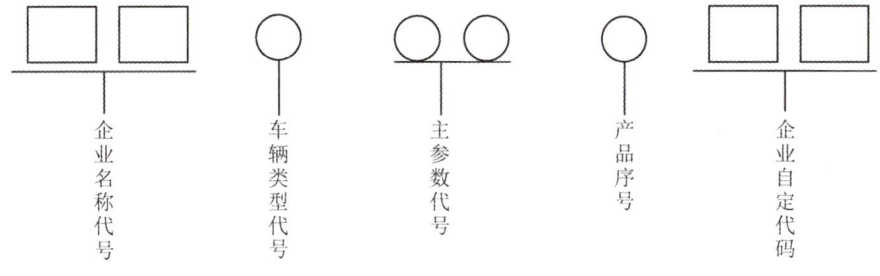

图 3-1　传统汽车产品代号示意图

第一部分是企业名称代号,用于识别车辆制造企业,用代表企业名称的两个或三个汉语拼音字母表示。

第二部分是车辆类型代号,用于表明车辆的分类,各类汽车的类型代号如表 3-2 所示,用一位阿拉伯数字表示。

表 3-2　车辆类型代号及含义

数字	1	2	3	4	5	6	7	8
含义	载货汽车	越野汽车	自卸汽车	牵引汽车	专用汽车	客车	轿车	半挂车及专用半挂车

第三部分是主参数代号,用于表明车辆的主要特性参数,用两位阿拉伯数字表示。载货汽车、越野汽车、自卸汽车、牵引汽车、专用汽车、半挂汽车的主参数代号

为车辆的总质量（吨）；牵引汽车的总质量包括牵引座上的最大质量，当总质量在100吨以上时，允许用三位数字表示。

专用汽车的主参数代号，当采用定型的汽车底盘改装时，若其主参数与定型底盘原车的主参数之差不大于原车的10%，则应沿用原车的主参数代号。

第四部分是产品序号和企业自定代号。产品序号表示一辆汽车的生产顺序号，企业自定号是企业按需要自行规定的补充代号。

中国汽车技术研究中心标准化研究所经授权负责车辆识别代号的备案工作。"规则"要求，2009年1月1日后，所有新生产的汽车必须使用车辆识别代号。"规则"中对车辆识别代号的基本要求规定如图3-2所示。

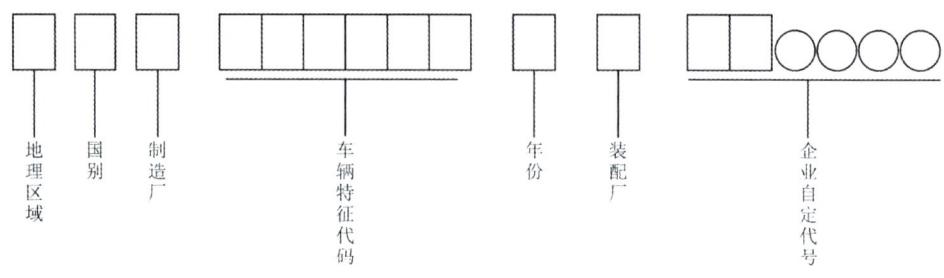

图 3-2　车辆识别代号基本组成

第一部分是世界制造厂商识别代号（WMI），一般由三位字码组成。世界制造厂商识别代号必须经过申请、批准和备案后方能使用。WMI能保证汽车产品制造厂识别标志的唯一性。

第二部分是车辆特征代码（VDS），由六位字码组成，用于识别车辆的一般特性，其代码顺序由制造厂决定。

第三部分是车辆指示部分（VIS），由八位字码组成，用于标明车辆的生产年份以及产品生产的序列号。

2. 货运汽车的类型

（1）按用途分类。按用途和使用条件可将货车分为普通货运汽车和专用货运汽车两大类。普通货运汽车是指具有栏板式车厢，用于运载普通货物的汽车。专用货运汽车是指装置有专用设备、具备专用功能、承担专门运输任务的汽车，如汽车列车、厢式货车、冷藏保温车、罐式车、自卸车等。

（2）按最大总质量分类。货车按其最大总质量可以分为以下四大类：

- 微型货车：最大总质量不超过1.8吨。
- 轻型货车：最大总质量为1.8～6吨。
- 中型货车：最大总质量为6～14吨。
- 重型汽车：最大总质量在14吨以上。

3. 运输车辆的选择

车辆的选择是指根据货物的种类、特点及运输批量等对车辆的类型和主要使用性能等进行合理选择。选配车辆必须遵循技术上先进、经济上合理、生产上适用、维修上方便的基本原则。

货运车辆类型的选择主要应根据货物的特性、包装的类型和形状来确定。普通货车能够满足一般货物的运输需要，专用车辆能够很好地满足特殊货物的运输需要，是保证运输质量、降低运输成本和提高运输效率的理想设备。

车辆的使用性能主要包括发动机性能、汽车的动力性、燃油经济性、行车安全性、操纵稳定性、行驶平顺性、通过性和环保性能等。

（1）车辆类型的选择。

1）普通栏板式货车。普通栏板式货车具有整车重心低、载重量适中的特点，适合于装运百货和杂品。

2）厢式车。厢式车除具备普通车的一切力学性能外，还具备全封闭的箱式车身，以及便于装卸作业的车门。封闭式的车厢可使货物免受风吹、日晒、雨淋，将货物置于车厢内，能防止货物散失、丢失，安全性好。并且小型厢式载货汽车一般带有滑动式侧门和后开门，货物装卸作业非常方便。由于其小巧灵便，无论大街小巷均可长驱直入，真正实现"门到门"的运输方式。

3）自卸车。自卸车可以自动后翻或侧翻使货物自动卸下，具有较大的动力和较强的通过能力，是矿山和建筑工地上物流运输的理想车种。

4）罐式车。罐式车装有罐状容器，密封性强，一般用于运送易挥发、易燃、危险品和粉状物料等。

5）汽车列车。汽车列车是指一辆汽车（货车或牵引车）与一辆或一辆以上挂车的组合。汽车和牵引车为汽车列车的驱动车节，称为主车；被主车牵引的从动车节称为挂车。汽车列车主要有全挂汽车列车、半挂汽车列车、双挂汽车列车和特种汽车列车4种类型。4种车型示意图如图3-3至图3-6所示。

图3-3 全挂汽车列车示意图

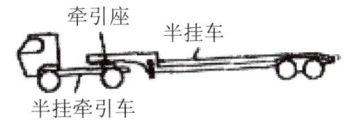

图3-4 半挂汽车列车示意图

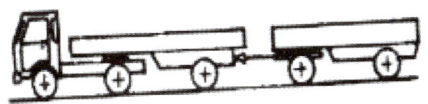

图3-5 双挂汽车列车示意图

图3-6 特种汽车列车

6）冷藏保温车。冷藏保温车是指装有冷冻或保温设备的厢式货车，通过制冷装置为货物提供最适宜的温度和湿度条件，用来满足对温湿度有特殊要求的货物运输需要。

7）集装箱运输车。集装箱运输车是指专门用来运输集装箱的专用汽车，它主要用于港口码头、铁路货场与集装箱堆场之间的运输。

（2）发动机的选择。

发动机性能的好坏直接影响汽车的使用性能，发动机性能指标随发动机工况而变化的关系称为发动机特性，表示发动机特性的曲线称为特性曲线。

发动机的特性通常有转速特性、负荷特性、排放特性和噪声特性等，其中最常用的是发动机的转速特性。

材料3　公路货运流程

一、公路运输作业一般流程

公路物流运输管理是指按照公路运输的规则，对运输过程中涉及的货物收、发、运输等进行合理的计划、组织、协调和控制，以达到提高效率、降低成本的目的。

1. 发送管理

发送业务是根据交通运输部门的规定，按照运输计划，将物品从起运地运往目的地的第一个环节。发送业务对整个运输运作有很大影响，关系到物品运输的及时性和安全性。

2. 运输安全管理

在运输过程中，物品要经过多次装卸和搬移等环节，容易发生各种事故。因此，必须加强运输安全管理，减少货损货差。

3. 接运管理

接运业务是将到达的物品在办理了交接手续后，及时地接运到指定地点的工作。它关系到整个运输所需时间的长短，涉及物品质量、物品能否及时入库和使用或出售等问题。

4. 中转管理

当物品从起运地到目的地之间不能依靠一次运输直达时，就要经过二次运输而发生中转作业。中转作业起着承前启后的作用，它既要及时接运前一程运输的物品，又要通过二次运输及时发送该物品。因此，对提高运输工作质量而言，加强中转管理就显得极为重要。

二、公路货物整车运输作业流程

公路货物整车运输作业流程包括货物备运、受理托运、车辆调度、货物装卸、货物承运、货物交接、费用结算、统计归档，如图3-7所示。

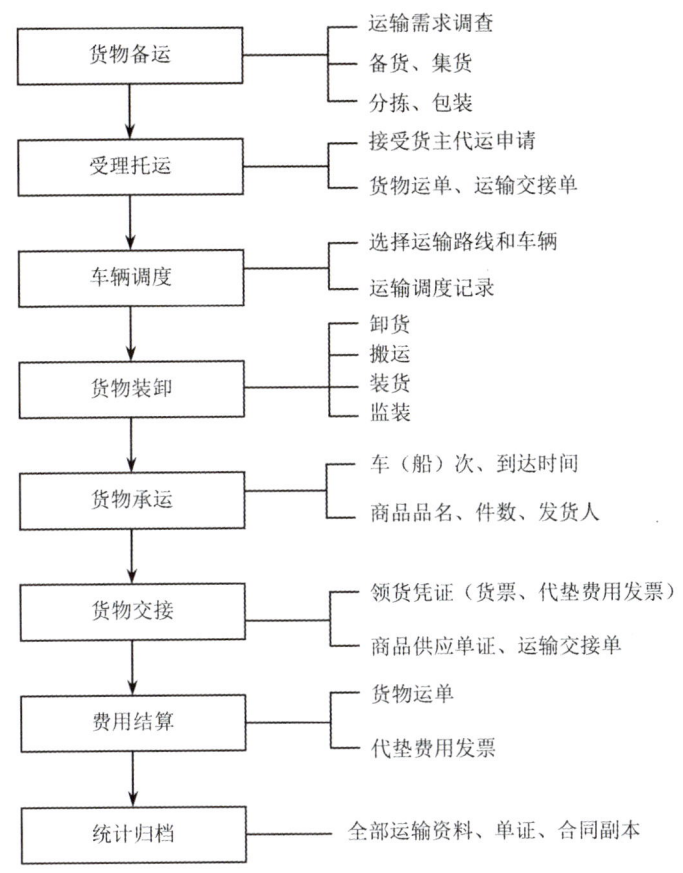

图 3-7 公路货物整车运输作业流程图

三、公路零担货物运输作业流程

公路零担货物运输作业流程及其具体工作内容如图 3-8 所示。

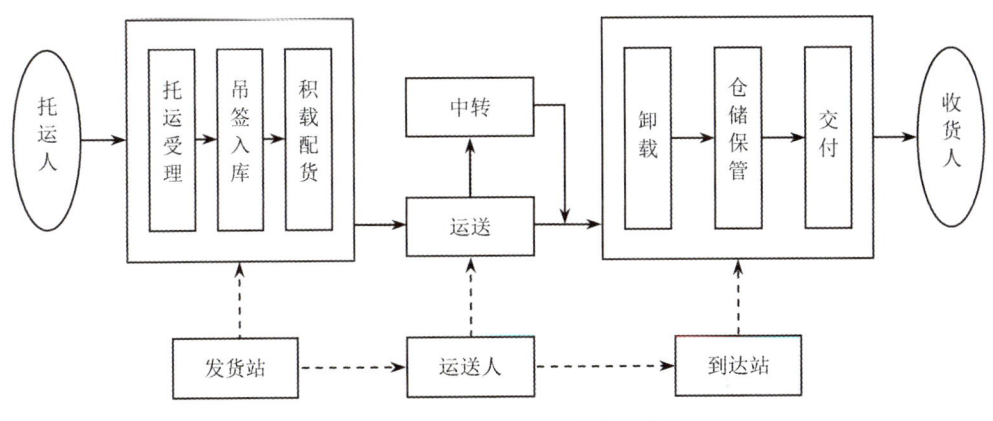

图 3-8 公路零担货物运输作业流程

 **工作页**

初识公路运输货运单工作页

委托时间：　　　　　　　　始发站：　　　　　　　　到站：

托 运 人：	收 货 人：
客户代码：	地　　址：
电　　话：	电　　话：

货物名称	件数	包装	重量/体积	运输费用	声明价值	保价费	代收货款	手续费	送/提货费	合计费用	备注

合计费用（大写）：	￥：	付款方式：

请仔细阅读背面运输条款，您的签字意味着您已理解并接受条款内容 托运人签名：（请书写工整）	交货方式/重要提示：

收货网点： 电　　话：	签收人：　　　　　日期： 证件号码：

收货部门：　　　　　　　　制单员：　　　　　　　　时间：

公路运输认知工作页

拓展活动	头脑风暴：公路运输企业的"市场"在哪里？
主持人：_____	今天讨论的问题是公路运输企业的"市场"在哪里？请大家畅所欲言，过程中我们不加以任何评价，记录员请做好记录。
记录员：_____	

任务 2　铁路运输作业管理

工作内容

1. 了解铁路运输系统的构成。
2. 熟悉铁路运输设备。
3. 使用关键词对铁路运输业务作业流程进行描述。
4. 采用小组讨论法学习各种铁路货物运单的填制。

请读者学习材料 1、材料 2、材料 3 后完成铁路运输认知工作页。

学习材料

材料 1　认识铁路系统（理论）

一、铁路运输概述

铁路运输是一种适宜于担负远距离大宗客/货运输的重要运输方式，在国际货运中的地位仅次于海洋运输。铁路运输一般不易受气候条件的影响，可保障全年的正常运行，具有高度的连续性。铁路运输还具有载运量较大、运行速度较快、运费较低廉、运输准确、遭受风险较小等优点。

在我国这样一个幅员辽阔、人口众多、资源丰富的大国，铁路运输在目前以及可以预见的未来都是综合运输网中的骨干和中坚力量。

二、铁路运输的特点

铁路是国民经济的大动脉，铁路运输是现代化运输业的主要运输方式之一，它与其他运输方式相比具有下述突出特点。

1. 铁路运输的准确性和连续性强

铁路运输几乎不受气候影响，一年四季可以不分昼夜地进行定期的、有规律的、准确的运转。

2. 铁路运输速度比较快

铁路货运速度每昼夜可达几百至上千公里，一般货车可达 100 公里/小时左右，远远高于水路运输。

3. 运输量比较大

铁路一列货物列车一般能运送 3000～5000 吨货物，重载货运列车可达 20000 吨，远远高于航空运输和汽车运输。

4. 铁路运输成本较低

铁路运输费用仅为汽车运输费用的几分之一到十几分之一，运输耗油约是汽车运输的二十分之一。

5. 铁路运输安全可靠

铁路运输风险远比水路运输小。

6. 初期投资大

铁路运输需要铺设轨道，建造桥梁和隧道，建路工程艰巨复杂，需要消耗大量钢材、木材，占用土地，其初期投资大大超过其他运输方式。另外，铁路由运输、机务、车辆、工务、电务等业务部门组成，要具备较强的准确性和连贯性，各业务部门之间必须协调一致，这就要求在运输指挥方面实行统筹安排，统一领导。

三、铁路运输的优缺点

1. 优点

巨大的运送能力；廉价的大宗运输；全天候（较少受天气、季节等自然条件的影响），能保证运行的经常性和持续性；计划性强、安全、准时；运输总成本中固定费用所占的比重大（一般占60%），收益随运输业务量的增加而增长。

2. 缺点

始建投资大，建设时间长；始发与终到作业时间长，不利于运距较短的运输业务；受轨道限制，灵活性较差；路基、站场等建筑工程投资大。

四、铁路运输系统的构成

铁路运输系统主要由车站、线路、机车车辆、信号设备四部分组成，前两项是铁路运输设施，后两项是铁路运输设备。

五、铁路站场

车站是铁路运输的基本生产单位，它集中了与运输有关的各项技术设备，并参与整个运输过程的各个作业环节。车站按技术作业性质可分为中间站、区段站、编组站；按业务性质可分为客运站、货运站、客货运站；按等级可分为特等站、一等至五等站。

1. 中间站

中间站是为提高铁路区段通过能力，保证行车安全和为沿线城乡及工农业生产服务而设的车站。其主要任务是办理列车会让、越行和客货运业务。

2. 区段站

区段站的主要任务是办理货物列车的中转作业，进行机车的更换或机车乘务组的换班及解体，编组区段列车和摘挂列车。

3. 编组站

编组站是铁路网上办理大量货物列车解体和编组作业，并设有比较完善的调车设备的车站，有列车工厂之称。

编组站和区段站统称技术站，但二者在车流性质、作业内容和设备布置上均有明显区别。区段站以办理无改编货物列车为主，仅解编少量的区段、摘挂列车。而编组站主要办理各类货物列车的解编作业，且多数是直达列车和直通列车，改编作业量往往占全站作业量的60%以上，有的高达90%。编组站的主要任务是解编各类货物列车、组织本地区车流——小运转列车、供应列车动力、整备检修机车、货车的日常技术保养 5 项作业内容。

4. 铁路枢纽

铁路枢纽是在铁路与铁路交会处，或铁路与其他企业的专用线或专用铁道的衔接地，由铁路各种技术设备构成的综合体，如图 3-9 所示。它是铁路网的组成部分，是线路运量集中地和列车的交接点，是组织铁路运输生产的中心环节。

图 3-9　铁路枢纽站场

5. 货运站

货运站是办理货运作业的车站。

6. 港口车站

位于港口或港湾地区，承担列车到发、交接、解编、集结等作业，衔接水路运输与铁路运输，是铁路、水路相互转运货物的铁路车站。

材料2　认识铁路车辆

一、机车

机车是铁路运输的基本动力。由于铁路车辆大都不具备动力装置，列车的运行和车辆在车站内有目的的移动均需机车牵引或推送。

从原动力来看，机车分为蒸汽机车、内燃机车和电力机车。按用途机车分为客运机车、货运机车、调车机车。客运机车要求速度快，货运机车需要功率大，调车机车要有机动灵活的特点。

蒸汽机车是通过蒸汽机把燃料燃烧产生的热能转换成机械能，用来牵引列车的一种机车。在现代铁路运输中，蒸汽机已逐渐被其他新型牵引形式取代。

内燃机车是以内燃机为原动力的一种机车。一般来说，内燃机车由动力装置（即柴油机）、传动装置、车体与车架、行走部、辅助设备、制动装置和车钩缓冲装置等主要部分组成。根据从柴油机到动轮之间采用传动装置的不同，内燃机车可分为电力传动、液力传动两种类型。电力传动是由柴油机驱动主发电机，然后向牵引电动机供电，并通过牵引齿轮驱动机车车轮对转动。液力传动是柴油机驱动液力装置的变矩器泵轮，将机械功变成液体的动能，再经变矩器的涡轮转换成机械功，然后经方向轴、车轴齿轮箱等部件传至车轮。液力传动较电力传动效率稍低，适合牵引客车列车。

电力机车靠其顶部升起的受电弓从接触网上取得电能，并转换成机械能牵引列车运行。电力机车由电气设备、车体与车架、走行部、车钩缓冲装置和制动装置等主要部分组成。电力机车功率大，获得能量不受限制，因而能高速行驶，牵引较重列车，起动加速快，爬坡性能好，容易实现多机牵引，更适用于坡度大、隧道多的山区铁路和繁忙干线，如图 3-10 所示。

图 3-10　电力机车

二、车辆

铁路车辆是运送旅客和货物的工具。车辆一般不具备动力装置，需要连挂成列车后由机车牵引运行。根据其用途，车辆可分为客车和货车两大类。

为了适应不同货物的运输要求，货车种类很多，主要有：棚车（P），装运怕湿及贵重物品，如图 3-11 所示；敞车（C），装运不怕湿的散装货物及一般机械设备；平车（N），装运长大货物与集装箱；罐车（G），装运液体、半液体或粉状货物；保温车（B），又称冷藏车，装运新鲜易腐货物，如图 3-12 所示。

图 3-11　棚车

图 3-12　冷藏车

车辆按轴数分有四轴车、六轴车和多轴车。货车通常还按载重分为 50 吨、60 吨等多种。车辆由车体、车架、走行部、车钩缓冲装置和制动装置 5 个基础部分组成。

三、信号设备

信号设备的作用是保证列车运行与调车安全和提高铁路的通过能力。它包括铁路信号、联锁设备和闭塞设备。

1. 铁路信号

铁路信号是对列车运行与调车工作的命令，以保证安全和提高作业效率。我国规定用红色、黄色和绿色作业信号的基本颜色，红色表示停车，黄色表示注意或减速慢行，绿色表示按规定的速度运行。铁路信号按信号形式可分为视觉信号和听觉信号两大类，按设备形式可分为固定信号、移动信号和手信号三类，图 3-13 所示为进站预告信号机。

图 3-13　进站预告信号机

2. 联锁设备

联锁设备的主要作用是保证站内列车运行和调车作业的安全，以及提高车站的通过能力。在车站上，为列车进站、出站所准备的通路称为列车进路；凡是为各种调车作业准备的通路都称为调车进路。一般每一个列车调车进路的始端都应设立一架信号机进行防护，以保证作业时的安全。

3. 闭塞设备

闭塞设备是用来保证列车在区间内运行安全的区间信号设备。在单线铁路上，为了防止一个区间内同时进入两列对向运行的列车而发生正面冲突，以及避免两列同向运行的列车（包括复线区间）发生追尾事故，铁路上规定区间两端车站值班员在向区间发车前必须办理的行车联络手续，叫作行车闭塞手续。用于办理行车闭塞手续的设备叫作闭塞设备。

材料 3　铁路货运流程

一、铁路整车货物运输

（一）铁路整车运输的条件

1. 货物的重量或体积

我国现有的货车以棚车、敞车、平车和罐车为主，标记载重量（简称标重）大多为 50 吨、60 吨及 60 吨以上，棚车的容积在 100 立方米以上，达到这个重量或容积条件的货物应按整车运输。有一些专为运输某种货物的专用货车，如散装水泥车、散装粮食车、长大货物车、家畜车等，按专用货车的标重、容积确定货物的重量与体积是否需要一辆货车装载。

2. 货物的性质或形状

有些货物，虽然重量、体积不够一车，但按其性质、形状需要单独使用一辆货车运输时，也应按整车运输。下列货物除按集装箱运输外，应按整车运输办理，即不得按零担运输的货物：

（1）需要冷藏、冷温或加温运输的货物。
（2）规定限按整车运输的危险货物。
（3）易于污染其他货物的污秽品。
（4）密封的货物。
（5）不易计算件数的货物。
（6）未装容器的活动物。
（7）一件货物重量超过 2 吨、体积超过 3 立方米或长度超过 9 米的货物（经发站确认不影响中转站和到站装卸作业的除外）。

（二）铁路整车运输的内容

1. 整车运输的形式

（1）整车直达，即按货车载重标准吨数和运输里程向托运单位收费。

（2）整车分卸，即将起运站和运输方向相同，到达站不同的货物拼凑成整车，依次在不同到达站分别卸货，运输部门按货车载重标准吨数和到达站最远里程数向托运单位收费。

整车分卸的目的是解决托运人运输的数量不足一车而又不能按零担办理的货物的运输。其条件为：

（1）运输的货物必须是不得按零担运输的货物，但密封、使用冷藏车装运需要制冷或保温的货物，以及不易计算件数的货物不能按整车分卸办理。
（2）到达每个分卸站的货物数量不够一车。
（3）到站必须是同一路径上的两个或三个站。
（4）不许在站内卸车。
（5）在发站装车必须装在同一货车内作为一批运输。

按整车分卸办理的货物，除派有押运人外，托运人必须在每件货物上拴挂标记，分卸站卸车后，对车内货物必须整理，以防偏重或倒塌。

2. "一批"的概念

"一批"是铁路运输货物的计数单位，铁路承运货物和计算运输费用等均以批为单位。按一批托运的货物，其托运人、收货人、发站、到站和装卸地点必须相同（整车

分卸货物除外）。

整车货物每车为一批，跨装、爬装及使用游车的货物每一车组为一批。

零担货物或使用集装箱运输的货物，以每张货物运单为一批。

使用集装箱运输的货物，每批必须是同一箱型、同一箱主、同一箱态（空箱、重箱），至少一箱，最多不得超过铁路一辆货车所能装运的箱数，集装箱总重之和不得超过货车的最大容许载重量。

由于货物性质、运输的方法和要求不同，下列货物不能作为一批进行运输：

（1）易腐货物和非易腐货物。

（2）危险货物与非危险货物（另有规定者除外）、根据货物的性质不能混装运输的货物。

（3）投保运输险的货物与未投保运输险的货物。

（4）按保价运输的货物与不按保价运输的货物。

（5）运输条件不同的货物。

上述不能按一批运输的货物，在特殊情况下，如不影响货物安全、运输组织工作和赔偿责任的确定等，经上级承认也可按一批运输。

二、铁路零担货物运输

由于社会生产和人民生活对零担货物运送时间和方式、收发和装卸交接等的不同需要，零担货物运输采取不同的营运组织方式，这些组织方式形成了零担货物运输的基本组织形式。

（一）铁路零担货物的种类

（1）普通零担货物，简称普零货物，即以零担办理的普通货物，使用棚车装运。

（2）危险零担货物，简称危零货物，即以零担办理的危险货物，使用棚车装运。

（3）笨重零担货物，简称笨零货物，是指：

1）一件重量在1吨以上，体积在2立方米或长度在5米以上，需要以敞车装运的货物。

2）货物的性质适宜敞车装运和吊装吊卸的货物。

零担货物运输所采用的组织方式，一方面受制于用户不同的需求，另一方面决定于零担货运所使用的车辆。

（二）零担车

零担车是指装运零担货物的车辆。按照零担车发送时间的不同可将零担货物运输的组织形式分为固定式和非固定式两大类。

1. 固定式零担货物运输的组织

固定式零担车是指车辆运行采取定线路、定班期、定车辆、定时间的一种零担车，也叫"四定运输"，通常又称为零担货运班车（简称零担班车）。

零担货运班车主要采用以下几种方式运行：

（1）直达式零担班车。直达式零担班车是指在起运站将各个发货人托运的同一到站且性质适宜配载的零担货物，同车装运后直接送达目的地的一种货运班车，其货运组织形式如图 3-14 所示。

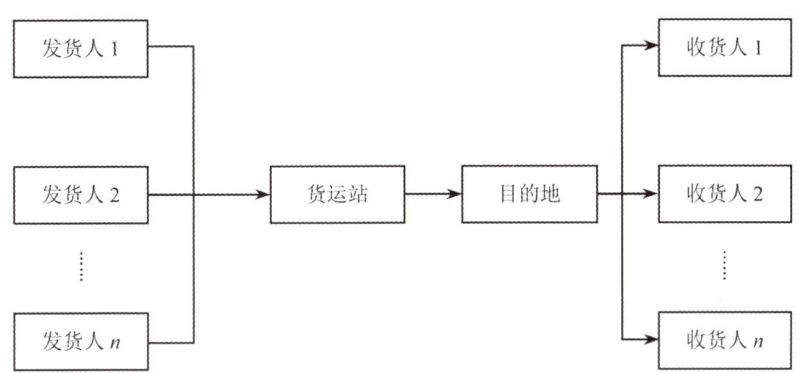

图 3-14　直达式零担班车货运组织图

（2）中转式零担班车。中转式零担班车是指在起运站将各个发货人托运的同一线路、不同到达站且性质允许配载的各种零担货物，同车装运至规定中转到达站，卸后复装，重新组成新的零担班车运往目的地的一种货运班车，其货运组织形式如图 3-15 所示。

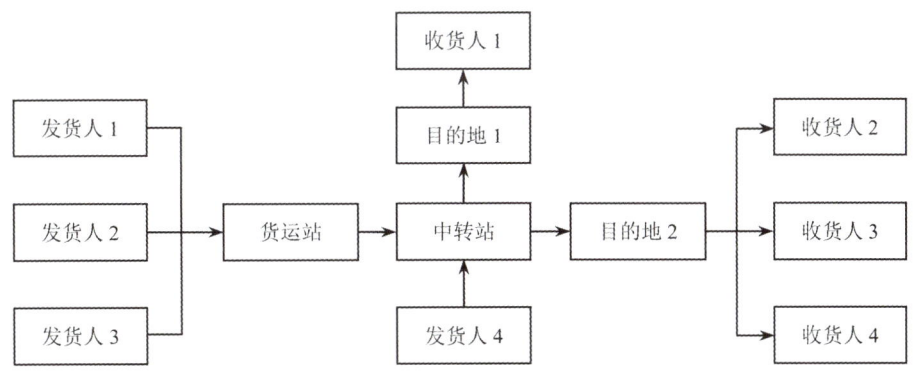

图 3-15　中转式零担班车货运组织图

（3）沿途式零担班车。沿途式零担班车是指在起运站将各个发货人托运的同一线路不同到达站且性质允许配装的各种零担货物，同车装运后，在沿途各计划停靠站卸下或装上零担货物再继续前进，直至最后终点站的一种货运班车，其货运组织形式如图 3-16 所示。

在上述 3 种零担班车运行模式中，以直达式零担班车最为经济，是零担货运的基本形式，这一形式具有以下无法替代的特点：

1）避免了不必要的换装作业，节省了中转费用，减轻了中转站的作业负担。

2）减少货物在中转站作业，有利于运输安全和货物完好，减少事故，确保质量。

3）减少了在途时间，提高了零担货物的运送速度，有利于加速车辆周转和物资调拨。

4）在仓库内集结待运时间少，充分发挥仓库货位的利用程度。

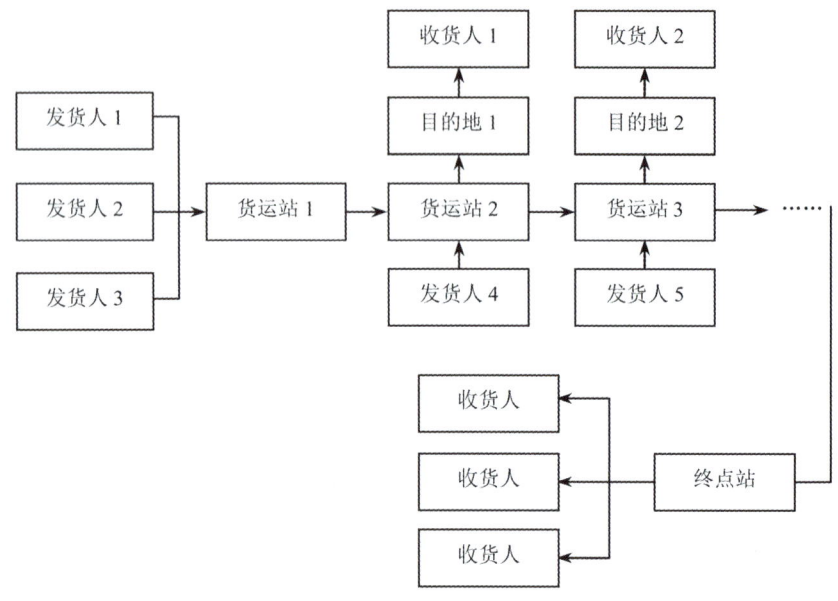

图 3-16　沿途式零担班车货运组织图

2. 非固定式零担货物运输的组织

非固定式零担货物运输的完成是通过非固定式零担车的组织来实现的。非固定式零担车是指按照零担货流的具体情况临时组织而成的一种零担车，通常在新辟零担货运线路或季节性零担货物线路上使用。

工作页

铁路货物运单工作页

货物指定于 × 月 × 日搬入 ××× 铁路局

货位：
计划号码或运输号码：

车种及车号：
货票第　　　号
运到期限：　　日

领货凭证

托运人填写			承运人填写			领货凭证	
发站			车种车号			发站	
到站（局）			施封号码			到站	
到站所属省（直辖市/自治区）			经由			托运人	
托运人	名称		货物标重	/		收货人	
	住址	电话	铁路货车篷布号码			货物名称	件数	重量
收货人	名称		集装箱号码					
	住址	电话						
货物名称	货物规格	包装	承运人确定的重量（kg）	计费重量	运价号	运价率	运费
件数							
托运人确定的重量（kg）							
合计							
托运人记载事项			承运人记载事项			托运人签字或盖章	
保险：						发站承运日期戳	
托运人盖章或签字：　　年　月　日			到站日期：　　　发站日期：			承运戳　交付戳	

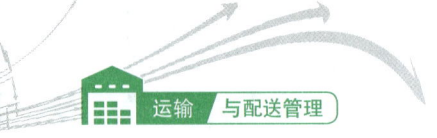

铁路运输认知工作页

拓展活动	头脑风暴：铁路运输企业的"市场"在哪里？
主持人： _____	今天讨论的问题是铁路运输企业的"市场"在哪里？请大家畅所欲言，过程中我们不加以任何评价，记录员请做好记录。
记录员： _____	

任务 3　水路运输作业管理

工作内容
1. 了解水路运输的方式。
2. 了解水路运输设施设备。
3. 使用关键词对水路运输的分类及形式进行描述。
4. 采用小组讨论法对水路运输作业流程进行推演。

请读者学习材料 1、材料 2、材料 3 后完成水路运输认知工作页。

学习材料

材料 1　认识水运系统（理论）

一、水路运输的含义

水路运输是利用船舶、排筏和其他浮运工具，在江、河、湖泊、人工水道以及海洋上运送旅客和货物的一种运输方式。它是我国综合运输体系中的重要组成部分，并且正日益显示出它的巨大作用。

二、水路运输在国民经济中的地位

水路运输业与国民经济中的其他产业不同，它本身具有的基础设施并不生产有形的产品，而是为产品在商业的流通中提供运输服务。水路运输业不仅是服务部门，而且是国民经济的基础产业部门，如水路运输中的航道，水域建筑物的堤坝、泊位、锚地及港口设施等都表明了水路运输业的这一属性，这个基础产业具有资本密集、技术密集、劳动密集、信息密集的特征。

经济要发展，交通必先行；国际贸易要发展，水路运输必先行。这是因为国民经济和贸易发展必然需要运输大量的原材料、成品和半成品。在 20 世纪 70 年代初，水路运输曾是我国对外开放和经济发展的瓶颈，由于港口设施的不足和落后，大量外轮在港外排队等泊，使我国蒙受了大量的经济损失，并影响了我国的国际声誉。

三、水路运输的作用和优点

1. **水路运输在国民经济发展中的作用**

水路运输通过国际航运对发展国家外向型经济发挥了基础性作用。

水路运输系统中良好的港口基础设施和航运服务质量是吸引国际资本的重要条件，对国家经济的发展具有重要的门户作用。

水路运输是纽带，它通过越洋通海连河的运输将世界各地连成了一片，从此各个国家和地区摆脱了孤立和封闭而走向世界，于现代全球性的社会、经济、贸易的联系中取得自己的地位。在人类历史已经走进 21 世纪的今天，在航空仍不能解决大批量货

物运输的现实情况下，量大价廉和较为便捷的水路运输仍将是联系全球性经济贸易的主要方式，承担着全球性、区域间的货物运输任务，成为世界经济全球一体化和区域化的主要运输纽带。

水路运输对国民经济发展起促进作用。水路运输在运作过程中，不仅与造船业、建筑业、制造业等部门密切相关，更与金融业、保险业密切相连。它的发展对经济贸易起服务保障作用，促进了国民经济的发展；它的发展同样为国民经济有关行业创造了就业机会，为国民经济积累做出重要的贡献。

2. 水路运输的优点

（1）水路运输主要利用江、河、湖泊和海洋的"天然航道"来进行。水上航道四通八达，通航能力几乎不受限制，而且投资省。

（2）水路运输可以利用天然的有利条件实现大吨位、长距离的运输，因此水路运输的运量大、成本低，非常适合于大宗货物的运输。

（3）水路运输是开展国际贸易的主要方式，是发展经济和友好往来的主要交通方式。

四、水路运输的类型

水路运输按其航行的区域大体上可划分为远洋运输、沿海运输和内河运输3种形式。

远洋运输通常是指除沿海运输以外所有的海上运输。

沿海运输是指利用船舶在我国沿海区域各地之间进行的运输。

内河运输是指利用船舶、排筏和其他浮运工具在江、河、湖泊、水库及人工水道上从事的运输。

五、水路运输设施

（一）港口基本知识

1. 港口

港口是运输网络中水路运输的枢纽，是货物的集散地，是船舶与其他运输工具的衔接点。它可提供船舶靠泊、旅客上下船、货物装卸、储存、驳运及其他相关业务，并具有明确的水域和陆域范围。

2. 港界

港界是港口范围的边界线。根据地理环境、航道情况、港口设备以及港内工矿企业的需要等进行规定。一般利用海岛、山角、河岸突出部分、岸上显著建筑物，或者设置灯标、灯桩、浮筒等，作为规定港界的标志，也有按经纬度划分的。

3. 港区

港区是港界范围以内经当地政府机关划定的由港务部门管理的区域（包括陆域和水域）。一般不包括所属小港、站、点。

4. 港口作业区

一个港口为了便于生产管理，一般根据货种、吞吐量、货物流向、船型和港口布局等因素将港口划分为几个相对独立的装卸生产单位，称为港口作业区。

5. 码头

码头是海边、江河边专供船舶停泊，让乘客上下、货物装卸的建筑物。其范围一般通过调查分析来确定。

（二）港口分类

1. 按用途分类

（1）货主港：附属于某工矿企业，供企业自身使用。

（2）商业港：是供商船进出使用的公共性质的港口。

（3）军用港：用于军事目的。

（4）避风港：具有良好的天然地势，为船只躲避台风等灾害而设置。

2. 按地理条件分类

（1）海港：位于海岸线上的港口，如北仑港。

（2）河口港：位于河流入海口处的港口，世界上有许多大的港口都是河口港，如鹿特丹港、上海港等。

（3）河港：位于河流沿岸上的港口，如长江上的南京港、武汉港。

（4）湖港：位于湖泊岸壁的港口。

（5）水库港：位于水库岸壁的港口。

3. 从运输角度分类

（1）支线集散型港口：拥有较小的码头或部分中型码头，主要挂靠支线运输船舶和短程干线运输船舶。世界上大多数港口均属这种类型。

（2）海上转动型港口：这类港口拥有大型码头，地理位置优越，在水路运输发展的过程中已成为海上运输主要航线的连接点，同时又成为支线的汇集点，主要功能是在港口区范围接收、堆存货物和装船发送货物。

（3）水陆腹地型港口：这类港口是国际运输主要航线的端点港，与内陆发达的交通运输网相连接，是水陆交通的枢纽，主要功能是服务于内陆腹地货物的集散运输，同时兼营海上转运业务。

材料2　认识水运设备

船舶是指能航行或停泊于水域进行运输或作业的运输工具，按不同的使用要求具有不同的技术性能、装备和结构型式。这里仅介绍以载运货物为主的货船，其大部分舱位是用于堆储货物的货舱。货船的船型很多，大小悬殊，排水量可从数百吨至数十万吨。

一、货船分类

1. 干散货船

干散货船又称散装货船，是用以装载无包装的大宗货物的船舶，如图3-17所示。

因为干散货船的货种单一，不需要包装成捆、成包、成箱的装载运输，不怕挤压，便于装卸，所以都是单甲板船。总载重量在5万吨以上的，一般不装起货设备。由于粮食、煤炭和矿砂等的积载因数（每吨货物所占的体积）相差很大，所要求的货舱容积的大小、船体的结构、布置和设备等许多方面都有所不同。因此，一般习惯上仅把装载粮食、煤炭等积载因数相近货物的船舶称为散船，而装载积载因数较小的矿砂等货物的船舶称为矿砂船。

2. 杂货船

杂货船又称普通货船、通用干货船或统货船，主要用于装载一般包装、袋装、箱装和桶装的件杂货物，如图 3-18 所示。

图 3-17 较大吨位的散装货船

图 3-18 中国造最大杂货船

3. 冷藏船

冷藏船最大的特点是其货舱实际上是一个大型冷藏库，可保持适合货物久藏的温度。由于不同种类的货物所要求的冷藏温度不同，因此冷藏船还可按不同的冷藏温度进行细分，如专门运输水果、蔬菜的保温运输船；鱼、肉等动物性货物，因需在较低的温度下以冻结的状态进行运输，所以冷冻并运输这类货物的船舶亦称为冷冻船，如图 3-19 所示。

图 3-19 大型冷冻船

4. 木材船

木材船是专门用于装载木材或原木的船舶。这种船舱口大，舱内无梁柱及其他妨碍装卸的设备，船舱及甲板上均可装载木材。为防止甲板上的木材被海浪冲出舷外，在船舷两侧一般设置不低于 1 米的舷墙。

5. 原油船

原油船是专门用于载运原油的船舶，简称油船。由于原油运量巨大，载重量可达50多万吨，是船舶中的最大者。结构上一般为单底，随着环保要求的提高，结构正向双壳、双底演变。上层建筑设于船尾。甲板上无大的舱口，用泵和管道装卸原油。设有加热设施，在低温时对原油进行加热，防止其凝固而影响装卸。超大型油船的吃水可达25米，往往无法靠岸装卸，而必须借助于水底管道来装卸原油。

6. 成品油船

成品油船专门载运柴油、汽油等石油制品的船舶。结构与原油船相似，但吨位较小。有很高的防火、防爆要求。

7. 集装箱船

集装箱船又称集装船、货柜船或货箱船，是一种专门载运集装箱的船舶。其全部或大部分舱位用来装载集装箱，往往在甲板或舱盖上也可堆放集装箱。集装箱船的货舱口宽而长，货舱的尺寸按载箱的要求规格化，装卸效率高，大大缩短了停港时间。为获得更好的经济性，其航速一般高于其他载货船舶。集装箱船可分为部分集装箱船、全集装箱船和可变换集装箱船3种。

8. 滚装船

滚装船主要用来运送汽车和集装箱，如图3-20所示。这种船本身无需装卸设备，一般在船侧或船的首尾有开口斜坡连接码头，装卸货物时，汽车或者集装箱直接开进或开出船舱。这种船的优点是不依赖码头上的装卸设备，装卸速度快，可加速船舶周转。

9. 液化气运输船

液化气运输船专门运输液化气的船舶，如图3-21所示。所运输的液化气有液化石油气、液化天然气、氨水、液氮等。这些液货的沸点低，多为易燃、易爆的危险品，有的还有剧毒和强腐蚀性。因此，液化气运输船货舱结构复杂，造价高昂。

图3-20 滚装船全景图

图3-21 液化气运输船全景图

10. 载驳船

载驳船专门载运货驳的船舶，又称母子船。其运输方式与集装箱运输方式相仿，因为货驳亦可视为能够浮于水面的集装箱。其运输过程是：将货物先装载于统一规格的方形货驳（子船）上，再将货驳装到载驳船上，载驳船将货驳运抵目的港后，将货驳卸至水面，再由拖船分送各自目的地。载驳船的特点是不需要码头和堆场，装卸效率高，便于海—河联运。但由于造价高，货驳的集散组织复杂，其发展也受到了限制。

二、船舶的组成和性能

1. 船舶的组成

船舶由许多部分构成，按各部分的作用和用途可分为船体、上层建筑、船舶动力装置、船舶舾装、船舶的其他装置和设备。

（1）船体。船体是船长的基本部分，可分为主体部分和上层建筑部分。主体部分一般指上甲板下的部分，它是由船壳和上甲板围成的具有特定形状的空心体，是保证船舶具有所需浮力、航海性能和船体强度的关键部分。

（2）上层建筑。位于上甲板以上，由左右侧壁、前后端壁和各层甲板围成，其内部主要用于布置各种用途的舱室，如工作室、生活舱室、贮藏舱室、仪器设备舱室等。上层建筑的大小、层楼和型式因船舶用途和尺度而异。

（3）船舶动力装置。包括推进装置——主机经减速装置、传动轴系以驱动推进器；为推进装置的运行服务的辅助机械设备和系统，如燃油泵、滑油泵、冷却水水泵、加热器、过滤器、冷却器等；船舶电站，它为船舶的甲板机械、机舱内的辅助机械和船上照明等提供电力；其他辅助机械和设备，如锅炉、压气机、船舶各系统的泵、起重机械设备、维修机床等。通常把主机以外的机械统称为辅机。

（4）船舶舾装。包括舱室内装结构、家具和生活设施、涂装和油漆、门窗、梯和栏杆、桅杆、舱口盖等。

（5）船舶的其他装置和设备。除推进装置外，还有锚设备与系泊设备，舵设备和操舵装置，救生设备，船内外通信设备，照明设备，信号设备，导航设备，起货设备，通风、空调和冷藏设备，海水和生活用淡水系统，压载水系统，液体舱的测深系统和透气系统，舱底水疏干系统，船舶电气设备，其他特殊设备。

2. 船舶主要技术特征

船舶的主要技术特征有船舶排水量、船舶主尺度、船体系数、舱位和登记吨位、船体型线图、船舶总布置图、主要技术装备的规格等。

（1）船舶排水量。根据阿基米德原理，船体水线以下所排开水的重量即为船舶的浮力，等于船舶总重量，称为船舶排水量。

（2）船舶主尺度。包括总长、设计水线长度、垂线间长、最大船宽、型宽、型深、满载吃水等。钢船主尺度的度量指量到船壳板内表面的尺寸，称为型宽和型深，水泥船、木船等则指量到船体外表面的尺寸。

（3）舱容。指货舱、燃油舱、水舱等的体积，它从容积能力方面表征船舶的装载能力、续航能力，它影响船舶的营运能力。登记吨位是历史遗留下来的用以衡量船舶装载能力的度量指标，作为买卖船舶、纳税、服务收费的依据之一。登记吨位和载重量分别反映船舱的容积能力。它们虽然互有联系，但是属于不同的概念。

（4）船体型线图。表征船舶主体的型表面的形状和尺寸，是设计和建造船舶的主要图样之一。它由三组线图构成：横剖线图、半宽水线图和纵剖线图。三者分别由横剖面、水线面和纵剖面与船体型表面切割而成。

（5）船舶总布置图。是设计和建造船舶的主要图样之一，它反映船的建筑特征、外形和尺寸、各种舱室的位置和内部布置、内部梯道的布置、甲板设备的布局。总布置图由侧视图、各层甲板平面图和双层底舱划分图组成。

（6）船体结构图。反映船体各部分的结构情况，船体各相关部分的结构既独立又相互联系，船舶主体结构是保证船舶纵向和横向强度的关键，通常把它看成为一个空心梁进行设计，并用船横剖面结构图来反映它的部件尺寸和规格。

3. 船舶主要性能

船舶主要性能有浮性、抗沉性、快速性、耐波性、操纵性和经济性等。

4. 船籍和船旗

船籍指船舶的国籍。商船的所有人向本国或外国有关管理船舶的行政部门办理所有权登记，取得本国或登记国国籍后才能取得船舶的国籍。

船旗是指商船在航行时悬挂其所属国的国旗。船旗是船舶国籍的标志。按国际法规定，商船是船旗国浮动的领土，无论在公海还是在他国海域航行，均须悬挂船籍国国旗。船舶有义务遵守船籍国法律的规定并享受船籍国法律的保护。

方便旗船是指在外国登记、悬挂外国国旗并在国际市场上进行营运的船舶。

5. 船级

船级是表示船舶技术状态的一个指标。在国际航运界，凡注册总吨在 100 吨以上的海运船舶，必须在某船级社或船舶检验机构监督之下进行监造。在船舶开始建造之前，船舶各部分的规格须经船级社或船舶检验机构批准。每艘船建造完毕，由船级社或船舶检验局对船体、船上机械设备、吃水标志等项目和性能进行鉴定，发给船级证书。证书有效期一般为 4 年，期满后需重新予以鉴定。

6. 船舶的主要文件

船舶文件是证明船舶所有权、性能、技术状况和营运必备条件的各种文件的总称。国际航行船舶的船舶文件主要有船舶国籍证书、船舶所有权证书、船舶船级证书、船舶吨位证书、船舶载重线证书、船员名册、航行日志等。此外，还有轮机日志、卫生日志和无线电日志等。

材料3　水路货运流程

一、国内水路运输的业务流程

（1）签订《船运合同》。

物流业务展开之前，业务员与船务公司接触，并对《船运合同》条款进行检查，确认条款无异议后盖章回传船务公司。

（2）报港。

预计货轮到港前两天到三天办理报港。同时，业务员向公司提交相应拨款单，申请预交港口费。向公司申请报港费用时应在拨款单中体现收款单位、金额等，领导签字后生效。

（3）填报报港计划。

在海事部门办理这项业务时要明确委托单位、航次、货位（货物存放位置、数量）、装船数量，并注明港方派车、装车、过磅等相关事宜。

（4）缴纳港建费。

业务员在办理这一手续时应在计划单上填好相应的序号、计划号以及品名、数量、吨数、联系方式并划卡交款。

（5）接收港口调度室通知。

通知将会明确货轮靠岸的大概时间、港方派车大概时间、筒仓作业时间等事宜。业务员在接到港方通知后及时告知库内磅房，等待港方来车后进行过磅。

（6）验舱。

货轮靠岸后经允许进行验舱，主要查勘舱底是否有杂物和水，确保没有问题后通知调度部门开始作业。

（7）跟踪检查。

在货物出库过程中，业务员应对车辆进行随机检查，看有无货损货差现象。若发现问题应及时处理。

（8）封舱。

所有货物出库完毕后及时告知负责人员，待装船完毕后及时派人进行封舱并按时报送保险。

（9）扦样。

装船过程中应及时扦样，保证500吨取一个样品，扦取样品及时送到化验室检验并进行记录。

（10）信息沟通。

在装船完毕后应及时向领导及相关部门报告信息，明确船舶离港时间，进一步明确发货单位、收货单位、到达港装船数量、舱号、综合质量、损耗及保险报送等情况。

（11）报审发票。

在最后的这一环节中，业务员应积极主动地与港口相关部门进行沟通，了解发票开具的进展情况。在发票开具完毕后及时取回并转交给内勤完成财务信息的报送，最后由财务人员进行入账。

需要注意的是，在装船过程中应及时关注天气变化情况，在天气异常尤其是雨雪天气出现时应立即通知关舱防治。

以上是对水路运输环节相关业务流程进行的简要梳理。在实际业务办理过程中还存在着很多不确定因素，在执行业务时，业务员应及时、全面地掌握各类情况，对发现的问题应及时做出判断并向负责领导汇报情况。

二、国际海上运输进口业务流程

海运进口业务，就是根据贸易合同中的有关运输条件，对国外订货加以组织，通过海运方式运进国内的一种业务。按照 CIF 或 CFR 贸易条件进口的，由卖方负责运输；按照 FOB 贸易条件进口的，由买方负责运输。现在以 FOB 贸易条件进口为例介绍海上运输进口业务流程，如图 3-22 所示。

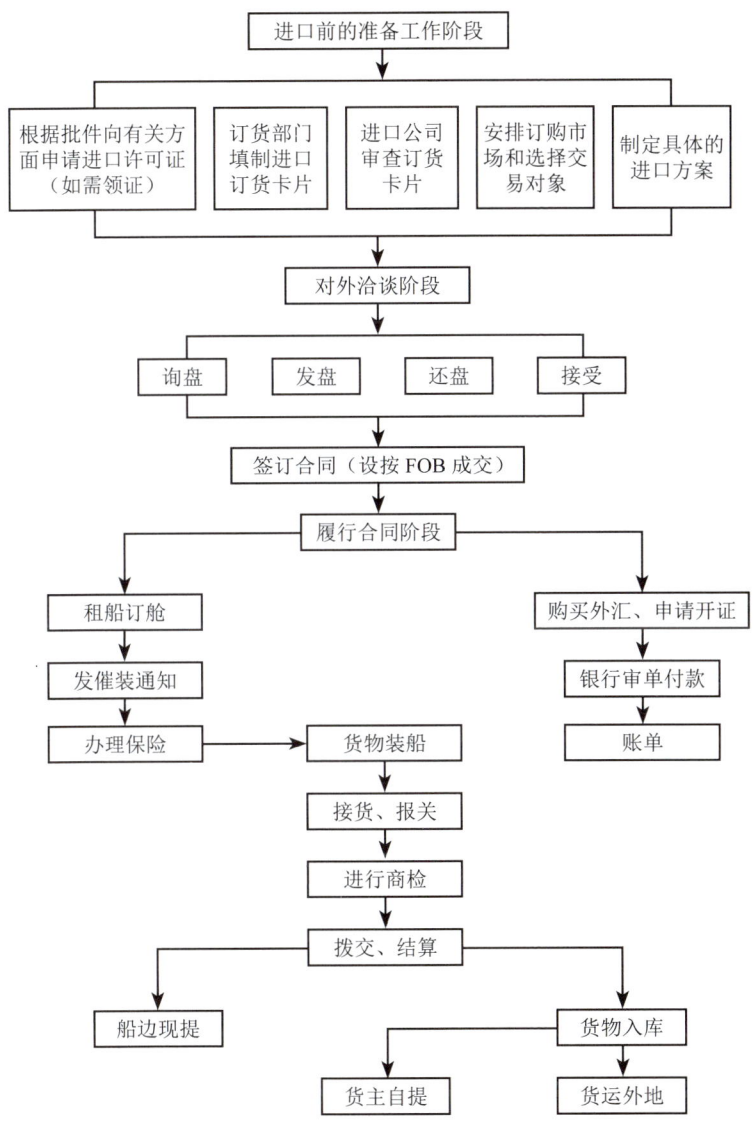

图 3-22　海上运输进口业务流程

三、国际海上运输出口业务流程

凡以 CIF 条件成交的出口货物，要由卖方安排运输，以信用证方式付款，需要经过货、证、船、款、核、税 6 个环节，如图 3-23 所示。

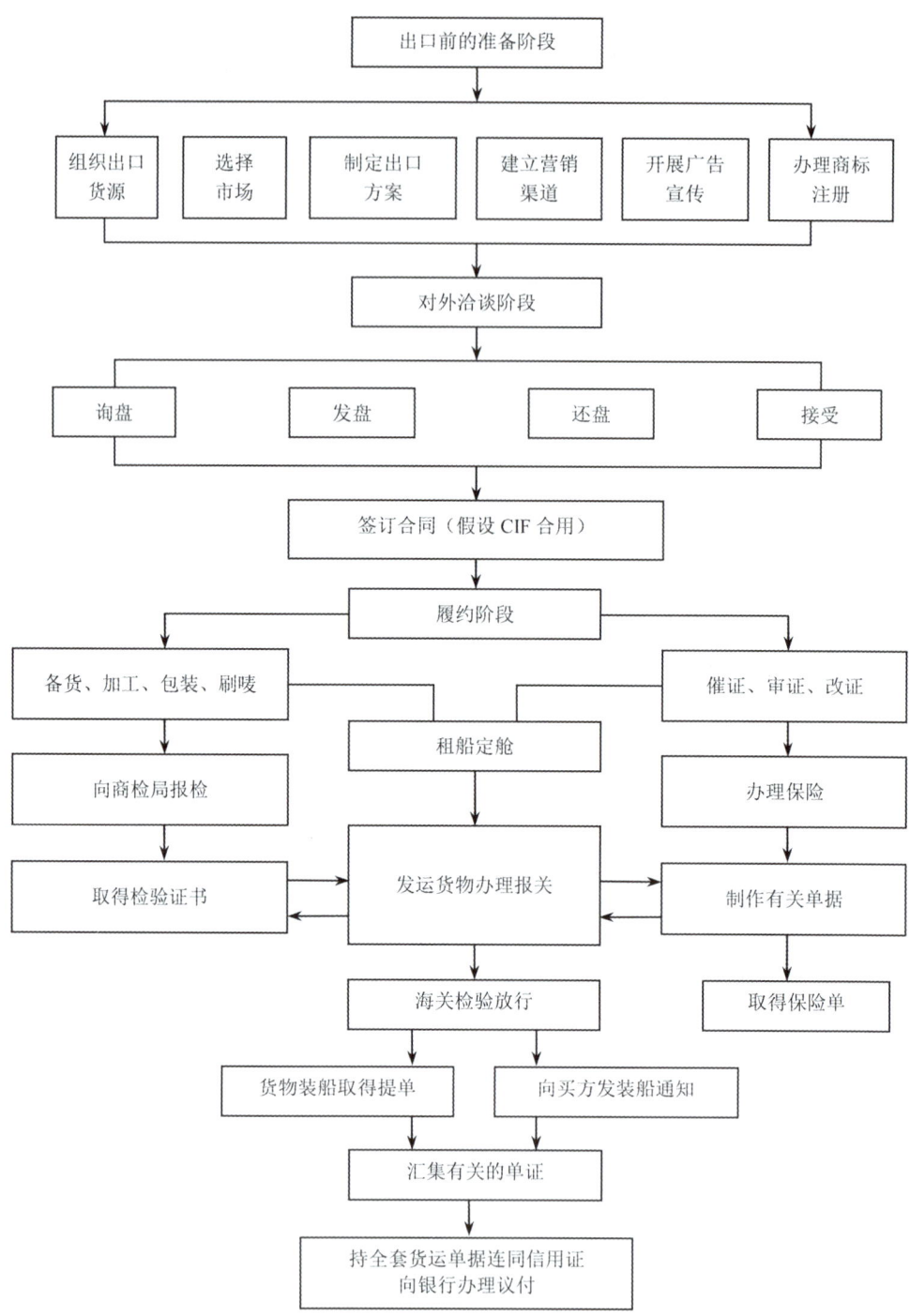

图 3-23　海上运输出口业务流程

 工作页

水运单证工作页

交接货单号码：　　　　　　　　　　　　　　运单号：

起运港		到达港		船名	
				航次	
托运人		地址		银行账号	
		电话		承运日期	
收货人		地址		银行账号	
		电话		到达日期	
运到期限（约定）					

项目										
货号	件数	价值	重量	体积	等级	费率	金额	包装	核算	
合计										

特约事项：

托运人：　　　　　　　　　　　　　　　　日期：

水路运输认知工作页

拓展活动	头脑风暴：水路运输企业的"市场"在哪里？
主持人：_____	今天讨论的问题是水路运输企业的"市场"在哪里？请大家畅所欲言，过程中我们不加以任何评价，记录员请做好记录。
记录员：_____	

任务 4　航空运输作业管理

工作内容

1. 了解航空运输业务的理论知识。
2. 使用关键词描述航空货物托运单和货运单的缮制。
3. 熟练掌握航空进出口货物运输业务流程。
4. 熟悉航空货物运输业务相应运费计算方法。

请读者学习材料1、材料2、材料3后完成航空运输认知工作页。

学习材料

材料 1　认识航空货运系统（理论）

一、航空运输的含义

航空运输是使用飞机、直升机及其他航空器运送人员、货物、邮件的一种运输方式，具有运输速度快和安全准确等优势。

航空运输是起步较晚的一种运输方式，也是一种现代化的运输方式。随着航空工业技术的发展，加之国际贸易市场对货物供应的要求，航空货物运输在国际贸易货运中所占的比重越来越大。

二、航空运输的特点

航空运输之所以能在短短一个世纪内得到快速的发展，是与其自身的特点分不开的。与其他运输方式相比，航空运输的主要优点有：

（1）快速性。

这是航空运输的最大特点和优势。现代喷气式客机的巡航速度为 800～900km/h，比汽车、火车快 5～10 倍，比轮船快 20～30 倍。距离越长，航空运输所能节约的时间越多，快速的特点也越显著。

（2）机动性。

飞机在空中飞行，受航线条件限制的程度比汽车、火车、轮船小得多。它可以将地面上任何距离的两个地方连接起来，可以定期或不定期飞行。尤其是灾区的救援和供应、边远地区的急救等紧急任务，航空运输已成为必不可少的手段。

（3）舒适、安全。

喷气式客机的巡航高度一般在 10km 左右，飞行不受低空气流的影响，平稳舒适。现代民航客机的客舱宽敞、噪声小，机内有供膳、视听等设施，旅客乘坐的舒适度较高。

（4）基本建设周期短、投资少。

发展航空运输，从设备条件上讲，只需要添置飞机和修建机场。这与修建铁路和公路相比，一般来说建设周期短、占地少、投资省、收效快。

航空运输的缺点有：

（1）运价高。

因飞机的机舱容积和载重能力较小，因此单位运输周转量的能耗大。除此之外，机械维护及保养成本也很高。

（2）载重有限。

目前常见的大型货机 B747-200F 可载运 90 吨，相比船舶载重量几十万吨要小得多。

（3）易受气象条件限制。

因飞行要求条件很高（保证安全），航空运输在一定程度上受到气候条件的限制，从而影响运输的准点性与正常性。

（4）可达性差。

通常情况下，航空运输都难以实现客货的"门到门"运输，必须借助其他运输工具（主要为汽车）转运。

（5）运输技术人员要求高。

航空运输公司的飞行员、空勤人员培训费用高。

三、航空运输的作用及其业务形态

1. 航空运输的作用

航空运输是一个对国民经济贡献极大的行业。虽然航空运输费用较高，但是其运输速度快，商品在途时间短、运转周期短，库存期可相应地缩短，可节约仓储费用，资金周转速度加快、货物破损率低，综合运输成本相比较而言具有一定的优势，适合承担货量适中的中长途运输业务。

根据国际民航执行组织的测算，航空运输对国民经济的贡献率为国民生产总值（GNP）的 8% 左右。作为航空运输重要基础设施的机场，它不仅是航空运输的起点和终点，更是现代城市重要的交通枢纽，承担着重要的社会公共服务职能。它对城市发展的贡献不仅在于发挥强大的运输功能，还表现为拉动和推动区域社会经济的发展。

具体来看，航空运输对区域经济社会的推动作用有以下几个方面：

（1）航空运输能够有效促进产业结构调整和社会就业。航空运输的快速发展能够有效促进以现代服务业为主体的第三产业的快速发展，而第三产业的发展，既能加快区域产业结构的升级，实现经济转型，又能够有效促进社会就业与城市消费升级。

（2）航空运输可以改变区域经济的空间布局。围绕机场周边的土地开发，机场发展与城市功能相结合，工业、商业、物流业、高端服务业，以及居住区逐渐聚集和完善，使机场对区域经济的发展承担了重要的功能，对城市人口的地理分布、产业发展和布局都会产生重要影响。

（3）航空运输可以提高经济体系的运转效率。机场的投入使用与快速发展将会加速形成区域内的立体交通网络，通过不同运输方式间的无缝连接实现客货运输的一体化完整链条，提高区域经济社会体系的运转效率。

（4）航空运输可以保障区域经济的可持续发展。航空运输的域内聚集功能和域外辐射功能使它既可以吸引更远地区的资金、技术、人才、信息等生产要素向区域内流入，也可以将区域内的经济能量向更远的地区扩散。

（5）航空运输的快速发展可以促进城市升级。航空运输的发展有助于加快区域旅游业的发展，加强本区域的对外合作与文化交流，促进人们思想观念的变化，提高当地人的生活品质，最终提升该区域在中国城市体系中的层级，实现城市结构转型。

2. 航空运输业务形态

（1）航空运输业。

（2）航空运送代理业。

（3）航空快递运送业。

四、航空运输设施

航空港是航空运输的经停点，又称航空站或机场，是供飞机起飞、降落和停放的场所。航空港按照所处的位置分为干线航空港和支线航空港；按业务范围分为国际航空港和国内航空港。其中，国际航空港需经政府核准，可以用来供国际航线的航空器起降营运，航空港内配有海关、移民、检疫和卫生机构。而国内航空港仅供国内航线的航空器使用，除特殊情况外不对外国航空器开放。通常来讲，航空港内配有以下设施：

（1）跑道。

供航空器起降之用。路道体系由结构道面、道肩、防吹坪和跑道安全地带组成。结构道面在结构荷载、运转、控制、稳定性等方面支承飞机。道肩抵御喷气气流的吹蚀，并承载维护和应急设备。防吹坪防止紧邻跑道端的表面地区受各种喷气气流吹蚀。跑道安全地带支撑应急和维护设备以及可能发生的转向滑出的飞机。

（2）滑行道。

滑行道是航空器在跑道与停机坪之间出入的通道，提供从跑道到航站区和维修库的通道。

（3）停机坪。

停机坪是供飞机停留的场所，也可称为试机坪或预热机坪，设置于邻近跑道端部的位置。

（4）机场地面交通。

机场地面交通包括出入机场交通和机场内交通两部分。机场内交通设施包括供旅客、接送者、访问者、机场工作人员使用的公用通道，供特准车辆出入的公用服务设施和非公用服务道路，供航空货运车辆出入的货运交通通道。

（5）指挥塔或管制塔。

指挥塔或管制塔是航空器进出航空港的指挥中心，其位置应有利于指挥与航空管制，维护飞行安全。

（6）助航系统。

助航系统是辅助安全飞行的设施，包括通信、气象、雷达、电子及目视助航设备。

（7）输油系统。

输油系统为航空器补充油料。

（8）维护修理基地。

维护修理基地为航空器归航以后或起飞以前做例行检查、维护、保养和修理。

（9）货运设施。

货运量大的机场应将处理货物运输的系统与旅客运输系统分开，机型大型化后导致客货混合作业时间的延长，规划机坪门位系统时应考虑货物处理问题。

采用高效率的装卸设备，常见的是装卸—运输联合机，升降式装卸机适用于不同机舱高度的飞机。

（10）其他公共设施。

其他公共设施包括给水、电、通信交通、消防系统等。

材料2 认识航空设备

一、飞机的分类

飞机依其分类标准的不同可有以下几种划分方法：

（1）按飞机的用途划分，有民用航空飞机和国家航空飞机。国家航空飞机是指军队、警察和海关等使用的飞机，民用航空飞机主要是指民用飞机和直升飞机。民用飞机是指民用的客机、货机和客货两用机。

（2）按飞机发动机的类型分，有螺旋桨飞机和喷气式飞机。

螺旋桨飞机利用螺旋桨的转动将空气向机后推动，借其反作用力推动飞机前进。所以螺旋桨转速越高，飞行速度越快。

喷气式飞机是将空气多次压缩后喷入飞机燃烧室内，使空气与燃料混合后产生大量气体以推动涡轮，然后于机后以高速度将空气排出机外，借其反作用力使飞机前进。

它的结构简单、制造、维修方便，速度快，节约燃料费用，装载量大，使用率高，所以目前已成为世界各国机群的主要机种。

超音速飞机是指航行速度超过音速的喷气式飞机。

（3）按飞机的发动机数量分，有单发（动机）飞机、双发（动机）飞机、三发（动机）飞机、四发（动机）飞机。

（4）按飞机的航程远近分，有远程飞机、中程飞机、近程飞机。

远程飞机的航程为11000公里左右，可以完成中途不着陆的洲际跨洋飞行。

中程飞机的航程为3000公里左右，近程飞机的航程一般小于1000公里。

近程飞机一般用于支线，因此又称为支线飞机。

中远程飞机一般用于国内干线和国际航线，又称为干线飞机。

我国民航总局采用按飞机客座数划分大中小型飞机，飞机的客座数在100座以下的为小型飞机，100～200座之间的为中型飞机，200座以上的为大型飞机。

航程在2400公里以下的为短程，2400～4800公里以上的为远程，但分类标准是相对而言的。

二、飞机的组成

（1）机翼：是为飞机飞行提供升力的部件，机翼受力构件包括内部骨架、外部蒙皮及与机身连接的接头。

（2）机身：是装载人员、货物、燃油、武器、各种装备和其他物资的部件、连接机翼、尾翼、起落架和其他有关构件。

（3）动力装置：飞机飞行速度提高到需要突破"音障"时，要用结构简单、重量轻、推力大的涡轮喷气式发动机。涡轮喷气式发动机包括进气道、压力机、燃烧室、涡轮和尾喷管5个部分。

（4）起落装置：飞机起落装置使飞机能在地面或水面上平顺地起飞、着陆、滑行停放，有吸收着陆撞击能量的机构、减震器、机轮刹车和阻力伞或减速伞等。

（5）操纵系统：飞机操纵系统分为主操纵系统和辅助操纵系统。主操纵系统指对升降舵、方向舵和副翼3个主要操纵面进行操纵，辅助操纵系统是指对调整片、增举装置和水平安定面等进行操纵。

三、飞机常用参数

（1）机长：指飞机机头最前端至飞机尾翼最后端之间的距离。

（2）机高：指飞机停放地面时，飞机尾翼最高点的离地距离。

（3）翼展：指飞机左右翼尖间的距离。

（4）最大起飞重量：指飞机试航证上所规定的该型飞机在起飞时所许可的最大重量。

（5）最大着陆重量：指飞机的起落架和机体结构所能承受的撞击量，由飞机制造厂和民航当局规定。

（6）飞机基本重量：指除商务载重（旅客及行李、货物邮件）和燃油外飞机做好执行飞行任务准备的飞机重量。

四、航空集装设备

航空运输中的集装设备主要是指提高运输效率而采用的托盘和集装箱等成组装载设备。为使用这些设施，飞机的甲板和货舱都设置了与之配套的固定系统。由于航空运输的特殊性，这些集装设备无论是外形构造还是技术性能都具有自身的特点，如表3-3所示。

表3-3 航空货运集装设备参数

航空集装箱 AIR CONTAINER	容积	$4.3m^3$
	最大载重	1588kg
	自重	90kg
	型号	NAS3610-2K2C
软门集装箱 DQF soft Door CONTAINER	适用于飞机下货舱	
	最大载重量	2449kg/5400lb
	外形尺寸	$7.9m^3/280ft^3$
	内部容积	$7.2m^3/253ft^3$

续表

系列集装箱拖板车 SERIES PALLET DOLLY	最大载重	7000kg
	外形尺寸	4100mm×3400mm×570mm
	拖行速度	24km/h
	有效高度	508mm
	自重	1450kg
升降平台 PALLET AND CONTAINER LOADER	升降范围	3600mm×3600mm
	载重量	6800kg
	适用飞机：B-747、B-767、DC-10、L-1011、A-300B、A-310（前舱）	

材料3　航空货运流程

一、航空货物运输业务的一般操作流程

1. 委托

货物委托书上需注明发货人、收货人、目的地、预配航班日及航空公司、目的地、件数、重量、体积和运价。

2. 报关（单证）

报关资料（必须提供）有：

（1）报关单。

（2）核销单。

（3）报关委托书。

（4）发票。

（5）装箱单。

（6）换单凭证/电子转单信息（有的商品出口需中国商品质量检验检阅处查证的商品质量合格证明，根据是否需要再提供）。

（7）许可证书（出口货物有配额限制的要提供）。

（8）其他单证（根据需要提供）。

3. 定仓

报关的航空货物必须在飞机起飞前6小时送入机场物流库（停机坪）或货站（停机坪）。货物进入仓库后，把客户实际到仓库后秤出来的重量与体积报给客户确认，传真仓库入库单给客户。报关单证到机场办理后，机场的海关机构审核客户提供的报关单证内容是否准确、齐全。

4. 安检

航空货物报好关后，由仓库拉好载货清单进行交接，交接前需先进行签单。海关盖过放行章的报关整套资料及总运单先交航空公司签单，签单是指物流公司或航空货站的人确认一下货物的报关单及总运单书面信息并签字。航空货物一般要求在飞机起

飞前5小时过安检机并进行正常的打板或装箱，之后航空货物同飞机按预定时间起飞。

5. 打板（装箱）

打板就是把需要装进飞机肚子里的货物先按照一定的规矩装到集装器上。除了那种特别小的飞机没有集装器而只装散货舱外，其他飞机通常都有集装器（板或者箱）。

打板实际包含了装箱这个动作，就是将货按照一定的规矩，比如下重上泡，装在板上或者箱里，板分成高、中、低几种规格，每块板、箱都有自己的体积（容积）、重量的限制，装货员将货按规矩堆在这些集装器上，蒙上网罩或者关上箱门，之后由划平衡的人员根据板箱的重量划平衡，把板箱号标注在配载单上，根据这个单子把事先打好的板或箱按顺序装到机舱的指定位置。

6. 运单（总运单/分运单）

总运单一般一式十二份，总运单是一级货运代理公司向航空公司领取的，是由一级货运代理公司根据委托书内容及到货数据打印的。

分运单的航空运输货物肯定是航空货运代理公司的货物，航空公司主单上的收货人一般都是货运代理公司的海外代理公司。

7. 随机

有的货物客户要求随机发票、装箱单、产地证（证明货物原产地）、熏蒸证明（证明木质包装是不会生虫的）等，是提供给国外客户清关用的。航空代理的货物一般要求附上分运单。

二、航空运输进口业务流程

1. 代理预报

在国外发货前，由国外代理公司将运单、航班、件数、重量、品名、实际收货人及其地址、联系电话等内容发给目的地代理公司。

2. 交接单证与货物

航空货物入境时，与货物相关的单据也随机到达，运输工具及货物处于海关监管之下。货物卸下后，将货物存入航空公司或机场的监管仓库，进行进口货物舱单录入，将舱单上的总运单号、收货人、始发站、目的站、件数、重量、货物品名、航班号等信息通过计算机传输给海关留存，供报关用。

同时根据运单上的收货人地址寄发取单、提货通知。交接时做到单单核对，即交接清单与总运单核对；单货核对，即交接清单与货物核对。

3. 理货与仓储

（1）理货：逐一核对每票件数，再次检查货物破损情况，确有接货时未发现的问题，可向民航提出交涉；按大货、小货、重货、轻货、单票货、混载货、危险品、贵重品、冷冻品、冷藏品分别堆存、进仓；登记每票货储存区号并输入计算机。

（2）仓储：注意防雨、防潮、防重压、防变形、防变质、防暴晒，独立设危险品仓库。

4. 理单与到货通知

（1）理单：集中托运，总运单项下拆单；分类理单、编号；编制种类单证。

（2）到货通知：尽早、尽快、尽妥地通知货主到货情况。

（3）正本运单处理：计算机打制海关监管进口货物入仓清单一式五份，用于商检、卫检、动检各一份，海关两份。

5. 制单与报关

（1）制单、报关、运输的形式。货代公司代办制单、报关、运输；货主自行办理制单、报关、运输；货代公司代办制单、报关，货主自行办理运输；货主自行办理制单、报关后，委托货代公司运输；货主自行办理制单，委托货代公司报关和运输。

（2）进口制单。长期协作的货主单位，有进口批文、证明手册等放于货代处的，货物到达，发出到货通知后，即可制单、报关，通知货主运输或代办运输；部分进口货物，因货主单位缺少有关批文、证明，亦可将运单及随机寄来单证、提货单以快递形式寄货主单位，由其备齐有关批文、证明后再决定制单、报关事宜。

无需批文和证明的，可即行制单、报关，通知货主提货或代办运输；部分货主要求异地清关时，在符合海关规定的情况下，制作《转关运输申报单》办理转关手续，报送单上需由报关人填报的项目有进口口岸、收货单位、经营单位、合同号、批准机关及文号、外汇来源、进口日期、提单或运单号、运杂费、件数、毛重、海关统计物品编号、货品规格及货号、数量、成交价格、价格条件、货币名称、申报单位、申报日期等，转关运输申报单内容少于报关单，亦需按要求详细填列。

（3）进口报关。报关大致分为初审、审单、征税、验放4个环节。

（4）报关期限与滞报金。进口货物报关期限为自运输工具进境之日起的14日内，超过这一期限报关的，由海关征收滞报金，征收标准为货物到岸价格的万分之五。

（5）开验工作的实施。客户自行报关的货物，一般由货主到货代监管仓库借出货物，由代理公司派人陪同货主一并协助海关开验。客户委托代理公司报关的，代理公司通知货主，由其派人前来或书面委托代办开验。开验后，代理公司须将已开验的货物封存，运回监管仓库储存。

6. 发货与收费

（1）发货。办完报关、报检等手续后，货主须凭盖有海关放行章、动植物报验章、卫生检疫报验章的进口提货单到所属监管仓库付费提货。

（2）收费。货代公司仓库在发放货物前，一般先将费用收妥。

收费的项目主要有到付运费及垫付佣金；单证、报关费；仓储费；装卸、铲车费；航空公司到港仓储费；海关预录入、动植检、卫检报验等代收代付费；关税及垫付佣金。

7. 送货与转运

（1）送货上门业务。主要指进口清关后货物直接运送至货主单位，运输工具一般为汽车。

（2）转运业务。主要指将进口清关后货物转运至内地的货运代理公司，运输方式主要为飞机、汽车、火车、水运、邮政。

（3）进口货物转关及监管运输。货物入境后不在进境地海关办理进口报关手续，而运往另一设关地点办理进口海关手续，在办理进口报关手续前，货物一直处于海关监管之下。转关运输亦称监管运输，意谓此运输过程置于海关监管之中。

三、航空运输出口业务流程

1. 市场销售

货代企业需及时向出口单位介绍本公司的业务范围、服务项目、各项收费标准，特别是向出口单位介绍本公司的优惠运价和服务优势等。

2. 委托运输

由托运人自己填写货运托运书。托运书应包括下列内容栏：托运人、收货人、始发站机场、目的地机场、要求的路线/申请订舱、供运输用的声明价值、供海关用的声明价值、保险金额、处理事项、货运单所附文件、实际毛重、运价类别、计费重量、费率、货物的品名及数量、托运人签字、日期等。

3. 审核单证

单证应包括发票、装箱单、托运书、报送单项式、外汇核销单、许可证、商检证、进料/来料加工核销本、索赔/返修协议、到付保函、关封。

4. 预配舱

代理人汇总所接受的委托和客户的预报并输入计算机，计算出各航线的件数、重量、体积，按照客户的要求和货物重、泡情况，根据各航空公司不同机型对不同板箱的重量和高度要求，制定预配舱方案，并对每票货配上运单号。

5. 预订舱

代理人根据所指定的预配舱方案，按航班、日期打印出总运单号、件数、重量、体积，向航空公司预订舱。

6. 接收单证

接收托运人或其代理人送交的已经审核确认的托运书及报送单证和收货凭证。将收货记录与收货凭证核对，制作操作交接单，填上所收到的各种报关单证份数，给每份交接单配一份总运单或分运单。将制作好的交接单、配好的总运单或分运单、报关单证移交制单。

7. 填制货运单

航空货运单包括总运单和分运单，填制航空货运单的主要依据是发货提供的国际货物委托书，委托书上的各项内容都应体现在货运单项式上，一般用英文填写。

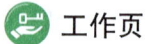 工作页

航空运输运单工作页

\	\	012-1153 4891							
\	\	012-1153 4891 Not Negotiable Air Way Issued By:							
Shipper's Name and Address GUANGDONG NWE STATE LOGISTICS COMPANY LTD,GUANGZHOU,CHINA TEL:86-0755-29642166 FAX: 86-0755-29642147	Shipper's Account Number	Copies 1, 2 and 3 of this Air Waybill are originals and have the same validity							
Consignee's Name and Address FRANKFURT SPORT IMPORTERS, FRANKFURT,GERMANY TEL:67675555	Consignee's Account Number	It is agreed that the goods described herein are accepted for carriage in apparent good order and condition (except as noted) and SUBJECT TO THE CONDITIONS OF CONTRACT ON THE REVERSE HEREOF. ALL GOODS MAY BE CARRIED BY AND OTHER MEANS INCLUDING ROAD OR ANY OTHER CARRIER UNLESS SPECIFIC CONTRARY INSTRUCTIONS ARE GIVEN HEREON BY THE SHIPPER. THE SHIPPER'S ATTENTION IS DRAWN TO THE NOTICE CONCERNING CARRIER'S LIMITATION OF LIABILITY. Shipper may increase such limitation of liability by declaring a higher value for carriage and paying a supplemental charge if required.							
Issuing Carrier's Agent Name and City LUFTHANSA AIR FRIGHT CO.LTD		Accounting Information This Air Waybill is subject to U.S. Sumsoms Contract of Carriage and International Conditions of Contract of NORTHWEST AIRLINE							
Agent's IATA Code	Account No								
Airport of Departure (Addr. of First Carrier) and Requested Routing GUANGZHOU BAIYUN INTERNATIONAL AIRPORT		Reference Number and Optional Shipping Info							
To FRA	By first Carrier LH	To	By	To	By	Currency CNY	Chrgs PPD X	COLL	PPD X	COLL	Declared Value for Carriage NVD	Declared Value for Customs NCV
Airport of Destination FRANKFURT INTERNATIONAL AIRPORT	Flight/Date			Amount of Insurance X X X				INSURANCE	
These commodities, technology or software were exported from the United States in accordance with the Export Administration Regulations. Ultimate destination:G.B.					Diversion contrary to U.S. law prohibited				
Piece	Gross Weight	Kg/lb	Rate Class Commodity Item No	Chargeable Weight	Rate Charge	Total	Nature and Quantity of Goods (incl. Dimensions or Volume)		
25 22J	300 22K	K	Q	300	20.3	7090	MECHINERY DIMS:20x15x15 CMx25		
Prepaid 7090		Weight change		Collect	Other Changes custom charge: 300 AWC:50				
		Valuation Charge							

航空运输认知工作页

拓展活动	头脑风暴：航空运输企业的"市场"在哪里？
主持人：_____	今天讨论的问题是航空运输企业的"市场"在哪里？请大家畅所欲言，过程中我们不加以任何评价，记录员请做好记录。
记录员：_____	

任务 5　联合运输作业管理

📋 工作内容

1. 了解联合运输的含义及特点。
2. 了解国际多式联运的优越性及组织形式。
3. 使用关键词对国际多式联运的运营与管理进行描述。
4. 熟悉大陆桥运输的不同方式。
5. 采用小组讨论法对在"一带一路"新形势下的运输模式进行推演。

请读者学习材料1、材料2、材料3后完成联合运输认知工作页。

📝 学习材料

材料1　联合运输管理（理论）

一、联合运输

联合运输，就是在各个运输环节之间的结合部分予以紧密衔接以及产供销之间的运输协作上的有机配合，为货物的运输全过程提供良好的服务。联合运输不仅要考虑每一种运输方式的特点，更要考虑对各种运输方式整体功能和独特优势的利用。只有这样，才能做到扬长避短、相互协作，提供优质、高效的运输条件。

1. 衔接运输或接力运输

衔接运输或接力运输，是指两种以上运输方式或一种运输方式两个以上环节的运输接续（包括回程配载）。货物联运按运输组织方式的不同可分为大宗货物干线联运和零散货物干支线间和支线间联运。

大宗货物干线联运，习惯上称之为"大联运"。这种大联运，在我国一般由交通、物品、商业等部门在各级经济综合部门的组织和领导下互相签订协议，具体进行。

零散货物干支线间和支线间的联运，就是由当地联运企业与联运企业之间、联运企业与运输企业之间签订协议和合同，互为代办中转或异地代理转运以完成全过程的多式联运业务，习惯上称之为"小联运"。

货物联运按装载方式的不同可分为整车（或整批）货物联运、零散货物联运和集装箱联运；按不同运输方式之间的运输组合情况可分为铁水联运、铁公联运、铁公水多式联运、公空联运、水水联运等；按区域划分可分为国内联运和国际联运。

2. 运输代理服务

运输作为社会经济活动，必须由托运方和承运方相结合才能进行。随着市场经济的日益发展、社会生产规模的日益扩大和产供运销分工的不断变化，这种直接结合的运输经济活动越来越显示出其局限性。

因此，一种承运方、托运方双方间接结合的运输经营方式就产生了，这种运输方式就是在整个运输全过程中，货主和运输企业之间不发生直接关系，而是通过代理人开展业务活动，充当这种代理人角色的就是由此而产生的各种联运企业。

运输代理服务的具体经营方式，从代理的服务对象来分有为货主代理和为运输企业代理两种形式。为货主代理，包括代办托运手续；代理包装、清点货物；集装箱货物的拼装和拆卸、中转仓储、保管、代办报关和保险，取货上门，装车装船、小报运等；货物运到目的地后，代货主提货，送货到家，有的还代办财务结算，代货主催促和验收货物；货物送到后，提供拆卸、搬运和安置妥当等各项服务。为运输企业代理，主要是组织和提供运输货源，代办承运手续，组织港站的集、疏、运任务，帮助运输企业堆码货物和寻找货主催促提货，提供中转仓库和场地，以缓解港站和厂矿企业设施不足等业务。

运输代理是联合企业的基本任务，它的基本要求是力争做到"一次托运，一次收费，一次结算，一票到底，全程负责"。它节约了办理运输的人力和时间，方便了货主和运输企业，加速了货物的周转，提高了社会经济综合效益。

3. 运输协作

运输协作是指在货物的运输全过程中，把生产、供应、运输、销售等部门的各个环节连成一个有机整体，主要是通过运输企业之间、运输企业和厂矿企业之间的协作，而联运企业是这种协作中的一个重要组成部分。

联合运输是随着现代化社会生产的规模日益扩大和专业化大分工而出现的一个新兴运输分支，在各种运输方式和产供运销以及集疏运等"结合部"和"枢纽"中起衔接配合、协作服务的作用。

通过联运企业开展代理业务，组织各种运输之间的联运，发展横向联合和运输协作，更有条件做到选择最优化、最经济的方式和运输线路，促使铁、公、水、空进行合理分流，使各种运输工具和设施得到充分利用，从而加速物品、资金的周转和缩短运输工具的停留时间。联运企业既为货主服务，也为运输企业服务，这种"一手托两家"的双向服务可以更好地发挥综合运输体系的整体功能，取得更为良好的经济效益和社会效益。

二、多式联运的概念及特征

1. 多式联运的概念

多式联运是指根据单一的联合运输合同，使用两种或两种以上的运输方式，由联运经营人组织将货物从指定地点运至交付地点的全程连续运输，如铁公联运、铁海公（铁）联运等。多式联运是不同运输方式的综合组织，这种综合组织是指在一个完整的货物、旅客运输过程中，不同运输企业、不同运输区段、不同运输方式和不同运输环

节之间衔接和协调组织，是一种新的运输组织形式。

一般来讲，构成多式联运应具备以下几个主要条件：

（1）整个运输过程中必须至少使用两种不同的运输方式，而且是两种或两种以上运输方式的连续运输。

（2）必须使用一份全程的多式联运单据（多式联运提单、多式联运运单等）。

（3）必须使用全程单一费率。

（4）必须具有一个多式联运合同。

（5）必须有一个多式联运经营人对货物的运输全程负责。

（6）如果是国际多式联运，则多式联运经营人接受货物的地点与交付货物的地点必须属于两个国家。

2. 多式联运的特征

联合运输与传统的单一方式、单程运输是有区别的，主要特征是：

（1）根据多式联运的合同进行操作，运输全程中至少使用两种运输方式，而且是不同方式的连续运输。

（2）多式联运是一票到底，实行单一费率的运输。发货人只要订立一份合同、办理一次托运、一次结算费用、一次保险，通过一张单证即可完成全程运输。

（3）多式联运是不同方式的综合组织，全程运输均是由多式联运经营人完成或组织完成的，无论涉及几种运输方式、分为几个运输区段，多式联运经营人要对全程负责。

（4）货物全程运输是通过多式联运经营人与各种运输方式、各区段的实际承运人订立分运（或分包）合同来完成的，各区段承运人对自己承担区段的货物运输负责。

（5）在起运地接管货物，在最终目的地交付货物及全程运输中各区段的衔接工作由多式联运经营人的分支机构（或代表）或委托的代理人完成。这些代理人及承担各项业务的第三者对自己承担的业务负责。

（6）多式联运的货物主要是集装箱货物，具有集装箱运输的特点。

（7）多式联运经营人可以在全世界运输网中选择适当的运输路线、运输方式和各区段的实际承运人，以降低运输成本、提高运输速度，实现合理运输。

三、多式联运的作用与优点

（一）多式联运的作用

多式联运是一种新的运输组织形式，是交通运输活动中的一个重要环节。它便于组织发挥各种运输方式的优势与特点，推动运输横向经济联合，提高运输效率。对发展商品经济、国际贸易，促进工农业生产，发展旅游事业，方便人民群众旅行等有着十分重要的作用。

1. 有利于发挥综合运输的优势

通过联运公司开办、代办业务，合理组织各种运输方式的衔接和配合，可以做到选择最佳运输方式和运输路线，使公路、铁路、水运合理分流，使车船库场充分利用，从而加速货物和资金周转，缩短车船停靠时间和库场使用周期，充分发挥综合运输的整体功能。

2. 有利于提高经济效益和社会效益

联运公司既为货主、旅客服务，又为运输企业服务。通过实行代办、代理运输，简化了货主自办托运的手续，减少中间环节，提高运输效率，以取得良好的经济效益和社会效益。

3. 有利于挖掘运输潜力，加速货位周转，提高运输效率

就铁水干线联运而言，铁路组织直达列车和成组运输，水运组织专用船舶定线、定班运输，港口定专用码头进行装卸，彼此之间及时预报，使车、港、船紧密地协调衔接，把全程运输组成统一的作业体系，可以大大提高运输效率。

4. 有利于形成以城市为中心、港站为枢纽的综合运输网络

城市是交通运输的枢纽，港站是联运网络的集结点，是客货集散的中转地。许多联运公司是以中心城市和港站为依托建立起来的。通过联运，发展联运企业之间，联运企业与运输、仓储企业之间的横向联合，发展跨地区的联营与协作，并向乡镇辐射。

5. 有利于无港站的县市办理客货运输业务

全国还有不少县市，由于没有港口、火车站，严重影响了货物的集散和人民群众的旅行，影响经济的发展。通过联运公司为货主代理运输，以及开展客票代售或联售业务，把乡镇企业和厂矿分散的物资集零为整，运到车站和港口中转全国各地，同时把外地运入的物资化整为零，分送乡镇企业、厂矿以及居民家庭，并使旅客方便出行。

6. 有利于交通运输管理体制的改革

由于多式联运通过组织协调，运用合同、协议等经济办法，加强了产、供、运、销，运输与仓储以及各种运输方式之间的配合与衔接，不但改变了人们的传统观念和习惯，而且打破了部门与部门、部门与地区、地区与地区的界限，有力地冲击了条块分割、自成体系的管理体制，促进了交通运输企业的横向经济联合。

（二）多式联运的优点

目前，发达国家大部分国际贸易货物运输均采用多式联运的形式，发展中国家采用多式联运的比例也在逐渐上升。多式联运已成为国际货物运输的主要方向。

1. 统一化与简单化

采用多式联运时，不论运输全程有多远、由几种方式共同组成货物运输，也不论全程分为几个运输区段、经过多少次转换，所有一切运输事项均由多式联运经营人负责办理。一旦在运输过程中发生货物丢失和损害时，可由多式联运经营人负责解决。运输中通过一张单证，采用单一费率，因而也大大简化了运输与结算手续。

2. 可实现"门到门"的运输

尽管运输途中可能有多次换装、通关，但由于不须掏箱、装箱、逐件理货，只要保证集装箱外表状况良好、铅封完整即可免检放行，从而大大减少了中间环节；由于使用了专用机械设备且又不直接涉及箱内货物，货损/货差事故、货物被盗的可能性大大减少；由于全程运输由专业人员组织，可做到各环节与各种运输工具之间衔接紧凑、中转及时、停留时间短，从而使货物的运达速度大大加快，有效地提高了运输质量，保证了货物安全、迅速、准确、及时地运抵目的地。

3. 降低运输成本，节约运杂费用

多式联运全程运输中各区段运输和各区段的衔接是由多式联运经营人与各实际承运人订立分运合同和与各代理人订立委托合同（包括其他有关人与有关合同）来完成的。由于他们之间都订有长期的协议，因此可得到运价的优惠。再者，通过对运输路线的合理选择和运输方式的合理使用，可以降低全程运输成本，提高利润。此外，多式联运全程运输采用一张单证，实行单一费率，从而简化了制单和结算的手续，节约了货主的人力、物力。

4. 扩大运输经营人业务范围，提高运输组织水平，实现合理运输

在多式联运开展以前，各种运输方式的经营人都是自成体系、独立运输的，其经营业务的范围与货运量也因此受到限制。一旦发展成为多式联运经营人或作为多式联运的参加者，其经营业务的范围即可大大扩展。其他与运输有关的行业及机构（如仓储、港口、代理、保险、金融等）都可通过参加多式联运扩展业务。

材料2　大陆桥运输管理

一、大陆桥运输的定义及产生的历史背景

1. 大陆桥运输的定义

所谓大陆桥运输（Land Bridge Transport），是指使用横贯大陆的铁路、公路运输系统为中间桥梁，把大陆两端的海洋连接起来的运输方式。从形式上看，是海陆海的连贯运输，但实际在做法上已在世界集装箱运输和多式联运的实践中发展成多种多样。

大陆桥运输一般都是以集装箱为媒介，因为采用大陆桥运输，中途要经过多次装卸，如果采用传统的海陆联运，不仅增加运输时间，而且大大增加装卸费用和货损货差，以集装箱为运输单位，则可大大简化理货、搬运、储存、保管和装卸等操作环节，同时集装箱是经海关施封的，中途不用开箱检验，而且可以迅速直接转换运输工具，因此采用集装箱是开展大陆桥运输的最佳方式。

2. 大陆桥运输产生的历史背景

大陆桥运输是集装箱运输开展以后的产物，出现于1967年，当时苏伊士运河封闭，航运中断，而巴拿马运河又堵塞，远东与欧洲之间的海上货运船舶不得不改道绕航非

洲好望角或南美，致使航程距离和运输时间倍增，加上油价上涨航运成本猛增，而当时正值集装箱运输兴起。

在这种历史背景下，大陆桥运输应运而生。从远东港口至欧洲的货运于1967年底首次开辟了使用美国大陆桥运输路线，把原来全程海运改为海陆海运输方式，结果取得了较好的经济效果，达到了缩短运输里程、降低运输成本、加速货物运输的目的。

二、大陆桥运输的主要任务

（一）西伯利亚大陆桥

西伯利亚大陆桥是利用俄罗斯西伯利亚铁路作为陆地桥梁，把太平洋远东地区与波罗的海和黑海沿岸以及西欧大西洋口岸连接起来。

此条大陆桥运输线东自海参崴的纳霍德卡港口起，横贯欧亚大陆至莫斯科，然后分三路，一路自莫斯科至波罗的海沿岸的圣彼得堡港，转船往西欧、北欧港口；一路从莫斯科至俄罗斯西部国境站，转欧洲其他国家铁路（公路）直运欧洲各国；一路自莫斯科至黑海沿岸，转船往中东、地中海沿岸。所以，从远东地区至欧洲，通过西伯利亚大陆桥有"海铁海""海铁公"和"海铁铁"三种运送方式。

（二）北美大陆桥

1. 北美大陆桥简介

北美大陆桥是指利用北美的大铁路从远东到欧洲的"海陆海"联运。该大陆桥运输包括美国大陆桥运输和加拿大大陆桥运输，它们的线路基本相似，其中美国大陆桥的作用更为突出。

2. 美国的两条大陆桥运输线

美国有两条大陆桥运输线：一条是从西部太平洋口岸至东部大西洋口岸的铁路（公路）运输系统，全长约3200公里；另一条是西部太平洋口岸至南部墨西哥湾口岸的铁路（公路）运输系统，全长500～1000公里。

3. 美国的小陆桥（Mini Land Bridge）与微型陆桥（Micro Land Bridge）

美国的大陆桥运输由于东部港口拥挤等原因处于停顿状态，但在大陆桥运输的运用过程中派生并形成小陆桥和微型陆桥运输方式。

所谓小陆桥运输，就是比大陆桥的"海陆海"形式缩短一段，海上运输成为"海陆"或"陆海"形式。例如，远东至美国东部大西洋口岸或南部墨西哥湾口岸的货运，由原来全程海运，改为由远东装船运至美国西部太平洋口岸，转装铁路（公路）专用车运至东部大西洋口岸或南部墨西哥湾口岸，以陆上铁路（公路）作为桥梁，把美国西海岸同东海岸和墨西哥湾连接起来。

所谓微型陆桥运输，就是比小陆桥运输更短一段。由于没有通过整条陆桥，而只利用了部分陆桥，故又称半陆桥运输，是指海运加一段从海港到内陆城乡的陆上运输

或相反方向的运输形式。微型陆桥运输近年来发展非常迅速。

（三）新亚欧大陆桥

新亚欧大陆桥，又名"第二亚欧大陆桥"，是从中国的江苏连云港市和山东日照市等港群到荷兰鹿特丹港口、比利时的安特卫普港口等的铁路联运线。大陆桥途经山东、江苏、河南、安徽、陕西、甘肃、山西、四川、宁夏、青海、新疆11个省（自治区）、89个地、市、州的570多个县市，到中俄边界的阿拉山口出国境。

出国境后可经3条线路抵达荷兰的鹿特丹港。中线与俄罗斯铁路友谊站接轨，进入俄罗斯铁路网，途经阿克斗亚、切利诺格勒、古比雪夫、斯摩棱斯克、布列斯特、华沙、柏林达荷兰的鹿特丹港，全长10900公里，辐射世界30多个国家和地区。

与西伯利亚大陆桥相比，新亚欧大陆桥具有以下明显优势：

（1）地理位置和气候条件优越。整个大陆桥避开了高寒地区，港口无封冻期，自然条件好，吞吐能力大，可以常年作业。

（2）运输距离短。新亚欧大陆桥比西伯利亚大陆桥缩短陆上运距2000～2500公里，到中亚、西亚各国，优势更为突出。一般情况下，大陆桥运输比海上运输运费节省20%～25%，而时间缩短一个月左右。

（3）辐射面广。新亚欧大陆桥辐射亚欧大陆30多个国家和地区，总面积达5071万平方公里，居住人口占世界总人口的75%左右。

（4）对亚太地区吸引力大。除我国（大陆地区）外，日本、韩国、东南亚各国、一些大洋洲国家、我国的台湾地区和港澳地区，均可利用此线开展集装箱运输。

材料3　中国"一带一路"陆桥运输的发展

一、"一带一路"概述

"一带一路"（缩写为B&R）是丝绸之路经济带和21世纪海上丝绸之路的简称，2013年9月和10月由中国国家主席习近平分别提出建设新丝绸之路经济带和21世纪海上丝绸之路的战略构想。

"一带一路"不是一个实体和机制，而是合作发展的理念和倡议，是依靠中国与有关国家既有的双多边机制，借助既有的、行之有效的区域合作平台，旨在借用古代丝绸之路的历史符号，高举和平发展的旗帜，主动地发展与沿线国家的经济合作伙伴关系，共同打造政治互信、经济融合、文化包容的利益共同体、命运共同体和责任共同体。

1. 北线

第一条：北美洲（美国、加拿大）—北太平洋—日本、韩国—日本海—海参崴（扎鲁比诺港、斯拉夫扬卡等）—珲春—延吉—吉林—长春（即长吉图开发开放先导区）—蒙古国—俄罗斯—欧洲（北欧、中欧、东欧、西欧、南欧）

第二条：北京—俄罗斯—德国—北欧各国

2. 中线

北京—郑州—西安—乌鲁木齐—阿富汗—哈萨克斯坦—匈牙利—巴黎

3. 南线

泉州—福州—广州—海口—北海—河内—吉隆坡—雅加达—科伦坡—加尔各答—内罗毕—雅典—威尼斯

4. 中心线

连云港—郑州—西安—兰州—新疆—中亚—欧洲各国

二、"一带一路"的影响意义

"一带一路"使中国与丝绸之路沿途国家分享优质产能、共商项目投资、共建基础设施、共享合作成果，内容包括道路联通、贸易畅通、货币流通、政策沟通、人心相通等"五通"，肩负着三大使命。

1. 探寻经济增长之道

"一带一路"是在后金融危机时代，作为世界经济增长火车头的中国，将自身的产能优势、技术与资金优势、经验与模式优势转化为市场与合作优势，实行全方位开放的一大创新。通过"一带一路"建设共同分享中国改革发展红利、中国发展的经验和教训。中国将着力推动沿线国家间实现合作与对话，建立更加平等均衡的新型全球发展伙伴关系，夯实世界经济长期稳定发展的基础。

2. 实现全球化再平衡

传统全球化由海而起、由海而生，沿海地区、海洋国家先发展起来，陆上国家、内地则较落后，形成巨大的贫富差距。传统全球化由欧洲开辟，由美国发扬光大，形成国际秩序的西方中心论，导致东方从属于西方、农村从属于城市、陆地从属于海洋等一系列不平衡不合理效应。

如今，"一带一路"正在推动全球再平衡。"一带一路"鼓励向西开放，带动西部开发以及中亚、蒙古等内陆国家和地区的开发，在国际社会推行全球化的包容性发展理念；同时，"一带一路"是中国主动向西推广中国优质产能和比较优势产业，将使沿途、沿岸国家首先获益，也改变了历史上中亚等丝绸之路沿途地带只是作为东西方贸易、文化交流的过道而成为发展洼地的面貌。这就超越了欧洲人所开创的全球化造成的贫富差距、地区发展不平衡，推动建立持久和平、普遍安全、共同繁荣的和谐世界。

3. 开创地区新型合作

中国改革开放是当今世界最大的创新，"一带一路"作为全方位对外开放战略，正在以经济走廊理论、经济带理论、21世纪的国际合作理论等创新经济发展理论、区域合作理论、全球化理论。"一带一路"强调共商、共建、共享原则，超越了马歇尔计划、对外援助以及走出去战略，给21世纪的国际合作带来新的理念。

比如,经济带概念就是对地区经济合作模式的创新,其中经济走廊——中俄蒙经济走廊、新亚欧大陆桥、中国—中亚经济走廊、孟中印缅经济走廊、中国—中南半岛经济走廊等,以经济增长极辐射周边,超越了传统发展经济学理论。丝绸之路经济带概念,不同于历史上所出现的各类经济区与经济联盟,同以上两者相比,经济带具有灵活性高、适用性广、可操作性强的特点,各国都是平等的参与者,本着自愿参与、协同推进的原则,发扬古丝绸之路兼容并包的精神。

三、"一带一路"对我国运输业的影响

交通运输是实施"一带一路"倡议的重要基础和支撑。交通运输承载着与沿线60多个国家构建基础设施互联互通的重要使命,将从三个方向对接"一带一路"建设。

1. 通过规划对接,共同推进国际骨干通道建设

目前交通运输部正在组织制定综合交通运输"十三五"发展规划。在制定这个规划的过程中,将充分考虑大通道与周边国家陆陆交通基础设施规划的有效对接,优化网络布局和结构,提高基础设施的联通性和运输服务保障。

2. 抓住交通基础设施的关键通道、关键节点和重点工程,逐步形成内畅外联的国际运输大通道

按照优先打通缺失路段、畅通瓶颈路段的思路,重点推进渝新欧、汉新欧、义新欧等中欧铁路国际运输通道建设,加快推进中缅、中老泰、中越、中蒙俄等国际道路运输通道建设和陆水联运通道建设,会同沿线国家,集中力量确定优先领域和重点项目,推进铁路、公路、水运、航空等基础设施在建项目和新建项目建设。

3. 大力推动交通运输企业走出去,带动相关产业转型升级

经国务院授权,国家发展改革委、外交部、商务部联合发布了《推动共建丝绸之路经济带和21世纪海上丝绸之路的愿景与行动》。根据"一带一路"走向,陆上依托国际大通道,以沿线中心城市为支撑,以重点经贸产业园区为合作平台,共同打造新亚欧大陆桥、中蒙俄、中国—中亚—西亚、中国—中南半岛等国际经济合作走廊;海上以重点港口为节点,共同建设通畅安全高效的运输大通道。中巴、孟中印缅两个经济走廊与推进"一带一路"建设关联紧密,要进一步推动合作,取得更大进展。

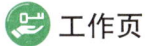
工作页

国际多式联运单工作页

1	托运人 (姓名，地址，国家) Expéditeur (nom, adresse, pays)				国际货物运单 LETTRE DE VOITURE INTERNATIONAL				
2	收货人(姓名，地址，国家) Destinataire (nom, adresse, pays)				16	承运人 (姓名，地址，国家)Transporteur (nom, adresse, pays)			
3	发货城市 Gutes Lieu prévu pour la livraision de la marchandise 地点/Lieu 国家/Pays				17	后续承运人(姓名，地址，国家) Transporteurs successifs (nom, adresse, pays)			
4	接管货物地点及日期 Lieu et date de la prise en charge de la marchandise 地点/Lieu 国家/Pays 日期/Date				18	承运人保留条款和备注/Réserves			
5	随附文件 Documents annexés								
6	标识和编号 UN 代码	7 包装数量 等级	8 包装种类 数字	9 货物名称 拼写	10 统计编号 (ADR)		11 净重（kg）	12 体积（m³）	
13	托运人说明(海关及其他官方手续) Instructions de l'expéditeur (formalités douanières et autres)				19 支付人： 运费 优惠 小计 附加费 其他费用 其他 + 总计	发货人 L'expéditeur	货币 Monnaie	收货人 Le Destinataire	
14	退税 Remboursement								
15	运费支付说明 Prescription d'affranchissement 免除 不免除 Non				20 特别约定 Conventions particulières				
21	签发地点 日期				24 货物接收 日期 于 20				
22 托运人签名盖章		23 承运人签名盖章			受货人签名盖章				
25	计算运费距离说明（跨境） 从 至 km				28 运费计算 运输规定 重量（kg）	特别约定 收费项	货品种类	货币	运输费率 运费
26	承运人合同伙伴为（非）经营商户的费率								
27	官方标记 荷载（kg） 载重车 挂车				总计 □ 国内 □ 双边 □ 欧盟 □ 欧洲交通部长会议				
	使用的 Gen.-编号								

联合运输认知工作页

拓展活动	头脑风暴：联合运输企业的"市场"在哪里？
主持人：_____	今天讨论的问题是联合运输企业的"市场"在哪里？请大家畅所欲言，过程中我们不加以任何评价，记录员请做好记录。
记录员：_____	

项目 4　运输运营管理

知识目标
- 了解运输市场的类型。
- 熟悉运输服务的功能和特点。
- 了解运输合同的概念、特征、种类,以及运输当事人的基本义务。
- 掌握运输保险赔偿计算方法和降低运输风险的方法。
- 理解运输市场营销的原则。

能力目标
- 掌握物流服务质量内容并提高运用的能力。
- 了解运输市场营销划分的意义。
- 熟悉运输合同纠纷的解决途径。
- 掌握运输保险赔偿的计算办法。
- 掌握自主学习的方法。

素质目标
- 良好的职业道德和素质,具备较强的服务意识和客户导向意识。
- 具备高度的工作热情、谦逊、负责、勤奋。
- 良好的心理状态和团队合作能力。
- 语言表达、沟通交流洽谈能力。

项目情境

总部位于北京的某(DB)物流有限公司是一家 5A 级综合服务型物流企业,拥有超过 3000 家营业网点和近万辆运输车,是国内零担货运市场龙头企业之一。公司接到来自大兴亦庄地区 6 个不同委托客户的运输订单,所有这些订单都要在最近几天内完成。这 6 批货物的收货人均位于秦皇岛市市区及周边地区。

由于货运量太大,北京某(DB)物流有限公司建立了两条新的运输线路:一条是北京大兴—秦皇岛,另一条是北京大兴—哈尔滨。这样一来就由北京某(DB)物流有限公司负责长途运输前阶段的货物领取或由托运人将货物送过来。

在位于北京市大兴区亦庄科创三街 5 号,邮政编码 101702 的场地上,所有秦皇岛线路和哈尔滨线路的运送货物被汇集到一起。

货物的长途运输和至最终收货人处的长途运输后阶段由位于河北省秦皇岛市海港区海达路 36 号海洋香都底商,邮政编码 066000 的北京某(DB)物流有限公司秦皇岛营业部及位于黑龙江省哈尔滨市南岗区清华大街 178 号,邮政编码 150000 的北京 DB 物流有限公司哈尔滨营业部负责。

秦皇岛和哈尔滨的邦德运输分公司负责为返回北京的返程运输汇集足够的合并运输货物。

任务 1　运输市场营销

工作内容

1. 理解运输市场理论。
2. 了解运输市场经营战略的类型。
3. 认识运输市场战略对企业经营的重要性。

请读者学习材料 1、材料 2 后完成运输市场营销认知工作页。

学习材料

材料 1　运输市场的要素与概念（理论）

一、运输市场的要素

1. 客体要素

这里的商品既包括有形的物质产品，又包括无形的服务，以及各种商品化了的资源要素，如资金、技术、信息、土地、劳动力等。

2. 主体要素

任何一件商品不能自己到市场中去与其他商品交换，而必须由它的所有者——出卖商品的当事人即卖方带到市场上去进行交换。

二、运输市场的概念

狭义的运输市场是指运输产品或服务交换的场所，比如车站、港口等，即运输需求方（货主和旅客）、运输供给方（运输业者）及运输代理人进行托运交易的场所。

广义的运输市场是指运输供给者和运输需求者之间进行运输交易的场所和领域，体现了运输供需双方的经济关系。大家发现狭义的运输市场和广义的运输市场有什么区别了吗？

广义的运输市场主要包括以下几层含义：

（1）运输产品交换的场所。在这里，运输市场是一个地理概念，被看作运输需求方和供给方发生交换行为的交易场所。

（2）运输产品供求关系的总和——强调买卖双方力量的对比。从这个角度认识的运输市场是由运输劳务、设备、资金、信息、技术等要素的供给和需求构成的。它包括以下两层含义：

1）它强调需求者与供给者双方力量的对比。买方市场和卖方市场就反映了这一概念下供求力量的对比结果。卖方市场是计划经济的产物。新中国成立后延续了几十年的短缺经济，使从粮、棉、油、肉、蛋、菜到糖、烟、酒、火柴等生活必需品都是按户实行票证供应的，伴随着改革开放及 30 多年来的经济快速增长，买方市场开始形成。尤其是对于曾长期处于商品短缺的中国人来说，买方市场的形成则赋予其更多的欣喜感受。

市场经济的常态就是买方市场，是市场经济发展到一定阶段的必然结果。在买方市场条件下，市场竞争将促进优胜劣汰。生产和效益向少数优势企业集中，多数中小企业经营日益困难。在中国，这种情况最明显地发生在电视机、电冰箱和洗衣机等家电行业，钢铁、汽车等行业也逐渐出现同样的变化。

就是说，生产名牌产品、规模较大、经营效益好的少数企业经济效益高，市场占有率越来越高，市场扩张促使规模越来越大（包括并购经营不善的中小企业），逐步达到规模经济水平，而生产非名优产品、规模过小、经营状况差的多数中小企业和劣势企业市场占有率越来越小，以至倒闭破产，被经营状况好的大中企业并购，越来越趋于萎缩。这是买方市场所形成的变化。

2）运输市场体现的是一种交换关系和其他经济关系的总和。这一市场通过运输产品或服务的交换，以及伴随这种交换所产生的信息流、资金流和技术流等，实现运输市场对运输生产和社会再生产的协调和补充功能。例如武宿铁路中心不仅是公路物资运输集散的地点，更反映了公路货运提供者、消费者以及其他联运方式提供者之间的谈判、订购、结算、售后等一系列的经济关系。

（3）在一定时空条件下对运输产品或服务的需求总和——强调运输需求。实际运用中，包括实际需求和潜在需求，例如在对运输市场做市场调研和市场分析时，常常会提到某某运输市场巨大，这主要是指运输需求或市场容量大。

材料2　运输市场的构成、特征、作用和分类

一、运输市场的构成

运输市场是多层次、多要素的集合体，运输市场有下述几个主要组成部分。

1. 需求方

所谓需要是就人的生存和发展而言所不能少的，如吃、穿、住、行诸项，如美国著名社会心理学家亚伯拉罕·马斯洛所说的生理需要、安全需要、社交需要、尊重需要（认知、审美需要）及自我实现需要等；需求是指人们有能力购买并愿意购买某个具体产品的欲望，包括各种经济成分的客货运输需求单位和个人，如企业、军队、居民等。

2. 供给方

供给方包括提供客货运输服务的各种运输方式的运输业者。在我国有部属运输企业、地方国营运输企业、集体运输企业、外资运输企业、个体运输户等，有时供给方还包括运输业者的行业协会、公会或类似组织。

3. 中介方

中介方是指在运输需求方和供给方之间穿针引线，起到连接作用的服务性的个人或组织，包括各种客货代理企业、经纪人和信息服务公司等，收取服务费用。

4. 政府方

政府方是指代表国家即一般公众利益对运输市场进行调控的工商、财政、税务、

物价、金融、公安、监理、城建、标准、仲裁等机构和各级交通运输管理部门。在运输市场系统中，需求方、供给方、中介方三个要素直接从事客货运输活动，属于行为主体。政府方以管理、监督、调控者身份出现，不是市场运行的行为主体，不参与市场主体的决策过程，而主要是通过经济手段法律手段制定运输市场运行的一般准则，规范、约束市场主体的行为，使运输市场有序运行。

二、运输市场的特征

我国运输市场除具有社会主义市场经济的共同特点外，作为市场体系中的一个专业市场又具有下述个性化特征。

1. 运输商品生产、消费的同步性

运输商品的生产过程、消费过程是融合在一起的，在运输生产过程中，劳动者主要不是作用于运输对象而是作用于交通工具，货物是和运输工具一起运行的，并且随着交通工具的场所变动而改变所在位置。

由于运输所创造的产品在生产过程中同时被消费掉，因此不存在任何可以存储、转移或调拨的运输"产成品"。同时运输产品又具有矢量的特征，不同的到站和发站之间的运输形成不同的运输产品，它们之间不能相互替代。因此，运输劳务的供给只能表现在特定时空的运输能力之中，不能靠储存或调拨运输产品方式来调节市场供求关系。

2. 运输市场的非固定性

运输市场所提供的运输产品具有运输服务特性，它不像其他工农业产品市场那样有固定的场所和区域来生产、销售商品。运输活动在开始提供时只是一种"承诺"，即以货票、运输合同等作为契约保证，随着运输生产过程的开始进行，通过一定时间和空间的延伸，在运输生产结束时，才将货物位移的实现所形成的运输劳务全部提供给运输需求者。整个市场交换行为，并不局限于一时一地，而是具有较强的广泛性、连续性和区域性。

3. 运输需求的多样性及波动性

运输企业以运输劳务的形式服务于社会，服务于运输需求的各个组织或个人。由于运输需求者的经济条件、需求习惯、需求意向等多方面存在比较大的差异，必然会对运输劳务或运输活动过程提出各种不同的要求，从而使运输需求呈现出多样性的特点。

由于工农业生产有季节性的特点，因此货物运输需求也有季节性的波动。特别是水果、蔬菜等农产品的运输需求季节性十分明显。由于运输产品无法储存，因此运输市场供需平衡较难实现。

4. 运输市场容易形成垄断

运输市场容易形成垄断的特征表现在以下两个方面：

（1）运输业的一定发展阶段，某种运输方式往往会在运输市场上形成较强的垄断势力，这主要是因为自然条件和一定生产力水平下某一运输方式具有技术上的明显优势等原因造成的。例如曾经许多发达国家都以水路运输为主，水路运输占据了多年的统治地位，其后铁路又在相当长的时间内成为运输业的霸主。

（2）运输业具有自然垄断的特性，这使得运输市场容易形成垄断。通常把因历史原因、政策原因和需要巨大初期投资原因等使其他竞争者不易进入市场，而容易形成垄断的行业称为具有自然垄断特征的行业。运输市场上出现的市场垄断力量使运输市场偏离完全竞争市场的要求，因此各国政府都对运输市场加强了监管。

三、运输市场的作用

运输市场可以在下述几个方面发挥作用。

1. 提供运输供求信息

运输信息传递功能也称为价格功能，参与运输市场活动的主体拥有和掌握着不同的信息，如运输价格信息、运输技术信息、市场供求信息等，并使市场信息在不同的主体间流动。

2. 协调经济比例

运输市场协调经济比例关系的功能表现在两个方面：一是协调运输业与其他行业在国民经济中的比例关系；二是在运输体系内部，运输市场调整各种运输方式在市场中应该占有的比例。

3. 刺激社会生产力发展

充足的运输使一个国家的工农业生产实现专业化、规模化、区域化和科学化，使社会生产成为世界性的，全球各个区域的联系同时得到加强。

四、运输市场的分类

运输市场按照不同的标准可以有不同的类别。

1. 按运输市场涉及的运输方式

可分为包括两种或两种以上运输方式的不同方式间运输市场和某一种方式内的运输市场，如铁路运输市场、公路运输市场、航空运输市场、水运运输市场等。

2. 按照运输距离的远近

可分为短途运输市场、中途运输市场和长途运输市场等，也可按运输市场的空间范围分为地方运输市场、跨区运输市场和国际运输市场等。国际水运市场又包括定期航班市场和包船市场等。

3. 按运输市场与城乡的关系

可分为市内运输市场、城市间运输市场、农村运输市场和城乡运输市场等。

4. 按运输市场的客体结构

可分为基本市场和相关市场。基本市场分为客运市场、货运市场，相关市场分为运输设备租赁市场、运输设备修造市场、运输设备拆卸市场等。

其中货运市场也可以按照运输条件分为一般货物运输市场和特种货物运输市场。一般货物运输市场可分为干货运输市场、散货运输市场、杂货运输市场、集装箱运输市场。散货运输市场再细分为煤炭运输市场、粮食运输市场、钢铁运输市场、油品运输市场等。特种货物运输市场可分为大件运输市场、危禁货物运输市场、冷藏运输市场、搬家运输市场等。

5. 按运输市场的竞争性

可以分为垄断运输市场、竞争运输市场、垄断竞争运输市场、寡头垄断市场等。

这种分类是针对特定时间、地点等条件而言的，比如有的运输企业在一些地区是垄断的，在另外一些地区则可能是竞争的。

（1）完全竞争的运输市场。

1）运输市场上有为数众多的运输企业或运输代理人，他们各自的运输能力相对于整个市场运输规模都是微不足道的，不能影响市场运价。

2）所有的运输企业或单位都独立地进行决策，彼此之间没有共谋。

3）就整个运输市场而言，所有的运输企业都提供在属性方面无差别的运输劳务，在一定的运输网络布局情况下，运输需求的实现在不同企业之间具有完全的替代性。

4）运输经营者及代理人进出运输市场自由，不受任何约束和限制。

（2）不完全竞争的运输市场（垄断竞争）。

1）存在许多的运输企业和运输代理人。

2）运输企业或单位所提供的运输劳务在属性上有一定的差异，运输劳务有替代性或货主在一定程度上可以控制和影响市场运价。

（3）寡头垄断的运输市场（寡头竞争）。少数运输企业垄断一个市场，他们向运输市场提供相同的或具有一定差别的运力，控制着运输市场的绝大部分运量。所以，整个市场的运价被这些企业所垄断。目前，一般认为道路干线客运市场、快速货运市场、集装箱运输市场、超限货运市场等与这类市场相类似。

（4）完全垄断的运输市场（独占市场）。市场上只存在一家运输企业或单位，该垄断企业能够决定市场运价或向市场提供运力并获得超额利润。但是，这类市场在现实当中很难存在，除非国家对整个运输业采取独断经营。

6. 按时间要求

可分为定期运输市场、不定期运输市场、快捷运输市场等。

上述分类往往还可以交叉进行，如长途客运市场、短途客运市场、水运长途客运市场、水运短途客运市场，水运长途货运市场、公路长途客运市场，定期船市场、不定期船市场等。

 工作页

运输市场调研问卷工作页

尊敬的司机师傅：

您好。我校正在规划一次社会运力调研分析，为了更好、更有效地服务于物流教学，我们特组织安排本次问卷调研，希望您认真填写本次调研问卷。

本调研问卷题型主要为选择题，请在选项前面的"○"上打"√"，部分问题的选项相容，可多选。"其他"选项需要您填写具体结果，以便我们汇总，弥补我们的不足。

衷心感谢！

姓名：_____　　　　　手机：_____

性别：○男　○女

所在运输组织：

○个人　○运输车队　○专线物流公司　○大型第三方物流公司　○其他_____

一、车辆基本情况

车辆型号：_____（生产厂家 - 型号 - 车厢长度）

车辆最大载重：_____吨；体积_____立方米；

……

二、运输线路

1. 运输线路。

○运输专线：_____；○全国。

2. 服务天数。

线路：_____；服务天数_____。

线路：_____；服务天数_____。

线路：_____；服务天数_____。

3. 线路运输计划。

○定期运输　○不定期　○其他_____

4. ……

三、货源情况

1. 货物来源。

○第三方物流公司　○专线货代公司　○固定商贸生产企业　○其他_____

2. 揽货周期。

○1～2天　○3～5天　○5天以上　○其他_____

3. 货源类型。

○日用快消品　○工业制品　○原材料　○其他_____

4. ……

运输市场认知工作页

拓展活动	头脑风暴：运输企业的"市场"在哪里？
主持人：_____	今天讨论的问题是运输企业的"市场"在哪里？请大家畅所欲言，过程中我们不加以任何评价，记录员请做好记录。
记录员：_____	

任务2　运输服务质量

工作内容

1. 理解运输服务的概念及其衡量标准。
2. 用关键词对运输服务质量的考核进行描述。
3. 了解运输服务质量的测定。

请读者学习材料1、材料2、材料3后完成运输服务认知工作页。

学习材料

材料1　运输质量管理（理论）

运输服务是指满足旅客或托运人明确或隐含需要能力特性的总和。运输服务质量优劣，既关系到运输企业自身的生存、发展，也影响全社会的经济发展。运输方式不同，运输质量管理的内容也不相同，但是对运输企业货运质量管理的要求是大致相同的。

一、货运质量管理的任务

货运质量管理是一项广泛的、经常性的、政策性很强的工作，运输管理机构应该监督经营业者建立健全货运质量管理的规章制度，加强货运质量的监督检查，以确保运输质量管理的顺利进行。其主要任务是制定道路货物运输质量管理规章、制度和办法，监督、考核全行业货运质量管理工作，处理货运过程中的质量纠纷，达到安全优质、准确及时、经济方便、热情周到、用户满意的运输质量管理目的。

二、货运质量管理的意义

货物运输的主要功能是为经济建设、物质资料生产、国防建设、人民生活提供运输服务，是关系到国计民生的大事，因此，加强货运质量管理，提高货运质量，避免事故发生，具有重大意义。主要表现在下述几个方面。

1. 有利于提高社会效益和经济效益

加强运输质量管理可以避免或减少大小事故的发生，这样就可以减少因事故带来的经济损失，减少运输成本，提高经济效益。保持安全优质运输，还可以保证社会稳定，提高社会效益。

2. 有利于提高企业信誉

安全优质地将货物运达目的地是托运人最根本的要求，也是托运人选择运输企业最先考虑的因素，因此，需要运输企业能够提供服务周到、运输质量高的服务。运输企业通过提供安全优质、快速周到的服务可以树立企业形象，提高企业信誉。

3. 有利于提高企业经济效益

如果运输企业能够保证运输安全，不发生运输事故，就可以减少车毁、货损、人亡而给事故责任人精神上的打击和物质上的损失，从而稳定职工，尤其是驾驶员的情绪，提高企业的经济效益。

4. 有利于维护国家和人民的利益

货运事故，尤其是重大的货运事故，不仅损害承托双方的利益，还会直接或间接损害国家和人民的利益。因此，加强货运质量管理有利于维护国家和人民的利益。

材料2　运输质量事故分类和考核指标

运输质量事故是指货物在承运责任期内发生的货物丢失、受潮、变质、腐蚀、污染、损坏、误期、错送，以及由于失职、敲诈勒索等造成的不良影响或经济损失。所谓承运责任期是指货物从托运方交承运方到承运方将货物交收货单位签证为止的这段时间。

1. 货运质量事故分类

通常是按货运质量事故造成货物损失金额的大小划分。

（1）重大事故。货损金额在30000元以上或经省级有关部门签证为珍贵、尖端、保密物品在运输过程中发生灭失、损坏的事故。

（2）大事故。货损金额在5000元以上至30000元。

（3）一般事故。货损金额在500元以上至5000元。

（4）小事故。货损金额在200元以上至500元。

货损金额在200元以下的货运质量事故不作事故统计上报，但企业要作内部记录和处理。

2. 货运质量事故考核指标

这里主要介绍我国汽车货物运输质量事故考核指标。

（1）重大货运质量事故次数。国家要求运输经营业户杜绝发生重大货运质量事故。

（2）货运质量事故频率。指每完成百万吨公里发生货运质量事故次数。事故次数以一车一次为计算单位，计算公式如下：

$$货运质量事故频率 = \frac{货运质量事故次数}{完成货运周转量} \times 10^4$$

（3）货损率。在运输统计报告期内，发生货运质量事故造成货物损失占货运总吨数的比例，计算公式如下：

$$货损率 = \frac{货损吨数}{货运总吨数} \times 100\%$$

（4）货差率。在运输统计报告期内，发生货运质量事故造成货差货物吨数占货运总吨数的比例，计算公式如下：

$$货差率 = \frac{货差吨数}{货运总吨数} \times 100\%$$

（5）货运质量事故赔偿率。在运输统计报告期内，发生货运质量事故造成的货物赔偿金额占货运总收入的比例，计算公式如下：

$$货运质量事故赔偿率 = \frac{质量事故赔偿金额}{货运收入金额总数} \times 100\%$$

（6）完成运量及时率。在运输统计报告期内，按托运约定时间完成货物运量吨数占完成货物运量总吨数的比例，计算公式如下：

$$完成运量及时率 = \frac{按约定时间完成的吨数}{完成货运量总吨数} \times 100\%$$

材料 3　运输服务质量的测定

顾客主要从可感知性、可靠性、反应性、保证性和移情性 5 个标准来评价运输服务质量。

1. 可感知性

运输服务产品的本质是一种行为过程，是无形产品，具有不可感知的特性，而顾客对运输服务产品的评价只能通过运输服务产品的有形部分，如各种设施、设备以及服务人员的外表等来把握服务的实质。如旅客乘坐某旅客列车旅行，车厢的环境以及乘务员的外表都会影响顾客对服务质量的评价。

2. 可靠性

可靠性是要求企业避免在服务过程中出现差错，为用户准确无误地完成所承诺的服务。优质可靠的服务可以为企业树立形象，增加信誉，同时可以增加用户的忠诚度。

3. 反应性

21 世纪运输企业的竞争优势在于反应速度，快速有效的反应能为企业争取更多的用户。顾客等候服务的时间是一个关系到顾客的感觉、顾客印象、服务企业形象以及顾客满意度的重要因素，所以尽可能地缩短顾客等候时间，提高服务反应速度将会提高企业的服务质量。

4. 保证性

如果运输服务人员有很强的能力来满足用户需求的话，就会增加用户对企业服务质量的信心和安全感。

5. 移情性

移情性是要求运输企业真心对待顾客，真正满足他们的实际需要。

运输服务满意度调查工作页

尊敬的客户：

您好！首先感谢您对 DB 公司的大力支持，为了能在以后的工作中给您提供更优质的物流服务，需要占用您几分钟时间对 × 年 × 月的整体服务做一个准确、全面的评价，您的意见和建议将是我们改进工作的最好动力和财富。感谢支持！

填写说明：评分标准为 5 分制；5－代表非常满意；4－代表满意；3－代表一般；2－代表不满意；1－代表非常不满意。

对于您不满意的服务，请您做文字说明，以便我们更好地了解实际情况，针对性改进。

满意度调研项目	对公司各城市供货区域的满意度评价
1．对公司在业务需求方面响应能力的满意度如何？	
提示：对运输需求运力支持、响应能力、业务改进建议的支持是否满足需求	
其他意见与建议：	
2．对运输信息的满意度如何？	
A　对运输信息咨询的方便性	
B　对运输信息咨询的响应速度	
C　对运输信息反馈的准确性	
提示：对信息咨询物流人员的响应速度、清单传真的及时性、信息反馈的准确性等	
其他意见与建议：	
3．对公司货物运输的安全质量满意度如何？	
A　对货物安全问题发生的频繁性	
B　对发生货物安全问题处理的及时性	
提示：是否发生过货错、货差、货丢、货损现象，问题发生后是否能及时给予受理等	
其他意见与建议：	
4．对运输时效满意度如何？	
A　对货物到达的准时性和正确性	
B　对紧急运输（或特殊）、临时需求响应的及时性	
提示：货物是否能在预计到达时效内到货，货物是否正确，对特殊需求是否能给予支持等	
其他意见与建议：	
5．对运输人员服务质量的满意度	
A　对送货人员的服务质量	
B　对运作部客服人员的服务质量	
C　在合作过程中影响声誉和利益方面的评价	
提示：服务人员的沟通能力、对问题的响应能力、服务态度等	
其他意见与建议：	

您对 DB 公司在满足客户服务方面感到最满意和最不满意的是什么？

对 DB 公司最满意和最不满意的：

运输服务认知工作页

拓展活动	头脑风暴：运输企业的"服务质量"如何制定？
主持人：_____	今天讨论的问题是运输企业的"服务质量"如何制定？请大家畅所欲言，过程中我们不加以任何评价，记录员请做好记录。
记录员：_____	

任务3　运输合同管理

工作内容

1. 理解运输合同的含义和类型。
2. 用关键词描述货运合同的内容、签订与注意事项。
3. 掌握货运合同的签订、变更、解除及合同争议的调解、仲裁和诉讼等。
4. 对运输纠纷解决的办法及过程进行描述。

请读者学习材料1、材料2、材料3后完成运输合同管理认知工作页。

学习材料

材料1　运输合同概述（理论）

一、运输合同的概念

交通运输是国民经济的基础产业，是社会、经济活动不可分割的重要组成部分。一个国家和地区的繁荣发达与交通运输的发展息息相关。交通运输影响着生产、流通和消费各个环节，在市场经济中发挥着突出的作用。

根据《中华人民共和国合同法》（简称《合同法》）规定，合同是指平等主体的自然人、组织之间设立、变更、终止民事权利义务关系的协议。

运输合同（也称为运送合同）是承运人开展运送业务的法律形式，是对交通运输有效运行的一种保障。运输合同的定义有广义和狭义之分。广义的运输合同包括货物运输、旅客运输和通信运输3种形式。狭义的运输合同仅指货物运输、旅客运输合同，不包括通信运输合同。本书所阐述的运输合同是狭义的运输合同。

根据《合同法》第288条规定，运输合同是指承运人将旅客或者货物从起运点运输到约定地点，旅客、托运人或收货人支付票款或者运输费用的合同。运输合同属于提供劳务的合同，其中所涉及的承运人、旅客、托运人和收货人可以做下述定义。

1. 承运人

承运人是指以自己所有或经营的交通工具为他人提供运输服务的一方当事人，如铁路局、公路运输公司、公交公司、航空公司、轮船公司等。

2. 旅客

旅客，也称乘客，是指乘坐承运人所有或经营的交通工具，接受运输服务的人。一般而言，旅客大都作为个人而出现。

3. 托运人

托运人是指把货物交给承运人，由起运点运输到约定地点的一方当事人。托运人既可以是法人、非法人组织或自然人个人，也可以是货物的所有人或非所有人。

4. 收货人

收货人是指在约定的地点从承运人处接收货物的人。收货人同托运人一样，没有什么限制，可以是法人、非法人组织或自然人个人，也可以是货物的所有人或非所有人。有时候，托运人和收货人是同一人。而一般情况是托运人和收货人不是同一人，这时运输合同就涉及承运人、托运人和收货人三方当事人了。收货人尽管不直接参加运输合同的订立，但它仍然会与承运人发生一定的权利义务关系，这种权利义务关系一般都是法律明文规定的。

二、运输合同的特征

1. 运输合同具备的法律特征

根据《合同法》有关规定，运输合同具有以下几方面的法律特征：

（1）运输合同主体的特殊性。从运输合同的定义可以看出，运输合同的主体包括承运人、旅客、托运人、收货人。具体而言：

1）承运人必须是取得运输服务资格，可以在批准的经营范围内从事运输生产经营活动的企业或个人。承运人提供运输服务的基本条件是应当具备相应的运输工具。我国多种运输形式及多层次的运输经营方式导致了承运人的复杂性。承运人必须是与托运人或旅客订立运输合同的人。如多式联运合同的当事人是签订多式联运合同的托运人与多式联运经营人，而实际从事运输活动的各区段的承运人并不是多式联运合同的当事人。

2）旅客是指乘坐交通工具旅行的自然人，是运输合同的主体，没有国别之分，即使是未成年人或者不具备完全民事行为能力的人也可以作为运输合同主体，但必须与其法定代理人、监护人一起旅行，或者按照规定委托承运人照顾。

3）托运人是指提供行李、包裹和货物运输的人，可以是旅客或其他货主。托运人可以是自然人、法人或者其他组织，还可以是货物的所有人或货物所有人委托的运输代理人或货物的保管人。运输合同的订立是托运人向承运人提出并经过承运人确认后成立的。一般情况下，托运人作为合同的主体具有积极主动的地位，而承运人处于被动的地位，但双方在法律上仍然是地位平等的。

4）收货人是运输合同约定领取货物的人。收货人可以是个人、法人或其他组织。收货人是运输合同的受益人，是承运人和托运人以外的第三人，收货人在行使领取货物权利的同时应当依法承担相应的法律义务。

（2）运输合同客体的特殊性。运输合同的客体是承运人运送旅客或者货物的劳务行为而不是旅客和货物。旅客或者托运人与承运人签订运输合同，目的是要利用承运人的运输工具完成旅客或货物的位移，承运人的运输劳务行为是双方权利义务共同指向的目标。因此，只有运输劳务的行为才是运输合同的标的。运输合同的履行结果是旅客或货物发生了位移，并没有创造新的使用价值。

（3）运输合同一般是标准合同。运输合同一般采取标准合同形式，《合同法》第39条第2款规定格式条款"当事人为了重复使用而预先拟定，并在订立合同时未与对方协商的条款"。运输合同的条件一般由承运人事先拟定，当事人的基本权利、义务和责任由专门的运输法规调整。因此，运输合同通常为标准合同。标准合同也称为附从合同、定型化合同、格式合同等。

在这类合同中，另一方当事人只有同意或不同意该合同的权利，没有一般的合同所包括的就合同条款进行讨价还价的权利，一旦同意订约，该合同就按照对方所预先拟定的条款而成立。这样，可以防止承运人利用控制运输工具的有利条件任意加收运费，同时也便利了当事人双方订立运输合同。

（4）运输合同的双务、有偿合同。在运输合同中，承运人的义务是将货物或旅客由起运地运至目的地，这也是托运人或旅客所享有的权利；托运人或旅客则有义务向承运人支付运费或票款，承运人有依照运输合同要求托运人或旅客支付运费的权利。双方当事人都享有权利，也负有义务。双方之间的权利义务具有对等给付关系和有偿关系。

（5）运输合同为诺成性合同。"诺成性合同"，是指一旦双方当事人达成协议，合同就成立，与此相对应的是实践性合同，就是合同的成立不仅要双方当事人达成协议，而且要交付标的物。运输合同一般应当是诺成性合同，也就是只要在承运人与旅客、托运人之间达成合意，运输合同即告有效成立，不需要以交付运送对象为有效成立要件。但《合同法》第293条规定"但当事人另有约定或者另有交易习惯的除外"，依此规定表明在特殊情形下，运输合同也可成为实践性合同。如以托运单、提单代替书面运输合同的，因承运人往往需要收取货物并核查后才能签发提单或在托运单上盖章，故这类合同应为实践性合同。

（6）运输合同的强制缔约性。根据《合同法》第289条之规定："从事公共运输的承运人不得拒绝旅客、托运人通常、合理的运输要求。"表明运输合同的强制缔约性体现在公共运输之中，即凡是从事公共运输的承运人必须满足旅客和托运人的合理运输要求。

2. 自身特征

货物运输合同除具有合同的普遍的法律特征外，还具有以下自身特征：

（1）货运合同是当事人之间为实现一定的经济目的，明确相互权利义务关系而订立的协议，签订合同的当事人，双方或是一方必须是法人。

（2）签订货运合同的承运方必须具有合法的经营资格，即持有经营货运的营业执照。

（3）货运合同的内容主要是以运输经济业务活动为内容。

（4）货运合同是实践性合同，承托双方除了就合同的必要条款达成协议外，还要求托运人必须将托运的货物交付给承运人，合同才能成立。

（5）货运合同的当事人往往涉及第三者，即除了托运人和承运人之外，一般还有收货人。

（6）货运合同具有标准合同的性质，主要内容和条款由有关部门统一制定。

材料2　运输合同的订立和生效

一、运输合同的订立

运输合同是承运人将旅客或托运人交付运输的货物运送到约定地点，旅客或托运人为此支付运费的合同。运输合同的订立是指经过旅客或托运人提出要约、承运人承诺后而成立的，用书面形式签订的有效合同。

1. 运输合同订立的原则

（1）合法规范。合法规范是指签订运输合同的内容和程序必须符合法律的要求。只有合法规范的合同才具有法律效力，才能得到国家的承认，才能达到签订运输合同的目的，保护当事人的权益。

（2）平等互利。在签订运输合同的过程中，承托双方当事人的法律地位一律平等；在签订合同的内容上，双方的权利和义务必须对等。

（3）协商一致。合同具有法律效力，任何一方不能把自己的意志强加于对方，在签订合同时，双方意愿必须经过协商达成一致。

（4）等价有偿。合同承托双方都享有同等的权利和义务，任何一方从对方得到利益时都要付给对方相应的费用，不能只享受权利而不承担义务。

2. 运输合同订立的程序

根据《合同法》中的有关规定，订立合同需要经过要约和承诺两个步骤。运输合同订立也需要经过要约和承诺两个步骤。

（1）要约。要约一般由托运人提出，是指合同当事人的一方提出签订合同的提议并表明订立合同愿望、合同的内容和主要条款。

要约应当符合两个要求：一是它的内容应该是具体和确定的，对方只要简单地表示同意，在双方之间即可成立合同，对合同内容不能再加以讨价还价；二是要表明一旦得到对方同意，要约发出人就受该意思表示约束。这时，把发出要约的一方称为要约人，而把对方称为受要约人，对方表示同意要约的行为就是承诺。

"要约邀请"是与要约相关联的一个概念，它是指希望他人向自己发出要约的意思表示。根据《合同法》的规定，寄送的价目表、拍卖公告、招标公告、招股说明书、一般的商业广告都是要约邀请。要约邀请也包含了与他人订立合同的愿望这样的意思表示，但没有具体地提出合同内容，而是希望对方提出。

对于运输合同而言，由于运输合同一般为标准合同，它的要约和要约邀请的特别之处在于要约人往往只能就运输的起点及终点等有限条款为意思表示，而运费等许多条款已经预先规定好了，如在旅客运输合同中，一般情况下，承运人已经规定好了运输工具、运输时间、运输路线、运输价格等，只有乘车站和到达站需要由旅客来提出，即先由承运人提出了一个要约邀请，再由旅客要求买票并说明到站时，就构成了一个

完整的要约,而不需再作任何其他意思表示了。在货物运输合同中也基本上是这样的,只不过托运人要提出的条款稍稍多一些。

(2)承诺。承诺(也可称为接受)是受约人同意要约的意思表示。一般而言,承诺就是对这些条款的全部、无条件的同意;如果受要约人对要约的内容作了修改,就不是承诺而是新的要约,即反要约了。受理的过程包括双方协商一致的过程。

承诺的条件包括:必须由受约人做出;必须向要约人做出;承诺的内容与要约内容一致;应在要约有效期内做出。运输合同承诺也有其特殊之处在于:第一,承运人在运力限制范围内不得拒绝承诺,即承运人有法定承诺的义务;第二,客运合同中承诺与要约是在同一时间完成的;第三,客运合同一经承运人出票成立,旅客即已履行部分主要义务(付款);第四,货运合同中,承诺情况较为复杂,国内货运承运人承诺表现为其签署货运单,国际运输中表现为订立书面合同或仅签发提单或海运单。

3. 运输合同的内容

签订货运合同必须按照有关规定写明以下内容:

(1)货物的名称、性质、体积、数量及包装标准。
(2)货物起运和到达地点、运距、收发货人名称及详细地址。
(3)运输质量及安全要求。
(4)货物装卸责任和方法。
(5)货物的交接手续。
(6)批量货物运输的起止时间。
(7)年、季、月度合同的运输计划。
(8)运杂费计算标准和结算方式。
(9)变更、解除合同的期限。
(10)违约责任。
(11)双方商定的其他条款。

二、运输合同的生效

合同的成立与合同的生效是有严格区别的。合同生效是指合同成立后,还须具备一定的条件才能产生法律效力,才可受到法律的保护。或者说,成立后的合同分为合法合同和不合法合同。所以,订立合同只不过表明了双方当事人意思表示一致,要产生对双方当事人的法律约束力还必须符合法律规定的合同生效要件。

1. 合同当事人要具备法律规定的主体资格,无此资格者订立的合同是无效合同

在运输合同中,客运合同和货运合同对主体资格问题要求相同的是,承运人必须具有从事运输营业或者签订运输合同的缔约能力,不同的是客运合同的主体资格主要体现在承运人一方,对旅客要求不高,比如没有民事行为能力的未成年人也在利用公共交通工具,在货物运输合同中,不但要求承运人的主体资格,还要求托运人有相应的行为能力,否则合同无效。

2. 运输合同承托双方意思表示必须是自愿、真实的

自愿是指当事人是在其自由意志的支配下订立合同的，不存在别人强加的现象。真实是指当事人在对于合同的另一方当事人、合同的内容、条款等非常明确的基础上，正确地表达了自己的真实意思，不存在被欺诈和有重大误解的情况。

3. 运输合同的内容必须合法

合同法的基本要求是：人人必须守法，不得假借订立、履行合同之名行损害国家利益、社会公共利益和他人合法权益之实。运输合同也不例外，其内容的订立必须依照法律、行政法规的强制性规定，不得损害国家利益和社会公共利益，如国家对于运输有毒、有腐蚀性危险品以及运输易燃、易爆危险品等都有一些特殊的强制性、禁止性规定，当事人不得违反。

4. 运输合同的目的必须合法

如果运输合同的目的违法，它也不能形成有效的合同关系。如当事人订立了运输毒品或假币的合同，这样的运输合同是无效的。当事人在订立运输合同时，承运人不能只想自己只管运送，还要知道自己运送的货有没有违反国家的某些特殊规定。

三、运输合同的变更和解除

1. 运输合同变更和解除的含义

运输合同变更和解除是指在合同尚未履行或者没有完全履行的情况下，遇到特殊情况而使合同不能履行或者需要变更时，经双方协商同意，并在合同规定的变更、解除期限内办理变更或解除。

运输合同变更和解除可分为客运合同的变更和解除及货运合同的变更和解除两类。任何一方不得单方擅自变更、解除双方签订的运输合同。所谓变更合同是指合同部分内容和条款的修改补充，依然保持当事人的法律关系。所谓解除合同是指解除由合同规定当事人的法律关系。

2. 货物运输合同的变更和解除

《合同法》第 308 条规定："在承运人将货物交付收货人之前，托运人可以要求承运人中止运输、返还货物、变更到达地或者将货物交给其他收货人，但应当赔偿承运人因此受到的损失。"

这种变更或者解除可以不经过承运人的同意，只要托运人提出变更或者解除合同，承运人均应予以变更或者解除。赋予托运人法定的单方变更、解除权。托运人需要赔偿承运人因变更、解除合同的损失。

材料3　运输合同纠纷

一、运输合同纠纷的种类

运输合同纠纷是指签订运输合同双方当事人，对合同用语的含义、合同双方权利

义务划分无明确规定、违约责任的确定等与合同有关的问题不能达成一致的情形。运输合同纠纷的形态主要有：运输合同是否成立的争议；运输合同是否生效的争议；运输合同条款的含义的不同理解；运输合同未规定或规定不明确时双方权利义务划分的争议；运输合同当事人是否违约、违约造成的损失范围、违约责任的承担方式的纠纷等。

运输合同纠纷产生的原因非常复杂。既有当事人自身的主观因素，如签约时因疏忽而致合同条款不明确引起争议等；也有客观方面的因素，如因洪水、地震等不可抗力致使承运人交付货物超过了合同约定的期限而引起争议等。常见的纠纷种类主要有下述几种。

1. 货物灭失纠纷

造成货物灭失的原因有很多，可能是由客观原因造成的，如船舶触礁、飞机失事、车辆发生交通事故、被禁运和没收、被盗窃等；也可能是由主观原因造成的，如承运方对货物绑扎不牢或是承运人恶意损坏运输工具以骗取保险等。

2. 货损、货差纠纷

货损包括货物破损、潮湿、污染、霉变、锈蚀、过期变质、焦损、虫蛀鼠咬等；货差即货物数量的短缺。造成货损货差的原因有很多，既可能是货方自身的过失造成的，如货物本身标志不清、包装不够、货物自身的性质或货物质量、数量与运输凭证不符造成；也可能是由承运人的过失，如配载不当、未按货物要求选择适合的运输方式以及运输过程中搬运人员过失等原因造成。

3. 货物延迟交付纠纷

货物延迟交付的原因主要有：因承运货物的交通工具发生事故、因承运人在接受托运时对载货能力考虑不周、因承运人的过失使货物在中转地滞留、因承运人为自身的利益导致货物晚到卸货地的情况等。

4. 费用纠纷

引起费用纠纷的主要原因有：一是因承租人或货方的过失或故意，未能及时或全额交付运费或租金引起纠纷；二是因双方在履行合同过程中对其他费用如滞期费、装卸费等的承担发生分歧而引起纠纷。

5. 意外损害纠纷

因托运人的过失，造成对承运人的运输工具损害，如船舶、集装箱、汽车、火车、航空器等损坏造成的纠纷。

二、运输合同纠纷的解决办法

在货物运输中产生纠纷以致引起诉讼是常有的事。正确解决这些纠纷不仅要找到真正的过失方，还要清楚承运人或托运人谁应对过失负责。其中不仅牵涉到货物运输法，还往往涉及代理法、合同法等许多法律规范。

解决运输纠纷一般有4种方法：和解、调解、仲裁和诉讼。运输纠纷出现后，一般情况下，纠纷双方考虑多年的良好的合作关系和商业因素，会互相退一步，争取友好协商调解，达成和解协议，以解决纠纷；但有些纠纷虽然经过双方较长时间协商，甚至在行业协会或其他组织介入调解的情况下还是无法解决，双方只能寻求司法的途径解决。

（1）运输合同纠纷的调解。

1）调解的一般理论。调解是运输合同纠纷的当事人自愿协商选定中立的第三方进行疏导、说服和沟通，使当事人在互谅互让的基础上达成协议，从而解决纠纷的活动。调解应当遵循自愿、合法、事实清楚的基本原则。调解可以分为民间调解和国家调解。其中，民间调解又包括人民调解和仲裁调解，国家调解即法院调解。

2）人民调解。人民调解是指在社会基层组织下设的调解委员会的主持下，依据法律、行政法规、地方性法规、国家政策及社会公德，运用说服教育的方式解决民间纠纷的活动。在我国，人民调解是为宪法、法律所确认的法律制度，其组织为由群众依法选举产生的人民调解委员会。

由人民调解的特点所决定，采用人民调解的方式解决的运输合同纠纷，主要是那些标的数额较小、案件事实清楚、责任比较明确的争议。

运输纠纷的人民调解的程序是：首先是申请与受理，然后进行调解，最后终结调解。

3）仲裁调解。仲裁调解是指在仲裁机构的仲裁员的主持下，双方当事人平等、自由协商，弄清纠纷事实，判明是非责任，从而达成协议的行为。仲裁调解程序是仲裁程序与调解程序的有机结合。运输合同纠纷双方当事人可以选择双方当事人所在地、纠纷发生地的仲裁机构或选定其他仲裁机构进行仲裁调解。

4）法院调解。法院调解是指双方当事人在人民法院审判人员的主持下，平等协商、互谅互让，解决民事纠纷的诉讼活动和结案方式。

运输合同纠纷的法院调解组织有两种。一是独任制调解。对于情节简单、争议不大、标的较小的运输合同纠纷，可由基层人民法院及其派出法庭的审判员一人主持调解。二是合议庭调解。对于情节复杂、争议较大、标的较大的交通运输合同纠纷，应由人民法院的审判员或者由审判员、陪审员组成合议庭进行调解。

运输合同纠纷的法院调解程序是：调解的开始、法院调解的进行、双方当事人达成调解协议而结束。

5）运输合同纠纷的调解协议、调解书及其效力。运输合同纠纷的调解协议（除即时履行的以外）应当制作调解书。调解书包括三部分。第一，首部。写明当事人、第三人及诉讼代理人的基本情况、案由、主持调解的审判人员的姓名等。第二，主文部分。写明当事人的诉讼请求、案件事实及协议内容。第三，尾部。写明"本调解书与发生法律效力的判决书具有同等效力"，由审判人员、书记员签名并加盖法院印章。调解书一经送达，就发生法律效力。如一方或双方当事人在调解书送达前反悔，拒绝签收调解书的，调解书不发生法律效力。对不需要作出调解书的运输合同调解协议，审判人员应记入笔录，由双方当事人、审判人员、书记员签名或盖章后即具有法律效力。

（2）运输合同纠纷的仲裁。仲裁也称"公断"，是指纠纷双方当事人根据一定形式的协议将纠纷提交给仲裁机构依据法律和仲裁规则进行处理,是一种重要的纠纷解决手段,主要分为两种:机构仲裁和临时仲裁。仲裁有以下法律特征:首先,仲裁程序的启动必须以双方当事人的仲裁协议的存在为前提;其次,仲裁实行裁决终局制度;最后,仲裁受案范围主要是平等主体之间的民商事纠纷。仲裁的主要问题包括仲裁协议的有效性、仲裁程序的合法性、仲裁的司法监督等。

1)运输合同纠纷的仲裁组织。运输合同纠纷的仲裁权必然要通过一定的组织形式来行使。仲裁组织有两种不同形式:一是独任制;二是合议制。

2)运输合同纠纷当事人的仲裁协议。仲裁协议是指双方当事人自愿将他们之间可能发生或已经发生的纠纷提交仲裁的书面意思表示。它使仲裁机构取得仲裁权,也是排斥法院管辖的依据,是仲裁程序启动的基本前提。

运输合同纠纷的仲裁协议具有三方面的法律效力:一是对当事人而言,仲裁协议具有相当于合同的效力,双方当事人必须自觉遵守;二是对仲裁机关而言,仲裁协议是仲裁机构进行仲裁的依据,仲裁必须在仲裁协议约定的范围内进行,对于当事人约定范围以外的事项,仲裁机构无权仲裁;三是对人民法院而言,仲裁协议具有排斥法院管辖的效力,一方当事人不得将仲裁协议中约定的争议事项向人民法院起诉,法院也不能受理。

运输合同纠纷的仲裁程序是:申请和受理;仲裁审理前的准备(包括组成仲裁庭;送达申请书副本及答辩状副本;认真审核申请书、答辩书及其他相关资料);开庭审理(步骤包括庭审前的准备、庭审调查、庭审辩论、评议和裁决);运输合同纠纷的仲裁裁决;运输合同纠纷仲裁裁决的执行。

(3)运输合同纠纷的诉讼。

1)运输合同纠纷的管辖。

第一,运输合同纠纷的级别管辖。运输合同纠纷的级别管辖是指按照法院的组织系统,以一定的标准划分的上下级法院之间受理第一审运输合同案件的分工及权限。划分标准主要是根据案情的复杂程度、诉讼金额的大小、在当地的影响等综合因素。

第二,运输合同纠纷的地域管辖。运输合同纠纷的地域管辖是指按照人民法院的管辖区域与运输合同纠纷的隶属关系所划分的诉讼管辖。运输合同纠纷属特殊地域管辖,即根据诉讼标的的特性确定的管辖。

第三,运输合同纠纷的协议管辖。运输合同纠纷的协议管辖是指双方当事人依照法律规定,协议内定的法院管辖其纠纷。

协议管辖必须满足如下4个条件:首先,必须要有双方当事人意思表述一致的协议,其协议必须是书面的,且必须载明协议选择的法院;其次,必须选择《民事诉讼法》第28条所规定的法院,即只能选择运输始发地或目的地、被告人所在地的人民法院;再次,运输合同必须已经履行,如运输合同没有履行,则只能由被告人住所地的人民法院管辖,当事人已无选择的余地;最后,不得违背民事诉讼法对级别管辖的规定,如应由基层人民法院管辖的第一审交通运输合同纠纷,双方当事人不得选择中级人民法院管辖第一审。

2）运输合同纠纷的诉讼参加人。第一，当事人。运输合同纠纷诉讼的当事人是指以自己名义进行诉讼，并受人民法院的裁决约束的直接利害关系人。第二，第三方（人）。运输合同诉讼的第三人是指对运输合同纠纷的诉讼标的有独立的请求权，或者虽无独立的请求权，而案件的处理结果与其有法律上的利害关系，参加到诉讼中来的人。第三，诉讼代理人。运输合同纠纷的诉讼代理人是指依法律规定或当事人委托，代理当事人进行民事诉讼的人。

3）运输合同纠纷的证据。

①运输合同纠纷的证据的概念。运输合同纠纷的证据是指能够证明运输合同争议的客观事实，是当事人进行诉讼、人民法院正确审理、裁决纠纷的前提和基础。证据必须具备客观性、关联性和合法性。

②运输合同纠纷的证据的种类。运输合同纠纷的证据的种类包括书证、物证、视听资料、证人证言、当事人的陈述、鉴定结论、勘验笔录等。如双方未对纠纷的解决方法进行约定，或事后无法达成一致的解决方法，则通过法院进行诉讼是解决纠纷最终的途径。

（4）索赔时效和诉讼时效。在各种纠纷必须由司法或准司法机构解决时，索赔时效和诉讼时效对当事人是非常重要的。所谓时效就是为了促进当事人及时行使自己的权利，早日消除不确定的法律关系，而由法律规定的一段特定的时间。如果一方当事人超过时效才行使自己的索赔和诉讼请求权，则通常会丧失胜诉权。

1）《合同法》第129条规定：国际货物买卖合同和技术进出口合同的诉讼时效为4年。

2）《铁路法》没有规定因铁路运输合同引起的争议的诉讼时效，只在铁路货运中对承运人、托运人和收货人之间相互索赔规定了180日的索赔时效。

3）《海商法》规定：海上货物运输诉讼时效为1年，自承运人交付或者应当交付货物之日起计算，但航次租船合同为2年，自知道或者应当知道权利被侵害之日起计算；海上旅客运输诉讼时效为2年。

4）《民用航空法》第135条规定：航空运输的诉讼时效为2年，自民用航空器到达目的地、应当到达目的地或者运输终止之日起计算。

5）因公路运输引起的纠纷要求赔偿的有效期限不得超过6个月，从货物开票之日起计算。从提出赔偿要求之日起，责任方应在2个月内作出处理。

 **工作页**

运输合同认知工作页

签约地点：

甲方（托运方）

联系人：　　　　　联系人手机：　　　　　联系人电话：

乙方（承运方）

联系人：　　　　　联系人手机：　　　　　联系人电话：

甲乙双方根据《合同法》及国家有关运输规定，本着平等、互利的原则，就甲方货物委托乙方承运有关事宜，经过友好、充分协商，特订立本合同，以便双方共同遵守执行。

一、甲方委托乙方承运货物基本情况

1. 货物名称：

2. 货物规格、型号：

3. 货物包装状况：

4. 货物数量：

5. 货物重量：

6. 货物价值：

二、货物起运地点：

三、货物到达地点：

四、货物送达提货方式：

五、运输费用

送达地：　　　　　每吨价：　　　　　送达时限：

六、运输杂费

保管费：　　　接货费：　　　装卸费：　　　包装费：

七、结算方式：发货后付款（现付）

八、甲方委托乙方代收的货款，乙方保证在收到货款后一星期内交付给甲方，发生的银行汇款手续费由甲方承担。

九、甲方委托乙方运输的货物不得夹带、匿藏危险和禁运物品。因夹带、匿藏危险和禁运物品被查处，由甲方承担全部法律责任和经济责任。

十、甲方委托乙方运输的货物，包装必须符合安全运输要求，对包装不符合安全运输要求的货物，乙方有权拒绝承运。甲方有权要求乙方对不符合包装要求的货物重新包装，费用由甲方承担。

十一、乙方自接收甲方货物后，应在约定的时限内将货物送达至甲方指定的送达地。乙方在运输过程中，因发生不可抗力的自然灾害和特殊情况（交通事故、道路封锁）乙方应及时通知甲方，双方协商处理。

十二、乙方承运甲方的货物在收货人签收前承担安全责任。货物灭失、短少、损坏、污染由乙方按货物出厂价向甲方赔偿。

十三、乙方承运的货物,外包装完好无损,乙方不承担包装内货物的任何损失。收货人签收将货物提走后,乙方对甲方货物的安全责任终止。

十四、乙方承运甲方的货物,在运输过程中因不可抗力的自然灾害,造成货物灭失、毁损,乙方不承担违约责任,按成本价赔偿甲方损失。

十五、甲方每次发货应如实提供下列资料,因不相符、不真实所造成的一切损失由甲方承担:货物名称、数量、立方数或重量数、收货人姓名、电话、详细地址。

十六、其他约定

1. 托运货物价值高时,应当进行保价。如发生货物丢失或损坏,按实际损失赔偿,但最高不超过保价金额,未保价的货物在运费的10倍金额内进行赔偿。

2. 收货人接到提货通知后3日内提货,逾期提货的,承运人按每件1元/天收取保管费;超过1个月不提货,承运人将货物返还托运人并收取保管费和运费。

十七、本合同有效期×年×月×日起至×年×月×日止。

十八、本合同在履行中发生争议,双方友好协商解决。不能协商解决的,任何一方均可向合同签约地人民法院提请诉讼。

十九、本合同一式三份,双方签字盖章后生效。

甲方盖章:　　　　　　　　　　　　乙方盖章:

甲方委托代理人:　　　　　　　　　乙方委托代理人:

签约时间:　　　　　　　　　　　　签约时间:

任务 4 运输保险管理

工作内容

1. 掌握运输保险基础理论和险种的基本知识。
2. 熟悉运输保险实务的具体操作流程。
3. 了解保险险别的责任范围和计算步骤。
4. 了解计算理赔金额的方法,以及如何通过货物运输等级的核算来进行报价和谈判。

请读者学习材料 1、材料 2、材料 3 后完成运输保险管理认知工作页。

学习材料

材料 1 运输保险概述（理论）

一、货物运输保险的概念及作用

货物运输保险是以运输中的货物为保险标的,承保它们因自然灾害或意外事故而遭受的损失的一种财产保险。作为财产损失保险中的主要险别之一,它可以归入运输保险类别。无论是对外贸易还是对内贸易,商品使用价值的转移都离不开运输。

在运输过程中,货物遭受自然灾害或意外事故的损失总是难免的。例如作为运输工具的汽车、火车、船舶等发生碰撞、倾覆、出轨、搁浅、沉没等突发性事故致使运输货物受损,又如在装货、卸货、转载时因装卸工操作不慎致使货物受损。

我国的《经济合同法》第 41 条规定,由于下列原因造成货物灭失、短少、变质、污染、损坏的,承运方不承担违约责任:

(1) 不可抗力。
(2) 货物本身的自然性质。
(3) 货物的合理损耗。
(4) 托运方或收货方本身的过错。

可见,承运人承担的保障责任是有限的,它不仅对自然灾害等"不可抗力"的原因造成的货损不负责赔偿,而且对货物本身自然性质引起的破裂、减量、变质、自燃等也不负责赔偿。

不少运输部门还规定:对"外包装完整无缺,封志无异,内部货物破碎、渗漏不负责任"。对"液体货物运行中发生的渗漏,经鉴定桶质不良,亦不负责"。鉴于承运部门承担的保障责任非常有限,为了使运输过程中的货物能够得到较全面的保障,保证贸易和运输能正常进行,必须大力开展货物运输保险。同时也更加凸显货物运输保险在社会经济发展中的重要性。

二、货物运输保险的重要意义

1. 有利于加强企业的经济核算

企业或货主对货物运输过程中难以预料的风险所造成的不固定的损失,通过支付保险费的形式固定下来，把货物运输保险费列入成本开支范围之内，一旦货物受损，就能够及时得到补偿，以稳定企业的生产和经营。

2. 有利于维护正常的贸易活动

通过货物运输保险，运输中的货物因意外灾害事故遭受的损失能够得到及时补偿，不仅能够保护收货方的利益，亦避免了发货方与收货方之间许多不必要的纠纷，从而有利于维护货物交易双方的正常贸易关系。

3. 促进货物运输的安全防损工作

通过保险业务活动，保险人协助有关运输部门加强对运输货物的包装、堆存、运输等各个环节的安全管理，及时提出改进意见，从而减少货物损失。这是保障保险双方利益，降低货物损失的重要措施，也是保险业发挥社会减灾作用的重要方式。

4. 有利于完善运输部门的运输负责制，弥补运输负责制的不足

一方面，保险人的介入可以帮助承运部门更好地做好安全运输工作；另一方面，当货物损失是由于承运人的责任造成时，保险人在赔偿后通过代位追偿，可以督使承运人承担起自己应该承担的法律义务和经济赔偿责任，从而确保运输负责制得到落实。

三、货物运输保险的基本内容

1. 货物运输保险的分类

根据不同的划分标准，对货物运输保险可以进行多种类型的险种划分。具体而言，有如下几种方式：

（1）按照适用范围。货物运输保险可以分为国内货物运输保险和涉外货物运输保险两类。前者适用于中华人民共和国境内的货物运输业务，遵循的是中华人民共和国的法律、法规与政策；后者适用于超过中华人民共和国国境范围的货物运输业务，在经营实践中需要尊重有关国际法规和国际惯例。

随着世界经济全球化和中国加入世界贸易组织，我国保险业正在向国际惯例靠拢，这使得国内货物运输保险也在借鉴涉外货物运输保险的做法，两者在某些方面有趋同的趋势，但因适用的法规不同，两者的差异将长期存在。

（2）按照运输工具。货物运输保险可以分为铁路货物运输保险、水路货物运输保险、公路货物运输保险、航空货物运输保险和其他运输工具货物运输保险。其中水路及铁路运输的货物通常单批货物数量大，而采用汽车及陆地其他运输工具运输的货物则往往批次大，采用航空运输方式运输一般货物价值较高，各种运输工具因运行方式及运行区域不同，其面临的货物损失风险会不同。

（3）按照运输方式。货物运输保险可以分为直运险和联运险两类。直运险是为只用一种主要运输工具就直接由起运地运送到目的地的货物提供的保险。例如铁路货物运输保险业务即只承保用火车运输的货物的保险；联运险是为需要经过两种或两种以上不同的主要运输工具联运才能将其从起运地运送到目的地的货物提供的保险。直运险与联运险的划分以主要的运输工具为依据，协助运输的辅助工具不在此列。

（4）按照保险人承担责任的方式。货物运输保险可以分为基本险、综合险和附加险三类。基本险、综合险均可以单独承保，而附加险则只能依附于基本险或综合险。

附加险种类的丰富是货物运输保险业务快速发展、社会保险意识增强的重要体现。

2. 保险标的

一般而言，凡是符合保险利益原则的运输货物都可以投保货物运输保险。但在具体的货物运输保险经营实务中，由于不同货物的性质差异，保险人通常对运输货物进行分类处理。因此，货物运输保险的标的被划分为一般保险标的、特约可保标的和不保标的三类。

货物运输保险的一般保险标的，是指不需要经过特别约定就可以直接投保并承保的各种货物。绝大多数货物均属于一般保险标的，但投保物品的名称仍须在保险合同中具体载明。

特约可保标的指投保与承保需要特别约定的货物，包括下列货物：

（1）贵重财物。例如金银、珠宝、钻石、玉器、首饰、古币、古玩、古书戳、古画、邮票、艺术品、稀有金属等。

（2）鲜活品。例如活牲畜、禽鱼类和其他动物，以及水果、蔬菜等。

凡非法财物、武器弹药等，属于不保标的。

3. 保险金额

货物运输一般是一种主要运输工具的单一运程，但也可能是多种主要运输工具的综合运程。物资的流动性、出险地点的不定性，决定了货物运输保险的保险金额采用"定值保险"的办法。货物运输保险采用定值保险方式承保，经保险人或保险代理人同意，保险金额以货物的保险价值为依据确定。

确定保险金额通常有两种标准：目的地成本价和目的地市价。

（1）目的地成本价。目的地成本价是指货物的购进价加上运抵目的地发生的一切运杂费、包装费、保险费、税款等费用。一般国内水路、陆路货物运输保险的保险金额按这种方法确定。

（2）目的地市价。目的地市价是指货物到达目的地的销售价格，也就是到达目的地的实际成本价再加上合法的利润。

当前国内货物运输保险在实际操作中，运输货物的保险价值通常按照货价或货价加运杂费确定。其中，货价是指货物的发票价格，是购货方为取得货物所有权付出的经济代价；运杂费包括运输费、包装费、搬运费、保险费等。这些费用的实际金额如果计算有困难，亦可用估计数，即在货物购进价的基础上酌加估计的百分比作为保险金额。

对于某些货物，可由保险双方具体协商确定投保金额。

货物运输保险的保险金额一经确定，即为投保货物的结论性金额，该金额也是保险人承担赔偿责任的最高价值标准。

4. 保险费率

保险费率是保险费与保险金额的百分比，也可以说是保险的价格，通常保险费的收取按保险金额与保险费率的乘积来计算，有时保险费也按固定的金额来收取。

（1）影响货物运输保险费率的几个因素。货物运输保险的保险费率取决于货物在保险有效期内可能遭受损毁的危险程度。具体而言，影响货物运输保险费率的因素主要有如下几种：

1）运输方式。运输方式分为直达运输、联运、集装箱运输等。采用不同的货物运输方式，运输中随之可能发生的风险不同，保险费率也会有所差别。例如采用联运的方式，由于在运输途中要变更运输工具，增加了卸载、装载等中间环节，从而加大了货物装卸过程中的危险，一般要另加一定比例的保险费。

在货物运输保险实务中，保险人一般规定联运险的保险费率按所用运输工具中费率最高的一种确定；而集装箱运输货物的危险程度较小，所以一般按货物运输保险费率统一表中规定的标准减免 50%。

2）运输工具。各种不同种类的运输工具以及各种运输工具的结构、性能和新旧程度的差异使货物在运输中所面临的风险大为不同。因此，不仅要对水运、陆运、空运的货物使用差别费率，而且如果使用了不同运输工具，例如轮船和木船、人力和动力等，费率也要有所差别。例如火车出事的概率要小于汽车。因此，对火车使用的费率小于对汽车使用的费率；船舶吨位小的风险概率高于吨位大的，费率也要较吨位大的高。对船舶来说，还有航行区域的区别，航行区域费率分为江河和沿海两种。

3）货物的性质与包装。货物的性质不同，发生损毁的可能性也不同。例如易燃、易爆物品的危险性就高；容易溶解结块的、容易渗漏的、容易腐烂变质的货物损毁性就高。货物的包装与装载对危险发生的可能性也有很大影响，对货物的包装要求适合运输的需要，特别是易碎、易损货物和商品价值高的货物的包装，更应具有防碎、防损和防盗性能。

散装的货物容易发生短量、沾污，要求船舶、隔舱设备齐全，舱内清洁。在保险实务中，保险人通常将货物分为一般货物、一般易损货物、易损货物、特别易损货物等，并且设有货物分类表，用以明确各种货物的费率。

4）运输途程。运输途程是指货物运输所经过的路线，运输途程的距离长短不等、所经过的区域的危险性大小不同，会导致费率的不同。货物在运输途中的时间长，受损的机会大，费率相比途程较短的要高；如果途经区域地势险峻、水流湍急，费率就会比地势平坦、水流平稳的高。

5）保险险别。国内货物运输保险基本险承担的保险责任小于综合险，因此，综合险的费率要高于基本险。如果还有附加险，则所使用的保险费率更高。

6）其他。海洋运输船舶的船龄和吨位大小，用旧船（船龄超过 15 年）装运或用吨位较小的船舶（如 1000 吨以下）装运，会加收保险费；装卸港口的管理和装卸设备的好坏、运输途中有无转船或扩展内陆运输等，对危险大小也有直接关系，从而在确定保险费率时应加以考虑。

（2）货物运输保险的保险费率。在货物运输保险中，基于综合考虑上述因素的基础，按照运输工具的不同制定分类差别费率，包括水路、铁路、公路、航空等货物保险费率。

在水路、铁路货物运输保险中，还需要按照基本险、综合险制定不同的费率。基本险的保险费率是结合运输方式与运输路线等确定若干具体的费率标准；综合险则通常将货物划分为五类，即从一类货物到五类货物，并根据运输方式和运输路线等确定不同等级的保险费率。

对鲜活物品和动物，无论采用何种运输工具承运，其保险费率一般会另行规定。附加险的费率既可以单独制定，也可以根据基本险或综合险费率的一定比率来确定。

四、货物运输保险的基本特点

货物运输保险承保的是运输过程中的各种货物，与其他险种相比有相同之处，但和运输工具保险、火灾保险等险种又有较大的区别。

下面我们重点与火灾保险相比较来详细描述货物运输保险的基本特点。

1. 承保标的具有流动性

火灾保险一般是以被保险人存放在固定地点的财产作为保险标的的保险，即保险标的的存放地点相对固定且处于相对静止状态；而货物运输保险的保险标的则是处于流动或运行状态，不受一个固定地点的限制。

由于标的具有流动性特点，其发生损失时往往不在保险人所在地或保险合同签订地，而是在异地出险，保险人一般都需要委托出险地的保险人或保险代理人代为检验查勘处理。因此，无论是从处理货物运输保险赔案的便利角度出发，还是从满足降低保险经营成本的需求角度出发，经营货物运输保险业务都需要具有覆盖面极广的营业网络，或者保险市场上有发达的保险中介网络可资利用。

2. 承保风险具有广泛性

火灾保险承保的责任范围主要是火灾及有关自然灾害或意外事故，而货物运输保险承保的责任范围要广泛得多。除了火灾保险承担的风险责任外，还包括运输工具在运输过程中发生意外事故所导致的货物损失，以及共同海损费用分摊等。

除各种货物运输保险主险外，面向货物运输的附加险也非常丰富，几乎包括了所有外来原因引起的损失。保险客户在投保时，除投保主险外，一般还可以根据投保货物的性质及可能面临的特定风险选择若干附加险。因此，在保险实务中，每一笔货物运输保险业务通常是由主险加若干附加险组成。

3. 保险估价具有定值性

火灾保险一般都是不定值保险，即在保险合同上不约定保险标的的实际价值，只列明保险金额作为赔偿的最高限额，当保险标的发生损失时，根据当时的实际价值来核定损失；而货物运输保险则相反，采取定值保险，即保险金额是货物的结论性价值。

因为货物在运输过程中，在不同的地点其价格会有差异，故保险金额一般按双方约定的价值来确定，当发生损失时，就根据约定的价值按受损程度计算赔款。

4. 保险单可以随提货单背书转让

火灾保险的保险单不是被保险财产的附属物。因此，一旦被保险财产所有权发生转移，除非经过保险人的同意并加以批注，否则保险单即自行终止。换言之，被保险人不得将保险合同连同保险财产一起转让。

而货物运输保险则不同，由于贸易经营的需要，保险人通常同意货物运输保险合同采用"空白背书"这一方式，即保险合同可以随提货单的转移而转让。因此，投保方如果发生货权转移，无须征得保险人同意，只要在保险单背面背书，即可转让给他人。

在财产保险实务中,无论是火灾保险还是各种运输工具保险或其他任何财产保险,保险单均是不能自由转让的,而货物运输保险不需要经过保险人同意就可背书转让,是保险合同中的唯一例外。

5. 保险期限采用"仓至仓条款"

在火灾保险与运输工具保险中,保险双方约定的保险责任期限一般都是定期的,且以1年期为标准,到期自然终止;而货物运输保险则采用"仓至仓条款",每一批投保货物的保险责任起讫均以约定的运输途程为标准。即从保险货物离开起运地点的仓库或储存处所开始,直至到达目的地收货人的仓库或储存处所时终止。

因此,货物运输保险一般不受具体时间的约束,也不会像火灾保险等那样出现各种保险合同保险期限基本一致的现象。例外的是,当被保险货物到达目的地港站时,一般仍有一定的时间规定,不允许被保险货物长期被搁置于目的地港站,此类规定通常会在保险合同中载明。

6. 承运方的影响巨大

在火灾保险及其他财产保险中,保险标的通常是由被保险人控制,这样不仅有利于被保险人控制风险,也有利于保险人控制保险期间的风险;而在货物运输保险中,保险标的却不是控制在被保险人手中,而是控制在第三方即对货物的运输负有承运责任的承运方手中,货物一旦交付运输,被保险人即不再对货物负有安全管理责任。

由于这种特性,使得承运方对货物运输保险的影响很大,任何货物运输保险赔案都离不开承运方的配合与协助,其中许多赔案甚至与承运方有直接的责任关系,需要采用代位追偿的手段来维护保险双方的正当权益。因此,保险方、被保险方、承运方构成了货物运输保险中特殊的三角关系。

材料2　运输保险的种类与业务流程

一、货物运输保险的分类

货物运输保险业务种类繁多,一般根据运输工具可以简单划分为铁路货物运输保险、水路货物运输保险、公路货物运输保险、航空货物运输保险、邮包运输保险、多式联运货物保险,以及其他运输工具货物运输保险。也可以按运输范围分为涉外货物运输保险和国内货物运输保险。

国内货物运输保险与海上货物运输保险同为运输保险的重要组成部分,由于国内货物运输保险是从海上货物运输保险的基础上发展而来的,因而其性质与海上货物运输保险有颇多的相似之处。又因为国内货物运输保险标的由海上移到陆上,故有自己的特殊性质。下面具体讲述国内货物运输保险的分类。

1. 按运输方式分类

(1) 直运货物运输保险。直运货物运输保险承保的是从起运地至目的地只用一种运输工具运输的货物,即使中途货物需要转运,转运用的运输工具与前一段运输所使用的运输工具仍属同一种类。

（2）联运货物运输保险。联运货物运输保险承保的是使用两种或两种以上的主要运输工具运送的货物，可以有水陆联运、江海联运、陆空联运等。联运货物运输保险的保险费率高于直达运输下的货运险费率。

（3）集装箱运输保险。集装箱运输也叫货柜运输，它是20世纪60年代出现的一种运输方式。集装箱运输的优点在于能做到集装单位化，即把零散包件货物集中在大型标准化货箱内，从而简化甚至避免沿途货物的装卸和转运，使降低货物运输成本、加速船舶周转、减少货物残损短少成为可能。集装箱运输方式自产生以后迅速成为国际上普遍采用的一种重要的运输方式。若投保集装箱货物运输保险，其费率较利用其他运输方式运输货物的要低。

2. 按运输工具分类

（1）水上货物运输保险。是指以水上运输工具承运的货物为保险标的的一种运输保险。水上运输工具指轮船、驳船、机帆船、木船、水泥船等。

（2）陆上货物运输保险。承保除水上运输工具和飞机以外的所有其他运输工具或手段运载的货物，运输工具包括机动的、人力的、畜力的，例如火车、汽车、驿运等。

（3）航空货物运输保险。航空货物运输保险是指以航空运输方式的货物为保险标的的运输保险。

按运输工具的不同对国内货物运输保险进行分类是最常见的一种分类方法。在国内货物运输保险的保险单上还可以见到使用特殊运输工具的货物保险，例如排筏保险、竹木排运输保险、港内外驳运险和市内陆路运输保险等。

二、货物运输保险中主要险种的业务内容

1. 险种概述

货物运输保险险种众多，其中根据运输工具就可以划分为铁路货物运输保险、水路货物运输保险、公路货物运输保险、航空货物运输保险、邮包运输保险、多式联运货物保险，以及其他运输工具货物运输保险。

其中，水路、铁路货物运输保险承保利用船舶和火车运输的货物，它是国内货物运输保险的主要业务，均分为基本险和综合险，并设有多种附加险；在此基础上，还衍生出鲜活货物运输保险和行包保险等独立险种。

公路货物运输保险是承保通过公路运输的货物，保险责任与水路、铁路货物运输保险的保险责任基本相同，该种保险随着我国公路建设和公路货物运输业的发展而迅速发展。航空货物运输保险专门承保航空运输的货物，其责任范围相当广泛。

除以上基本的险种外，货物运输保险还有多种附加险。附加险往往承保着某一种较为特殊的风险责任，由保险客户根据自己投保货物的需要自主选择确定。例如附加偷窃险、附加提货不着险、附加淡水雨淋险、附加短量险、附加混杂沾污险、附加渗漏险等。因此，对于多数货物运输保险业务而言，都由基本险或综合险加若干附加险组成。

对于需要由两种或两种以上的主要运输工具运输的货物的保险，一般按相应的运输方式分别适用各自保险条款。

2. 铁路货物运输保险

铁路货物运输保险是国内货物运输保险的主要业务来源。它按照保险内容的不同分为基本险和综合险，保险人根据保险单上注明的承保险别分别承担保险责任。

（1）基本险的保险内容。铁路货物运输保险基本险承担的保险责任一般包括如下原因造成的货物损失：

1）火灾、爆炸、雷电、冰雹、暴风、洪水、海啸、地陷、泥石流造成的损失。

上述责任与火灾保险条款中的同类责任概念相近。略有区别的是，保险人不仅对各种意外失火、货物自燃、他人纵火、邻处火灾波及等直接烧毁的货物损失负责赔偿，而且对货物本身虽未燃烧但被熏坏、烧焦所致的损失等也负责赔偿。

2）由于运输工具发生碰撞、出轨或桥梁、隧道、码头坍塌造成的损失。

上述运输工具发生的碰撞责任均与机动车辆保险、船舶保险、飞机保险中的同类责任相同。例如碰撞是指运输工具与外界物体的碰撞并造成的货物损失，它属于保险负责的范围；而运输工具所载货物与外界物体的碰撞及货物之间的碰撞等却不属于碰撞责任，保险人不能负责。

3）在装货、卸货或转载时，因意外事故造成的损失。

在此，保险人负责的是装、卸过程中的意外损失，例如用起重机吊装货物时，因吊钩致使被保险货物受损等，而不是装、卸过程中的任何损失。

4）在发生上述灾害、事故时，因施救或保护而造成货物的损失及所支付的直接合理费用。

施救费用的概念与其他章节中的概念一致。保护费用则是指为了减轻被保险货物的损失程度，或为了防止损失继续扩大和加重，或为恢复其价值所进行的整理、翻晒、烘干、复制、加工所支出的运杂费、保管费、加工费以及重新包装费等费用。

（2）综合险的保险内容。铁路货物运输保险综合险承担的保险责任一般包括如下原因造成的货物损失：

1）前述基本险负责的原因，综合险均负责任。

2）因受震动、碰撞、挤压而造成货物破碎、弯曲、折断、凹瘪、开裂、渗漏等损失，以及包装破裂致使货物散失的损失。

这里的"碰撞"与基本险中的"碰撞"不同，是指运输工具中所载货物，或存放在车站、码头上的货物与其他物体碰撞造成的损失。例如货物与运输工具，或货物与货物之间的碰撞。

3）液体货物因受震动、碰撞或挤压致使所用容器（包括封口）损坏而渗漏的损失，或用液体保藏的货物因液体渗漏而造成保藏货物腐烂变质的损失。

4）遭受盗窃的损失。

5）由于外来原因致使提货不着的损失。

6）符合安全运输规定而遭受雨淋所致的损失。货物在包装、罐放、苫盖等符合有关安全运输规定的情况下，遭受雨水而致的湿损。在赔偿处理时，只要被保险货物有雨水湿损痕迹，并有承运部门的货运记录证明或其他有关单位的证明，亦可以按雨淋责任负责赔偿。

(3）除外责任。无论是基本险业务还是综合险业务，对下列原因导致的被保险货物的损失，保险人均不负责赔偿：

1）战争、军事行动、扣押、罢工、哄抢和暴动。

2）地震造成的损失。

3）核反应、核子辐射和放射性污染。主要指核设施内的核燃料、放射性产物、废料或运入运出核设施的核材料所发生的放射性、毒性、爆炸性或其他危害性事故或一系列事故。

4）保险货物本身的缺陷或自然损耗，以及由于包装不善所致的损失。

5）投保人或被保险人的故意行为或违法犯罪行为。

6）市价跌落、运输延迟所引起的损失。

7）属于发货人责任引起的损失。

8）由于行政行为或执法行为所致的损失。

9）其他不属于保险责任范围内的损失。

在除外责任这方面，基本险与综合险有一定的区别。因此，货物运输保险的保险责任范围应当根据其合同条款中列明的保险责任与除外责任各自准确地把握。

（4）保险责任起讫。铁路货物运输保险的保险责任起讫，自签发保险单（凭证）后，保险货物运离起运地发货人的最后一个仓库或储存处所时起，至运至该保险单（凭证）上的目的地收货人的第一个仓库或储存处所时终止。但保险货物运抵目的地后，如果收货人未及时提货，则保险责任的终止最多延长至以收货人接收《到货通知单》后的15天为限（以邮戳为准）。

3. 水路货物运输保险

水路货物运输保险亦是货物运输保险中的主要业务来源，它承担的主要是水上风险，是水险的重要组成部分。水路货物运输保险仍然分为基本险和综合险两个险别。

（1）基本险的保险内容。水路货物运输保险基本险的保险责任主要包括如下项目：

1）因火灾、爆炸、雷电、冰雹、暴风、暴雨、洪水、海啸、泥石流等造成的损失。

2）船舶发生碰撞、搁浅、触礁和桥梁、码头坍塌所造成的损失。

3）因以上两款所致船舶沉没失踪所造成的损失。

4）在装货、卸货或转载时，因意外事故造成的损失。

5）按国家规定或一般惯例应分摊的共同海损费用。

6）在发生上述灾害、事故时，因纷乱而造成的货物失散，以及因施救或保护货物所支付的直接合理费用。

（2）综合险的保险内容。水路货物运输综合险的保险责任除包括了水路货物运输基本险的保险责任外，其增加的保险责任与铁路货物运输综合险增加的保险责任相同。

（3）除外责任。在水路货物运输保险中，保险人列明的除外责任与铁路货物运输保险相同，但实际的除外责任范围还取决于保险合同中的规定，从而应以保险合同为准。因此，水路货物运输保险的保险责任范围应当根据其合同条款中列明的保险责任与除外责任各自准确地把握。

（4）保险责任起讫。水路货物运输保险的保险责任起讫，采用的依然是"仓至仓条款"。其规定与铁路货物运输保险的规定相同。

4. 公路货物运输保险

公路货物运输保险承保通过公路运输的货物，保险内容与水路、铁路货物运输保险的保险内容基本相同。但公路货物运输保险也有自身的一些特点，主要有：

（1）在运输工具方面。公路货物运输可以选择汽车运输，也可以选择其他机动或非机动运输工具来承担货物运输的任务。

（2）在保险责任方面。由于公路运输货物在运输途中客观上还可能需要驳运（即利用驳船过河），因此，在驳运过程中因驳运工具遭受搁浅、触礁、沉没、碰撞而导致的损失，保险人亦予负责赔偿。

在公路货物运输保险业务经营中，由于受公路运输工具的限制，单笔业务的数量通常不会太大，运输过程中亦存在着走非固定路线的可能。因此，公路货物运输较铁路（固定在铁轨上运行）、水路（水上航线亦是基本固定的）及航空（空中航线也是固定的）货物运输更具风险多变性，这是保险人必须注意并加以控制的。

5. 航空货物运输保险

航空货物运输保险承保的主要是被保险货物在航空运输中可能遭受的损失风险，它在承保标的、保险金额的确定及保险责任起讫等方面与水路、公路货物运输保险具有一致性，但在承保责任方面仍然具有自身的特点。

（1）航空货物运输保险的保险内容。在航空货物运输保险中，只要在保险责任期限内，被保险货物无论是在运输还是在存放过程中，由于下列原因遭受的损失均由保险人负责赔偿：

1）由于飞机遭受碰撞、倾覆、坠落、失踪（在 3 个月以上），在危难中发生卸载以及遭遇恶劣气候或其他危难事故发生抛弃行为所造成的损失。其中"失踪 3 个月以上"是指飞机起飞后与地面失去联系，下落不明，经民航局鉴定为失踪者，可按推定完全灭失（即全损）赔偿。

2）因遭受火灾、爆炸、雷电、冰雹、暴风、暴雨、洪水、海啸、地面陷落等所造成的损失。

3）因受震动、碰撞或压力而造成的破碎、弯曲、凹瘪、折断、开裂等损伤，以及由此而引起包装破裂而造成的散失。

4）凡属液体、半流体或者需要用液体保藏的被保险货物，在运输途中因受震动、碰撞或压力，致使所装容器（包括封口）损坏发生渗漏而造成的损失，或用液体保藏的货物因液体渗漏而致保藏货物腐烂的损失。

5）被保险货物因遭受偷窃或者提货不着的损失。

6）在装货、卸货时和地面运输过程中，因遭受不可抗力的意外事故及雨淋所造成的被保险货物损失。

7）在发生保险责任范围内的灾害事故时，因施救或保护被保险货物而支付的合理费用，保险人也负责赔偿，但最高以不超过保险金额为限。

（2）除外责任及其他。在航空货物运输保险中，保险单上列明的除外责任一般与铁路货物运输保险等相同。但保险人承担的责任范围，却因保险责任的不同而存在着差异。因此，把握航空货物运输保险的责任范围，应当以航空货物运输保险合同中载明的责任范围为准。

由于被保险人无法控制的运输延迟、绕道、被迫卸货、重新装载、转载，或承运人运用运输契约赋予的权限，所做的任何航行上的变更或终止运输契约，致使被保险货物到非保险单所载目的地时，在被保险人及时将获知的情况通知保险人，并在必要时加交保险费的情况下，保险合同仍然继续有效。

保险责任通常按照下列规定终止：

1）被保险货物如在非保险单所载目的地出售，保险责任至交货时为止。但不论任何情况，均以被保险货物在卸载地卸离飞机后满 15 天为止。

2）被保险货物在上述 15 天期限内，继续运往保险单所载原目的地或其他目的地时，保险责任仍按上款的规定终止。

6. 邮包运输保险

邮包运输保险承保邮包运输途中因自然灾害、意外事故或外来原因造成货物的损失。

（1）保险内容。本保险分为邮包险和邮包一切险两种。

1）邮包险。被保险邮包在运输途中，由于恶劣气候、雷电、海啸、地震、洪水等自然灾害，或由于运输工具遭受搁浅、触礁、沉没、碰撞、倾覆、出轨、坠落、失踪，或由于失火、爆炸意外事故所造成的全部或部分损失。

被保险人对遭受承保范围内危险的货物，采取抢救、防止或减少货损的措施而支付的合理费用，但以不超过获救货物的保险金额为限。

2）邮包一切险。除包括上述邮包险的各项责任外，还负责被保险邮包在运输途中，由于外来原因所致的全部或部分损失。

（2）除外责任。同陆路运输货物保险的除外责任相同。

（3）保险责任起讫。本保险责任，自被保险邮包离开保险单所载起运地点寄件人的处所运往邮局时开始生效，直至该项邮包运达本保险单所载目的地邮局，自邮局签发到达通知书当日午夜起算满 15 天终止。但在此期间内邮包一经递交至收件人的处所时，保险责任即行终止。

通过对国内货物运输保险业务流程的学习，大家已经认识到国内货物运输保险，就是以在国内运输过程中的货物为保险标的，在标的物遭遇自然灾害或意外事故所造成损失时给予经济补偿。及时补偿在运输过程中的货物因灾害事故而遭受的经济损失，有利于整个社会生产和流通的便利进行，所以下面我们将具体讲述货物运输保险的最后一个程序——保险理赔。

材料3　运输保险的赔偿处理

理赔是货物运输保险的最后一道环节，也是保险人对保险业务进行风险控制的最后一道环节。与其他保险业务相比，货物运输保险因其在异地出险，因其由保险双方之外的第三方，即承担运输任务的法人单位或个人直接控制，理赔亦必然要复杂得多。因此，保险人应当加强对货物运输保险赔案的处理力度。

一、检验受损货物，严格索赔手续

当被保险货物运抵目的地后，收货人发现货损、货短，应向保险人或其当地的代理人提出申请货物检验，并由保险人或其代理对受损货物进行验收工作，以便查明事故的原因，损失的性质、范围和程度，为保险人最终做出裁决提供较公正的依据。

货物运输保险条款规定"收货人"应是货物运抵保险凭证所载明的目的地的收货人，当被保险货物运抵目的地，即收货人在当地的第一个仓库或储存处所后，如果发现货物受损，被保险人必须在 10 天以内申请检验，但具体检验时间可不受 10 天的限制。对于提货不着的货物，可从承运部门宣布提货不着之时起计算申请期限。这样，检验受损货物便成为理赔环节中控制风险的第一步。

一般而言，在货物运输保险实务中，由于货物往往在异地出险，保险人通常建立代理制度，即委托出险地的保险人或保险中介人代为检验货物甚至代办理赔事宜，或者由中立的检验机构出面检验货物，必要时再由承保人亲自出面处理。

实行代验、代理赔付制度，一方面是能够节约保险人的理赔费用，进一步提高货物运输保险的经济效益；另一方面是能够迅速掌握出险情况，准确把握受损货物的出险原因与损失状况，为合理、合法地解决赔偿问题提供真实、准确的依据。

因此，保险人应当注意选择技术力量强、职业信誉好的代理人，同时在委托代理时根据具体情况给予一定的权限制约。在检验受损货物时，保险人或保险人的代理人与被保险人均应在场，并共同签署检验报告，以避免正式处理赔案时发生争议。

保险人或保险代理人进行现场查勘的主要内容包括：

（1）对受损货物拍照，做好取证工作。

（2）了解被保险货物的基本情况，询问知情人，详细了解出险地点、时间、经过及原因，核查损失是否属于保险责任范围。

（3）对受损货物进行清点，确定损失范围、数量及损失程度，做好记录，编写检验报告，必要时可聘用专业技术人员鉴定。

当受损货物检验完毕后，无论是由代理人代行处理被保险人索赔，还是由被保险人直接向保险人提出索赔，都应该严格索赔手续。

二、保险的赔偿处理

保险货物损失补偿的处理，是指当保险货物发生保险责任范围内的危险损失时，保险人对被保险人提出索赔的受理。

1. 保险赔偿的程序

保险货物发生损失后，被保险人须及时通知保险人，并填写"出险通知书"书面通知保险人。被保险人一般应履行下列手续：

（1）填写出险通知书、书面通知保险人。

（2）协助保险人共同检验货损。

（3）必须提供各种规定提供的有效单证。它主要包括证明发生货物损失原因的书面证明（如运输部门出具的事故报告、货运记录、商务记录，以及其他足以证明出事原因的文件等）；保险凭证、运单、发票或调拨单；受损货物检验报告；损失清单和施

救费用单据，以及其他规定提供的单证。

（4）如果属于第三者责任，须填写《权益转让书》。

（5）索赔的期限。一般规定自被保险人获悉货物遭受损失的次日起，2年为限。货物运输保险中被保险人的索赔时效期为2年，即自被保险人获悉货物遭受损失的次日起，如果经过2年不向保险人申请赔偿、不提供必要的单证，或者不能领取应得的赔款，则视为自愿放弃权益。

当被保险人与保险人发生争议时，应当在实事求是的基础上力争协商解决，双方不能达成协议时可以提交仲裁机关或法院处理。保险人就货损补偿金额一经与被保险人达成协议，并履行必要的审批手续后，应在10天内予以补偿。

由于保险货物由承运人负责运输，在运输过程中也由承运人负责控制风险。在货物运输保险理赔中，无论承运人有无责任，客观上都离不开承运人，有时涉及承运人的责任时还需要进行保险追偿。

2. 承运人责任的保险追偿

所谓承运人责任，是对货物在运输中发生的损失依法应当由承担运输任务的法人或个人负责的经济赔偿责任，其法律依据是《合同法》及《铁路货物运输合同实施细则》《水路货物运输合同实施细则》等。

根据《合同法》规定，"运输过程中货物发生灭失、短少、变质、污染、损坏"，承运方应"按货物的实际损失（包括包装费、运杂费）赔偿"；"联运货物发生灭失、短少、变质、污染、损坏应由承运方赔偿的，由终点阶段的承运方按照规定赔偿，再由终点阶段的承运方向负有责任的其他承运方追偿。"

《合同法》中规定了承运人可以免责的条件。包括货物由于不可抗力造成的损失，货物本身的自然性质、货物本身的合理损耗，以及由于托运方或收货方本身的过错等原因造成的损失，承运方对于上述原因导致的货物损失可以不负责任。可见，由于承运人的疏忽或过失行为致使运输货物的损失，应当由承运人向托运方或收货方负责赔偿。

不过，尽管法律规定承运人应当按照货物的实际损失承担赔偿责任，但各有关实施细则却都规定了相应的货物损失赔偿限额，这种限额赔偿制往往不能补偿货主的实际损失，从而也从一个侧面反映了货物运输保险的必要性。

在国内货物运输保险实务中，凡货物运输保险涉及因承运人责任造成损失的案件，若货物已参加保险，被保险人也应当首先向承运人索赔。例如被保险人直接向保险人提出索赔，保险人可以先予赔偿，但被保险人应签发权益转让书给保险人，并协助保险人向承运人追偿。

三、合理计算赔款，防止发生漏洞

货物运输保险是按照定值保险的方式来承保的，在赔款计算中不受市场价格涨跌的影响。

当货物发生全部损失时，保险人按保险金额扣除残值后计算赔款。

当货物发生部分损失时，保险人首先应当核定是足额投保还是不足额投保。对足额投保的，在保险金额限度内按实际损失赔偿；对不足额投保的，则应按比例计算赔款。计算公式为：

$$赔偿金额 = 损失金额 \times 保险金额 / 起运地货物实际价值$$

或

$$赔偿金额 = 保险金额 \times 损失程度（\%）$$

对于施救费用，一般与货物损失分别计算，但对于不足额投保的，应按比例分摊。

具体而言，采用定值保险方式的货物运输保险，其损失不外乎是数量损失、质量损失，或既有数量损失又有质量损失。

1. 数量损失赔款的计算

数量损失是指一批货物中有部分数量全部损失。计算公式为：

$$赔款 = 保险金额 \times 受损货物件数 / 承保总件数$$

例题 1 一车棉纱 50 包，每包 200 公斤，保险金额为人民币 50 万元，承保短少险。运抵目的地后发生短少 5000 公斤。其赔款计算为：

$$赔款 = 500000 \times [5000/(50 \times 200)] = 250000（元）$$

2. 质量损失赔款的计算

质量损失是指部分货物受到一定程度的损失。在计算赔款时，应先确定货物的完好价值和受损价值，即得出贬值率。计算公式为：

$$赔款 = 保险金额 \times (货物完好价值 - 受损后的价值) / 货物完好价值$$

例题 2 一车 1000 台电视机投保货物运输保险，保险金额为 200 万元，每台保险金额为 2000 元。运输中有 100 台发生质量损失，平均贬值率为 50%。其赔款计算为：

$$赔款 = 2000 \times [(2000-1000)/2000] \times 100 = 100000（元）$$

3. 既有数量损失又有质量损失赔款的计算

对于受损货物中既有数量损失又有质量损失的，其赔款的计算即是上述两个公式的相加。

在赔偿处理时必须掌握以下几点：

（1）保险公司对货物损失的赔偿金额，以及因施救或保护货物支付的直接、间接的合理费用，应分别计算，并以不超过保险金额为限。

（2）货物发生保险责任范围内的损失，如果根据法律规定或者有关约定，应当由承运人或其他第三者负责赔偿一部分或全部的损失，被保险人应首先向承运人或其他第三者索赔。如果被保险人提出要求，保险公司也可以先予赔偿，但被保险人应签发权益转让书给保险人，并协助追偿。

（3）保险货物遭受损失后的残值，应折价归被保险人，并在赔款中扣除。

（4）被保险人的索赔时效规定为 180 天，这与承运部门规定的索赔期是一致的。

以上是以国内水路、陆路货物运输保险为例说明货物检验和赔偿处理的规定，国内航空货物运输保险的有关规定基本上相同。

 工作页

国内陆路、水路运输保险费率工作页

险别	费率 \ 区域货物	直达运输					联运	本埠运输
		水运			陆运			
	运输方式	江河	沿海	福建/广东沿海	铁路	公路		
基本险	本省							
	外省							
综合险	一类货物							
	二类货物							
	三类货物							
	四类货物							
	五类货物							

运输保险认知工作页

拓展活动	头脑风暴：运输企业的"保险市场"在哪里？
主持人：_____	今天讨论的问题是运输企业的"保险市场"在哪里？请大家畅所欲言，过程中我们不加以任何评价，记录员请做好记录。
记录员：_____	

项目 5 配送概论

知识目标

- 认识配送理论。
- 了解物流模式在配送中的应用。
- 领悟配送中心的概念、要求及配送中心的功能。
- 理解配送中心不同的分类方式。
- 掌握配送中心的内部布局管理。
- 全面理解配送作业的一般流程。

能力目标

- 掌握配送的理论知识。
- 熟练掌握配送模式在企业中的应用。
- 按功能对不同配送中心进行分类。
- 对配送中心存在的问题能给出合理意见。
- 学会配送运输作业流程的操作。
- 掌握自主学习的方法。

素质目标

- 良好的职业道德和素质，具备较强的服务意识和客户导向意识。
- 具备高度的工作热情，谦逊、负责、勤奋。
- 良好的心理状态和团队合作能力。
- 语言表达、沟通交流洽谈能力。

项目情境

奇新物流是一家专业化的第三方物流公司，如今在全国拥有七家分公司和多家办事处，如图 5-1 所示。公司主营快消品物流，为客户提供高效的仓储、运输、配送及客户委托采购服务。主要客户多为大型快消品制造企业，如中粮、保洁、金佰利等，配送对象多为北京市内大型连锁超市、经销商等。

奇新物流公司总部位于北京通州马驹桥物流基地。该物流基地规划面积 5.04 平方公里，是北京市物流发展规划确定的四大物流基地之一。该基地不仅具有得天独厚的区位优势，更具备物畅其流的交通条件，基地位于北京东南黄金通道（京津塘高速公路）上，距市中心 15.5 公里，距首都国际机场 30 公里，距天津塘沽新港 120 公里，京津塘高速公路与北京城市六环路在此交汇，并与京沈、京哈、京开、京石等 11 条高速公路相连，拥有作为物流枢纽所应具备的区域交通网络。

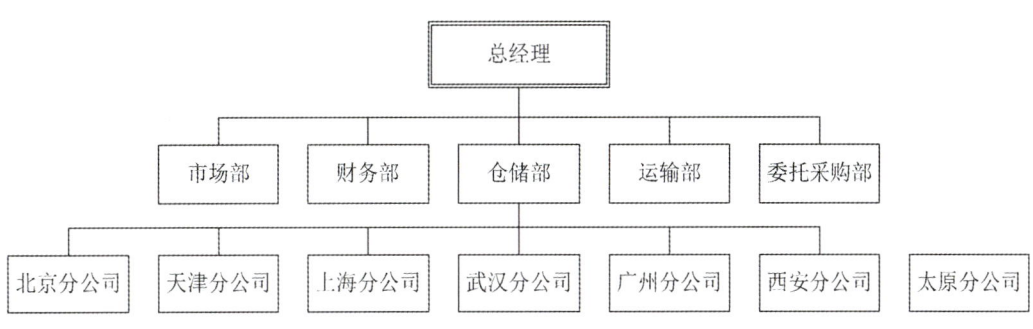

图 5-1　公司的组织结构

总部拥有超过 1 万平方米的营业配送中心，主要面向零售企业适于普通常温保管的快速消费品提供仓储配送服务，机械化作业程度高，采用统一的仓储配送管理系统进行信息管理，管理人员的主要工作内容包括货物的出入库操作与在库保管、相关信息的记录与存档、仓库设施设备的使用与维护、所管辖仓库人员的分工及调配等。

通过上述项目示例，请完成如下作业：建立模拟配送中心作业环境，掌握配送中心基本理论知识，制定配送作业基本流程，懂得配送操作程序，并完成一份配送运作实训方案。

任务 1　配送知识概述

工作内容

1. 认识配送。
2. 了解配送模式在企业中的应用。
3. 用关键词描述配送作业的一般流程。
4. 熟练掌握配送模式的选择。

请读者学习材料 1、材料 2 后完成配送认知工作页。

学习材料

材料 1　认识配送（理论）

一、配送的含义

《中华人民共和国国家标准物流术语》（GB/T 18354—2001）将配送定义为："配送是指在经济合理区域范围内，根据用户要求，对物品进行拣选、加工、包装、分割、组配等作业，并按时送达指定地点的物流活动。"

配送的目的是用最短的时间、最低的费用，将物品送到客户手中。由此可知，配送的实质是"送货"。这里的送货是指现代送货，而不是指我国的旧式送货或一般送货。一般送货可以是一种偶然的行为，而配送却是一种固定的形态，甚至是一种有确定组织、确定渠道，有一套装备和管理力量、技术力量，有一套制度的体制形式。

一般送货是生产企业和销售企业的一种推销手段，而配送则是社会化大生产、高度专业化分工的产物，是商品流通社会未来的发展趋势。一般送货是被动的，只能满足顾客的部分需求，有什么送什么，而配送则是主动的，将客户的需求作为目标，顾客要求什么送什么，希望什么时候送便什么时候送；一般送货通常是送货单位的附带性工作，不是其主要业务，而配送则是配送企业（通常是流通企业）的专职工作。

配送的范围是"在经济合理的区域范围内"。这个"经济合理的区域"是指配送客户网络所形成的区域，区域的大小没有明确规定，可以是城市内的某一区域或整个城市，甚至多个城市形成的更大的地区。随着配送管理水平的不断提高，配送区域范围不断扩大，配送在更大范围内进行资源整合，使其优势更加明显。目前，美国开展了洲际配送，日本的不少配送活动是全国性的配送活动。

配送作业活动是综合性的物流活动。配送作业活动几乎包含了所有的物流活动，不仅包括拣选、加工、包装、分割、组配等基本作业活动，而且包括运输、装卸搬运、储存等许多相关作业活动，配送是这些作业活动有机结合的整体。

配送服务的出发点是"用户要求"。在定义中强调"根据用户要求"，明确了用户的主导地位。配送是从用户利益出发、按用户要求进行的一种活动，因此，在观念上必须明确"用户第一""质量第一"。配送企业的地位是服务地位而不是主导地位，因此不能从本企业利益出发，而应从用户利益出发，在满足用户利益的基础上取得本企业的利益。

更重要的是，不能利用配送损伤或控制用户，不能利用配送作为部门分割、行业分割、割据市场的手段。但要注意，过分强调"用户要求"也是不妥的，用户要求受用户本身的局限，有时会损害自我或双方的利益。对于配送者来说，必须以"用户要求"为依据，但是不能盲目，应该追求合理性，进而指导用户，实现共同受益的商业目标。

配送是属于服务性质的物流活动。配送是物流系统的一个子系统，配送活动是物流活动的一部分，在提高配送效率时应以提高物流系统整体效率为前提。

二、配送的特点

配送是"运输"，是接近用户的末端运输；配送是"送货"，是追求用户满意的现代送货；配送是物流的子系统，是包含了全部物流其他子系统功能的具有综合性功能的子系统；物流水平的高低可以用配送水平的高低来判断，物流的先进程度可以参照配送的先进程度。具体来讲，配送具有下述特点。

1. 配送具有综合性

综合性表现在两个方面。一是功能的综合性。为了将物品圆满地送达顾客手中，配送将所有的物流功能集于一身，它是许多物流业务活动的有机结合体。二是服务的综合性。配送为客户提供的是一种综合服务，它不仅仅是简单的将货送到客户手中，而且为客户提供包装、分割、加工、信息咨询等很多相关服务。

2. 配送处在流通过程的最后环节

商品流通的终点是顾客，配送是处于最接近顾客的位置。作为社会再生产过程中的资源配置,它是"最终配置",是接近顾客的配置。由于"经营战略和接近顾客至关重要",因此,配送对优化社会资源、提高物流水平乃至促进国民经济的发展具有深远影响。

3. 配送是一种"中转"形式

配送是从物流节点至用户的一种特殊送货形式。要做到需要什么送什么,就必须在一定中间环节筹集满足这些需要的物品,从而使配送必然以中转形式出现。

4. 配送物品具有多样性

通常,一次配送的物品中包含多种类型的商品,而且这些商品是多个用户的。当今消费市场是买方市场,市场需求趋势是由单品种、大批量向多品种、小批量方向发展,配送只有扩大规模,组配多个用户的多种商品,才能产生经济效益,配送企业才能生存和发展。

5. 配送是一种专业化的分工方式

以往的送货只是作为推销的一种手段,而配送则是一种专业化的流通分工方式,是大生产、专业化分工在流通领域的反映。配送根据客户的订货要求准确及时地为其提供物资保证,在提高服务质量的同时,可以通过专业化的规模经营获得经济效益。

6. 配送要有现代化的技术和装备作为保证

在配送过程中,由于大量采用先进的信息技术和各种传输设备及拣选机电设备,使得配送作业像工业生产中广泛应用的流水线一样,流通工作工厂化,从而大大提高了商品流转的速度,使物流创造"第三利润"变成了现实。可以说配送不仅是市场经济的产物,而且是科技进步的产物。

三、配送的功能

配送具有集货、储存、分拣、配货、配装、送货及附加增值服务等功能。配送要实现这种功能,必须将运输、装卸搬运、储存、流通加工、包装、信息处理等物流功能要素集于一身。可以说,配送每一个功能的实现都是多个物流功能要素有机结合的结果。

1. 集货

集货是配送的第一个功能。为了满足配送所需货物数量及品种的需求,必须通过物流运输系统从生产厂家或仓库向配送中心调运大量的货物。集货包括依据采购计划确定进货目标、装车运输、货车到达后从货车上将货物卸下、开箱检查其数量和质量、再将有关信息书面化等一系列工作,最后指派入库位置。集货功能完成得好坏极大地影响着配送的整体效益。

2. 储存

储存是以改变"物"的时间状态为目的的活动。为了保证能根据顾客需要及时配送货物,有效防止因各种原因造成的缺货或不能及时供货等现象,必须保持一定数量的库存。库存量增大时,顾客满意度将提高,但库存量也不宜过大,否则会增加开支,造成浪费。储存作业内容包括接货作业、验收作业、入库作业、保管作业、物品的维护保养、出库作业等。

3. 分拣

分拣是利用分拣设备，按品名、规格、出入库先后顺序等将物品从储存区分门别类地挑选出来。分拣作业是配送作业的中心环节，是提高配送效率的关键。一般依靠计算机处理分拣作业的单据和信息，显示和打印有关单据，拣货作业人员按计划安排的拣货路径进行拣货，最后分类集中。

4. 配货

配货是按客户的要求将分拣出来的货物配备齐全，送到发货区内指定地点。配货把完成拣取分类的货品经过配货检查过程后，装入容器进行包装并做好标识，再运到配货准备区，待装车后发送。

5. 配装

为了充分利用运输能力，提高满载率，将多个客户的配送货物按照一定的规则和方法进行搭配装载，称为配装。配装是提高配送水平、降低配送成本、增加经济效益的有效措施，也是现代配送系统的主要功能。

6. 送货

将客户所需的物品保质保量地、及时准确地送到客户手中，是配送的最终目标。如何装车最省、车辆沿何线路行驶最佳，是送货必须考虑的问题。送货作业包括划分基本送货区域、车辆配载、暂定送货先后顺序、车辆安排、选择送货线路、确定最终的送货顺序、最后完成车辆积载。

7. 附加增值服务

附加增值服务是指为了满足客户的各种不同要求、提高配送服务质量、增加配送经济效益，在配送过程中增添开发的相关服务。附加增值服务的内容主要有流通加工、代收货款、信息咨询、风险承担、金融保险等。

四、配送的作用

目前配送工作早已成为企业经营活动的重要组成部分。之所以会出现这样的景象，原因之一就是在社会再生产运动中，配送能够优化经济结构、节约社会劳动及充分发挥物流的作用。就流通本身而言，实行配送则有益于物流运动快速发展。具体来讲，配送的作用有下述几点。

1. 推行配送有利于实现物流运动的合理化

从市场竞争的角度去分析问题，物流科学化和合理化是流通发展的必然趋势。物流合理化主要有三个方面的表现：第一，物流运动应当维持合理的物流结构，也就是说，实现低成本的物流结构；第二，物流运动成为一种建立在分工、协作关系基础之上的社会化、专业化的经济运动；第三，物流运动还应当成为具有规模经济的运动，其总体运动与其效果均应处在最佳状态，达到最高水平。

经验证明，要想使物流运动达到上述标准，除了要不断地发展生产力、改进物流技术以外，必须按照发展社会化大生产的要求改进流通体制，推行科学、先进的流通方式。从理论上说，以集中社会劳动的方式来调整库存结构，改变分散和分割的流通格局，在此基础上形成规模经济运动，实际上就是促使流通领域中的小生产方式向社会化大生产方式转化。从这个意义上说,配送是实现流通社会化、现代化的重要手段。

2. 推行配送有利于合理配置资源

由于实施配送可以使库存相对集中,因此,有条件也有可能按照统一计划合理分配和使用资源,做到物尽其用,合理配置资源。

在库存分散的状态下,经常会出现物资超储积压和设备闲置两种现象,因此,一方面要占用大量资金,影响资金周转;另一方面又不能充分实现物资的价值;而将分散的库存和库存物资集中于配送企业以后,由于后者的服务对象是社会上的众多客户,因而很容易将多余物资派上用场,实现其价值和使用价值。

由此不难看出,仅就集中库存、统筹规划库存和统一利用库存物资这几项功能而论,推行配送也能够使资源配置趋于合理化。此外,考虑到配送的运行效果,实施配送,又有利于建立起合理的库存结构和运输结构,进而能够提高物流设施的利用率和物流设备的工作效率。

3. 推行配送有利于开发和应用新技术

配送是一种综合性的、小范围内的物流运动,配送包含备货和送货。配送的顺利开展,必须相应地配备各种物流设施和设备。在现代社会,随着生产规模的不断扩大和市场容量的不断增加,配送的规模也在相应扩大。在这样的形势下,用于配送的各种设备和设施,不但数量会越来越多,而且其技术含量、技术水平也在不断提高。

为了适应配送服务范围不断扩大及操作频率明显加快的需要,许多专用工具和专用设备也陆续被研制出来,并先后用于配送的有关环节上。这样做的结果,一方面大大提高了配送的作业效率;另一方面,客观上促进了技术进步。在生产及流通实践中,设备的更新和先进技术的应用常常是同步进行的。

在配送业务不断拓展的过程中,正是随着各种专用设备的广泛使用和各种自动化装置、自动化设施的相继建立,许多生产技术和现代化物流技术才陆续被开发出来,例如集装箱技术、条形码标识技术、计算机控制的自动拣选技术等。

4. 推行配送可以降低物流成本,促进生产

在物资流通运动中施行配送,实际上就是要集中社会库存和集中分散的运力,就是要以配送企业的库存取代分散于各家各户的库存,就是要由配送组织统一安排运输活动,实现"运输专营"。从供求关系上看,就是要以社会供应系统取代企业内部供应系统。这样做的结果是各种流通要素相对集中,有利于开展规模经营活动。

此外,流通的物质要素相对集中,也便于合理安排各环节上的物流活动,使总体运动协调一致,最终减少物流领域内的劳动消耗和费用支出。因此配送不仅能优化库存结构和运输结构,提高设备、设施的利用率,同时也能够大大降低物流成本和生产成本。据有关资料介绍,我国施行配送制的生产企业,其物资库存量比过去降低了 25% ~ 70%。

5. 推行配送能够完善运输系统,解决交通问题

配送活动常常是由流通企业组织的,而专业流通组织又是由业务、职能、规模各不相同的各种企业构成的。其中,有的企业、公司是专门从事商流活动的,有的则是专事仓储、运输、流通加工等职能的。显然,推行配送,很容易使上述不同的流通组

织联系在一起，从而构成多功能的、一体化的物流运作组织。从经济效益的角度来看，这种以配送作为媒介而形成的一体化运作较之各个专业企业独立运作更能发挥流通组织的整体优势和综合优势。

在现实生活中，通过推行配送制，客观上能够使社会上某些分散的经营活动协调运作起来，也正因为配送有调整运输结构和集中运力的功能，因此，推行配送制又有助于解决交通问题。通过施行配送，可以减少社会范围内的迂回运输、交叉运输、重复运输等现象，有助于缓解城市道路交通矛盾，解决交通拥挤问题，还能减少运输费用。

材料2　配送的分类

在不同的市场环境下，为了满足不同产品、不同客户、不同的流通环境的要求，在配送组织活动中，可以采取不同的配送形式来满足用户的需要。根据配送形态上的差异情况，配送种类分为如下几个方面：

一、按配送组织划分

1. 商店配送

商店配送是由商业或物资的门市网点组织商品配送的配送形式。这些网点主要承担商品的零售，一般来说其规模不大，但经营的品种却比较齐全。这样，商店配送可满足客户的零星需要。

在流通实践中，商店配送有两种运作形式：兼营配送形式和专营配送形式。

（1）兼营配送形式。兼营配送是商店在进行一般的零星销售的同时兼营配送的职能。商店除日常零售业务外，还可根据用户的要求单独配置商品，或代用户外订外购一部分本商店平时不经营的商品与商店经营的品种一起配齐后送给用户。

尽管这种配送组织者实力有限，往往只是少量、零星商品的配送，所配送的商品种类繁多，用户需要量小，有些商品只是偶尔需要，很难与配送中心建立计划配送关系，但商业及物资零售网点数量较多、配送半径较短，所以配送形式比较灵活机动，可承担生产企业非主要生产物资的配送及消费者个人的配送。这种配送是配送中心配送的辅助及补充的形式，其通过日常销售与配送相结合可使商店取得更多的销售额。

（2）专营配送形式。即商店不进行零售销售而专门进行配送。一般情况是商店位置条件不好，不适于门市销售，而商店又有某方面经营优势及渠道优势，所以可采取这种形式进行配送活动。

2. 配送中心配送

配送中心是配送活动的组织者。一般来讲，配送中心的经营规模都比较大，其设施和工艺结构是根据配送活动的特点和要求专门设计和设置的，并且专业化、现代化程度比较高。由于配送中心是专门从事货物配送活动的流通型企业，因此，它的设施设备比较齐全，与此相关，其货物配送能力也比较强。

具体表现是：不仅可以进行远距离配送，而且可以进行多品种货物的配送；不仅可以向工业企业配送主要原材料，而且可以向批发商进行补充性货物配送等。采取配送中心配送形式，有时配送组织需要在自设的储货场（主体仓库）内储存各种商品，并且储存量比较大；有时配送中心本身仅储存一部分商品，其他货源主要依靠附近的仓库来补给。

在发达国家，配送中心配送已成为货物配送的主要形式，也是配送未来发展的方向。由于兴建配送中心需要配置很多先进的设施和设备，例如修建大型集货场、加工场，需要配备各种拣选、运输和通信设备等，因此，投资金额比较大。在实施配送的初期，很难广泛推行这种配送形式。

3. 仓库配送

仓库配送是以传统的仓库为据点而实施的配送形式。仓库配送与配送中心相比，其活动能力、经营规模和服务范围均小于后者。但是仓库配送有利于挖掘传统仓库的潜力，可以在保持仓库基本功能的前提下再增加一部分配送功能，也可以利用原仓库的设备和设施开展配送业务。

仓库配送所花费的投资不大，是开展中等规模配送可选择的形式。此外，由于基础较好的仓库具备发展成为配送中心的各种良好条件，因此，经过不断完善和提高，一部分仓库配送有可能转化为配送中心配送。

4. 生产企业配送

生产企业配送的组织者是生产企业，尤其是进行多品种生产的生产企业可以直接由本企业进行配送。生产企业配送由于具有直接的特点，避免了中转，所以在节省成本方面有一定优势。但是现代生产企业往往是进行大批量低成本生产，品种较单一，因而不能像配送中心那样依靠产品凑整运输取得优势，所以具有一定的局限性。实际上，生产企业配送不是配送的主体，只有在那些有独特的生产技术和独特的产品种类的企业才使用。

二、按配送时间及数量划分

1. 定时配送

定时配送指配送企业根据与用户签订的协议，按照商定的时间准时配送货物的一种配送形式。在物流实践中，定时配送的时间间隔长短不等，可以是数天或数小时等；每次配送之前以商家的联系方式（如电话或信息管理系统等）来确定配送的品种及数量。

由于这种配送方式时间固定，便于安排配送计划和车辆调度；对于用户来讲，便于安排接货的力量（例如人员、设备等）。但是由于配送的商品种类、数量不确定，配货、配装、运输的难度较大，具体运作时，也会给运力的管理安排造成困难。定时配送主要有两种形式，具体如下：

（1）日配形式。日配是定时配送中被较为广泛采纳的一种形式，尤其是在城市内的配送活动中，日配占了绝大比例。一般地，日配的时间要求大体是，上午的配送订货下午送达，下午的配送订货第二天送达，即实现在订货发出后24小时之内将货物送到用户手中。

广泛而稳定地开展日配方式，可使用户基本上不用保持库存，做到以日配方式代替传统的库存来实现生产的准时和销售经营的连续性（无缺货）。一般采用日配形式的几种情况是：

1）消费者追求新鲜的诸种食品，例如水果、点心、肉类、蛋类、蔬菜等。

2）用户是多个小型商店，追求周转快，随进随售，因而需要采取日配形式快速周转。

3）连锁商店也经常采用日配形式。

4）用户条件限制，不可能保持较长时期的库存，如已采用零库存方式的生产企业，商店位置处在黄金地段或缺乏储存设施（例如冷冻设施）的用户。

5）临时出现的需求。

（2）"准时—看板"方式。"准时—看板"配送是实现配送供货与生产工序保持同步的一种配送方式。与日配方式相比，这种方式更为精细和准确，配送组织过程也更加严密。其配送要与企业生产节奏同步，每天至少一次，甚至几次，以保证企业生产的不间断。

这种配送方式的目的是实现供货时间恰好是用户生产之时，从而保证货物不需要在用户的仓库中停留，可直接运送至生产现场。它与日配形式比较，连"暂时存储"这种过程也可取消，实现所谓"零库存"。"准时—看板"方式要求依靠高水平的配送系统来实现。

由于其要求迅速反应，因而实现对多个用户进行周密的共同配送计划是不可能的。这种形式较适合于装配型、重复生产的用户，其所需配送的货物是重复的、大量的，且变化大，因而往往是一对一的配送。

2. 定量配送

定量配送是指根据协议按照规定的批量在一个指定的时间范围内（对配送时间不严格限定）进行配送。这种配送方式配送货物的数量固定，备货工作较为简单，可以根据托盘、集装箱及车辆的装载能力规定配送商品的数量，能够有效利用托盘、集装箱等集装方式，也可做到整车配送，配送效率高。

由于这种配送方式时间不严格限定，因此，可以将不同用户所需要的物品组合成整车后配送，运力利用较好。对于用户来讲每次接货都处理同等数量的货物，有利于人力、物力的准备工作，用户的生产和销售计划也易于与配送活动保持同步进行。

这种配送方式的不足之处在于：由于每次配送的数量保持不变，因此不够机动灵活，有时会增加用户的库存，造成库存过高或销售积压。

3. 定时定量配送

定时定量配送是按照规定的配送时间和配送数量进行的一种配送服务形式。它兼有定时配送和定量配送两种方式的优点。但是它对配送组织要求较高，计划难度大，不太容易做到既与用户的生产节奏保持合拍，同时又保持较高的配送效率，实际操作较为困难，不是一种普遍的方式。

这种配送方式应用于大量而且生产相对稳定的汽车制造、家用电器、机电产品等物料供应领域，其表现效果比较好。

4. 定时定线路配送

定时定线路配送是指在规定的运行线路上，制定配送车辆到达的时间表，按运行时间表进行配送，用户可以按照配送企业规定的线路及规定的时间到指定的位置接货，是一种高水平的配送服务方式。

对配送企业而言，采用这种方式有利于企业安排车辆运行及人员配备。这种配送方式比较适合于用户相对比较集中、用户需求较为一致的环境，但是配送的品种和数量不能太多，批量的变化也不能太大。这种配送方式的不足之处是会因定时配送而造成车辆装载量不足等浪费情况发生，同时由于其配送时间和线路不便，因而对用户的适应性较差，灵活性和机动性不强。

5. 即时配送

即时配送是完全按用户突然提出的配送要求的时间和数量，随时进行配送的组织形式。这是一种有很高的灵活性的应急方式，用户可以用即时配送来代替保险储备，从而实现企业真正意义上的零库存。

但对配送的组织来说，很难做到充分利用运力，因此其配送成本较高。同时，由于这种配送形式完全按照用户的要求来进行，因而配送的计划性较差，难以作为经常性的服务，只能是已确定长期固定关系的配送服务的补充和完善。

三、按配送的组织形式划分

1. 销售配送

销售配送是指销售性企业作为销售战略的一个环节所进行的促销型配送。这种配送的配送对象往往是不固定的，客户也往往是不固定的，配送对象和客户依据对市场的占有情况而定，配送的经营状况也取决于市场状况，配送随机性较强而计划性较差。

各种类型的商店配送一般多属于销售配送，因为用配送方式进行销售可以扩大销售数量、扩大市场占有率、获得更多销售收益。销售配送由于是在送货服务前提下进行的活动，所以普遍受到客户的欢迎。

2. 供应配送

供应配送是指客户为了自己的供应需要所采取的配送形式。这种配送形式往往由客户或客户集团组建配送据点，集中组织大批量进货（取得批量优惠），然后向本企业配送或向本企业集团若干企业配送。

这种以配送形式组织对本企业的供应在大型企业、企业集团或联合公司中采用较多，例如商业领域中的连锁商店就常常采用这种方式。用配送方式进行供应，是保证供应水平、提高供应能力、降低供应成本的重要方式。

3. 销售—供应一体化配送

销售—供应一体化配送是指销售企业对于基本固定的客户和基本确定的配送产品可以在自己销售的同时承担客户有计划的供应者的职能，销售企业既是销售者同时又是客户的供应代理人，起到客户供应代理人的作用。对某些客户来讲，这就可以减除自己的供应机构，而委托销售者代理。

这种配送对销售者来讲，能获得稳定的用户和销售渠道，有利于本身的稳定持续发展，有利于扩大销售量；对于客户来讲，能获得稳定的供应，可大大节约自身为组织供应所耗用的人力、物力、财力，并能有效控制进货渠道，这是任何企业供应机构都难以做到的，因而可大大提高供应效率。

销售—供应一体化配送是配送经营中的重要形式，这种形式有利于形成稳定的供需关系，有利于采取先进的技术和手段，有利于保持流通渠道的畅通稳定，因而受到人们的瞩目。

4. 代存代供配送

代存代供配送是用户将属于自己的货物委托配送企业代存、代供，有时还委托代订，以组织对本身的配送。这种配送形式在实施时不发生商品所有权的转移，配送企业只是客户的委托代理人。商品所有权在配送前后都属于客户所有，所发生的仅是商品物理位置的转移。配送企业仅从代存、代送中获取收益，而不能获得商品销售的经营性收益。

四、按配送商品种类和数量的多少划分

1. 单品种、大批量配送

对生产企业需求量较大的商品，单独一个品种或几个品种就可达到较大输送量的、可实现整车运输的、可直接由生产企业或专业性很强的配送中心实行配送的，这样的配送形式就是单品种、大批量配送。这种配送形式由于配送量大，可使车辆满载并使用大吨位车辆，能提高运输效率；同时，配送中心内部设置、组织、计划等工作也比较简单，所以配送成本较低。

2. 多品种、少批量配送

在现代社会，生产消费和市场需求纷繁复杂，不同的消费者其需求状况差别很大。有些生产企业，其产品生产所消耗的物资品种很多，但单位时间内每种物资的需求量却不是很大，呈现出多品种、少批量、多批次的状态。因此，相应的配送体系要按照用户的要求将所需要的各种物资选好、配齐、少量而多次地运达客户指定的地点，这就是多品种、少批量配送。

这种配送频率较高、作业难度较大、技术要求高、使用的设备复杂，配货、送货计划难度相对较大，要求有高水平的组织工作来保证和配合。多品种、少批量配送也正符合了现代"消费多样化""需求多样化"的新观念，所以是许多发达国家推崇的配送形式。

3. 配套型配送

配套型配送是按照生产企业的生产需要，尤其是装备型企业的生产需要，把生产每一台设备所需要的全部零部件配齐，按照生产节奏定时送达生产企业，生产企业可以随时将此成套零部件送入生产线以装配产品的配送组织形式。

在这种配送方式中，配送企业承担了生产企业的部分工作职责，使生产企业可以更加关注生产。这种配送形式起到与多品种、少批量配送相同的作用，产生相同的效果。

 工作页

配送公司工作量工作页

姓名：

日期	客户处提货		公司卸货		公司装货		客户处卸货		审核员	备注
	吨	立方米	吨	立方米	吨	立方米	吨	立方米		
合计										

配送认知工作页

拓展活动	头脑风暴：配送企业的"市场"在哪里？
主持人：_____	今天讨论的问题是配送企业的"市场"在哪里？请大家畅所欲言，过程中我们不加以任何评价，记录员请做好记录。
记录员：_____	

任务 2　配送中心概述

工作内容
1. 了解配送中心的基本理论。
2. 描述配送中心的功能、分类及特点。
3. 用关键词描述配送中心不同的分类方式及配送中心的内部布局。
4. 采用小组讨论法对配送中心存在的问题进行推演并给出合理意见。

请读者学习材料 1、材料 2 后完成配送中心认知工作页。

学习材料

材料 1　认识配送中心（理论）

一、配送中心的概念

配送中心就是从事货物配备（集货、加工、分货、拣选、配货）和组织对用户的送货，以高水平实现销售和供应服务的现代流通设施。

配送中心是基于物流合理化和发展市场两个需要而发展的，是以组织配送式销售和供应，执行实物配送为主要功能的流通型物流节点。它很好地解决了用户多样化需求和厂商大批量专业化生产的矛盾，因此逐渐成为现代化物流的标志。

二、配送中心的目标

1. 扩大市场占有率

竞争的需要。企业除了提供品质优良的物品外，还必须提供适时适量的配送服务，作为企业增加营业额的秘密武器，进而扩大市场占有率。

2. 降低成本

降低物流成本是最根本的目的。一般的情况是，连锁企业与生产企业的营业部门整合成立大型的配送中心，提高作业效率，从而降低库存和输配送费用。主要体现在资源和人员的统筹利用、配送线路的缩短。

3. 提高服务质量

消费者对物品品牌的迷信度越来越低，物品之间的品质差异也越来越小，因此当要购买的品牌缺货时，会马上以其他品牌代之。所以，商店里都尽可能地销售畅销物品，库存数量最好是不太多又不会缺货。因此，就会要求多品种少批量的订货及多频度的配送，就要求快速反应处理订货及出货。通过设立配送中心，可以从以下几个方面提高服务品质：缩短交货时间；提高交货频度；降低缺货率、误配率；紧急配送、假日配送；流通加工；司机的服务态度。

三、配送中心的分类

配送中心是一种新兴的经营管理形态,具有满足多量少样的市场需求及降低流通成本的作用,但是由于建造企业的背景不同,其配送中心的功能、构成和运营方式就有很大区别,因此在配送中心规划时应充分注意配送中心的类别及其特点。配送中心的具体分类方式有下述几种。

1. 按配送中心的设立者分类

(1) 制造商型配送中心 M.D.C(Distribution Center built by Maker)。制造商型配送中心是以制造商为主体的配送中心。这种配送中心里的物品 100% 是由自己生产制造,用以降低流通费用、提高售后服务质量和及时地将预先配齐的成组元器件运送到规定的加工和装配工位。从物品制造到生产出来后条码和包装的配合等多方面都较易控制,所以按照现代化、自动化的配送中心设计比较容易,但不具备社会化的要求。

(2) 批发商型配送中心 W.D.C(Distribution Center built by Wholesaler)。批发商型配送中心是由批发商或代理商所成立的配送中心,是以批发商为主体的配送中心。批发是物品从制造者到消费者手中之间的传统流通环节之一,一般是按部门或物品类别的不同,把每个制造厂的物品集中起来,然后以单一品种或搭配向消费地的零售商进行配送。这种配送中心的物品来自各个制造商,它所进行的一项重要的活动是对物品进行汇总和再销售,而它的全部进货和出货都是社会配送的,社会化程度高。

(3) 零售商型配送中心 Re.D.C(Distribution Center built by Retailer)。零售商型配送中心是由零售商向上整合所成立的配送中心,是以零售业为主体的配送中心。零售商发展到一定规模后,就可以考虑建立自己的配送中心,为专业物品零售店、超级市场、百货商店、建材商场、粮油食品商店、宾馆饭店等服务,其社会化程度介于前两者之间。

(4) 专业物流配送中心 T.D.C(Distribution Center built by TPL)。专业物流配送中心是以第三方物流企业(包括传统的仓储企业和运输企业)为主体的配送中心。这种配送中心有很强的运输配送能力,地理位置优越,可迅速将到达的货物配送给用户。它为制造商或供应商提供物流服务,而配送中心的货物仍属于制造商或供应商所有,配送中心只是提供仓储管理和运输配送服务。这种配送中心的现代化程度往往较高。

2. 按配送范围分类

(1) 城市配送中心。城市配送中心是以城市范围为配送范围的配送中心。由于城市范围一般处于汽车运输的经济里程,这种配送中心可直接配送到最终用户,且采用汽车进行配送,所以这种配送中心往往和零售经营相结合,由于运距短、反应能力强,因而从事多品种、少批量、多用户的配送较有优势。

(2) 区域配送中心 R.D.C(Regional Distribution Center)。区域配送中心是以较强的辐射能力和库存准备,向省(州)际、全国乃至国际范围的用户配送的配送中心。这种配送中心配送规模较大,一般而言,用户较多,配送批量较大,而且往往是配送给下一级的城市配送中心,也配送给营业所、商店、批发商和企业用户,虽然也从事零星的配送,但不是主体形式。

3. 按配送中心的功能分类

(1) 储存型配送中心。有很强的储存功能,例如美国赫马克配送中心的储存区可储存 16.3 万托盘。我国目前建设的配送中心，多为储存型配送中心，库存量较大。

（2）流通型配送中心。包括通过型或转运型配送中心，基本上没有长期储存的功能，是仅以暂存或随进随出的方式进行配货和送货的配送中心。典型方式为，大量货物整批进入，按一定批量零出。一般采用大型分货机，其进货直接进入分货机传送带，分送到各用户货位或直接分送到配送汽车上。

（3）加工型配送中心。以流通加工为主要业务的配送中心。

4. 按配送货物的属性分类

根据配送货物的属性，可以分为食品配送中心、日用品配送中心、医药品配送中心、化妆品配送中心、家电品配送中心、电子（3C）产品配送中心、书籍产品配送中心、服饰产品配送中心、汽车零件配送中心、生鲜品配送中心等。

由于所配送的产品不同，配送中心的规划方向就完全不同。例如，生鲜品配送中心主要处理的物品为蔬菜、水果和鱼肉等生鲜产品，属于低温型的配送中心；是由冷冻库、冷藏库、鱼虾包装处理场、肉品包装处理场、蔬菜包装处理场及进出货暂存区等组成的，冷冻库为 -25℃，冷藏库为 0～5℃；又称为湿货配送中心。

书籍产品配送中心，由于书籍有新出版、再版及补书等的特性，尤其是新出版的书籍或杂志，其中的 80% 不上架，直接理货配送到各书店去，剩下的 20% 左右库存在配送中心等待客户的再订货；另外，书籍或杂志的退货率非常高，约有 3～4 成。

因此，在书籍产品配送中心规划时，就不能与食品和日用品配送中心一样；服饰产品配送中心，也有淡旺季及流行性等特性，而且较高级的服饰必须使用衣架悬挂，其配送中心的规划也有其特殊性。

对于不同种类与行业形态的配送中心，其作业内容、设备类型、营运范围可能完全不同，但是就系统规划分析的方法与步骤有其共通之处。配送中心的发展已逐渐由以仓库为主体的配送中心向信息化、自动化的整合型配送中心发展。配送中心的类别如表 5-1 所示。

表 5-1 配送中心的类别

分类方法	配送中心类别	备注
按配送中心的设立者分类	制造商型配送中心	M.D.C
	批发商型配送中心	W.D.C
	零售商型配送中心	R.D.C
	专业物流配送中心	T.D.C
按配送范围分类	城市配送中心	
	区域配送中心	M.D.C
按配送中心的功能分类	储存型配送中心	
	流通型配送中心	F.D.C
	加工型配送中心	
按配送货物的属性分类	食品配送中心	
	日用品配送中心	

续表

分类方法	配送中心类别	备注
按配送货物的属性分类	医药品配送中心	
	化妆品配送中心	
	家电品配送中心	
	电子（3C）产品配送中心	
	书籍产品配送中心	
	服饰产品配送中心	
	汽车零件配送中心	
	生鲜品配送中心	

材料2　配送中心管理

一、配送中心的构成

配送中心的构成如表 5-2 所示。

表 5-2　配送中心的构成

功能区域	管理区	中心内部行政事务管理、信息处理、业务洽谈、订单处理以及指令发布的场所，一般位于配送中心的出入口
	进货区	收货、验货、卸货、搬运及货物暂停的场所
	理货区	对进货进行简单处理的场所。在这里，货物被区分为直接分拣配送、待加工、入库储存和不合格需清退的货物，分别送往不同的功能区。在实行条形码管理的中心里，还要为货物贴条形码
	储存区	对暂时不必配送或作为安全储备的货物进行保管和养护的场所。通常配有多层货架和用于集装单元化的托盘
	加工区	进行必要的生产性和流通性加工（如分割、剪裁、改包装等）的场所
	分拣配货区	进行发货前的分拣、拣选和按订单配货
	发货区	对物品进行检验、发货、待运的场所
	退货处理区	存放进货时残损、不合格或需要重新确认等待处理货物的场所
	废弃物处理区	对废弃包装物（塑料袋、纸袋、纸箱等）、破碎货物、变质货物、加工残屑等废料进行清理或回收复用的场所
	设备存放及维护区	存放叉车、托盘等设备及其维护（充电、充气、紧固等）工具的场所
物流设备	仓储设备	储存货架、重力式货架、回转式货架、托盘、立体仓库等
	搬运设备	叉车、搬运车、连续输送机、垂直升降机等
	拣货设备	拣货车辆、拣货输送带、自动分拣机等

续表

管理和信息系统	事务性管理	它是配送中心正常运转所必备的基本条件，如配送中心的各项规章制度、操作标准、作业流程等
	信息管理系统	包括订货系统、出入库管理系统、分拣系统、订单处理系统、信息反馈系统等
辅助设施		包括库外道路、停车场、站台和铁路专用线等

二、配送中心的功能

配送中心与传统的仓库、运输是不一样的，一般的仓库只重视商品的储存保管，一般传统的运输只是提供商品运输配送而已，而配送中心是重视商品流通的全方位功能，同时具有商品储存保管、流通行销、分拣配送、流通加工及信息提供的功能，如图 5-2 所示。

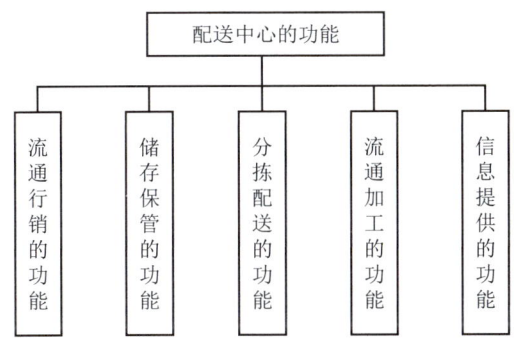

图 5-2 配送中心功能示意图

1. 流通行销的功能

流通行销是配送中心的一个重要功能，尤其是现代化的工业时代，各项信息媒体的发达，再加上商品品质的稳定及信用，因此有许多的直销业者利用配送中心，通过有线电视或互联网等配合进行商品行销。此种商品行销方式可以大大降低购买成本，因此广受消费者喜爱。例如，在国外有许多物流公司的名称就是以行销公司命名。而批发商型配送中心、制造商型配送中心与进口商型配送中心也都是拥有行销（商流）的功能。

2. 储存保管的功能

商品的交易买卖达成之后，除了采取直配直送的批发商之外，均将商品经实际入库、保管、流通加工包装而后出库，因此配送中心具有储存保管的功能。在配送中心一般都有库存保管的储放区，因为任何的商品为了防止缺货，或多或少都有一定的安全库存，视商品的特性及生产前置时间的不同，安全库存的数量也不同。

一般国内制造的商品库存较少，而国外制造的商品因船期的原因库存较多，约为 2~3 个月；另外生鲜产品的保存期限较短，因此保管的库存量较少；冷冻食品因其保存期限较长，因此保管的库存量比较多。

3. 分拣配送的功能

在配送中心里另一个重点就是分拣配送的功能,因为配送中心就是为了满足多品种小批量的客户需求而发展起来的,因此配送中心必须根据客户的要求进行分拣配货作业,并以最快的速度送达客户手中或者是指定时间内配送到客户。配送中心的分拣配送效率是物流质量的集中体现,是配送中心最重要的功能。

4. 流通加工的功能

配送中心的流通加工作业包括分类、磅秤、大包装拆箱改包装、产品组合包装、商标、标签粘贴作业等。这些作业是提升配送中心服务品质的重要手段。

5. 信息提供的功能

配送中心除了具有行销、配送、流通加工、储存保管等功能外,更能为配送中心本身及上下游企业提供各式各样的信息情报,以供配送中心营运管理政策制定、商品路线开发、商品销售推广政策制定等参考。例如哪一个客户订多少商品、哪一种商品比较畅销,从计算机的 EIQ 分析资料中非常清楚,甚至可以将这些宝贵资料提供给上游的制造商及下游的零售商当作经营管理的参考。

三、配送中心的组织结构

1. 配送中心的组织结构类型

配送中心组织结构,是指中心的整个组织机构按部门划分和按层次划分,组成纵横交错关系的组织形式,它决定于配送中心的业务规模、经营内容、人员素质、经营管理水平和内外部环境等因素,并随着配送中心的发展、管理水平和技术手段的不断提高而不断改进。从一般的发展过程来看,配送中心作为一个流通型组织,其组织结构类型主要有以下几种:

(1)职能型组织结构。

职能型组织结构是指企业按职能划分部门。按职能部门划分来组织经营活动,可体现企业活动的特点。配送中心是利用其高效、快速的配送能力实现商品顺畅流通的,其基本的企业职能主要有营销、储运和财务,同时还包括一些保证经营活动顺利进行的辅助性职能,如人事、公共关系和法律事务等。

(2)产品型组织结构。

随着企业产品经营的多样化,把用户特点不同和制造工艺不同的产品集中在同一职能部门会给企业的运作带来许多困难,而管理跨度又限制他们增加下级人员的可能。在这种情况下,就需要按产品分工进行组织机构的设置,建立产品型组织结构形式。该形式要求高层管理者授予一位部门管理人员在某种产品经营上的广泛权力,并要求其承担一部分利润指标,而高层管理者仍控制财务、人事等方面的职能,规划整个企业的发展方向。

(3)区域型组织结构。

在经营范围分布很广的企业中,应按区域划分部门,建立区域制组织结构形式,即将一个特定地区的经营活动集中在一起,委托给一个管理者去完成,形成区域制组织结构形式。

按区域划分部门可以调动各地区管理者的积极性,加强各地区各种活动的协调;还可减少运输费用和时间,降低配送成本。但也存在着需要较多管理人员、易造成机构重复设置、权力分散、高层管理者难以控制各地区的管理工作等问题。

2. 配送中心组织机构的部门划分

组织机构应该服从各种经营管理活动的需要,根据各自经营品种、经营规模、专业分工、复杂程度及技术装备的先进程度等具体因素加以权衡,从经营管理的实际水平加以确定。从纵向来看,配送中心一级部门一般可由业务部门、职能管理部门和行政事务部门组成。

(1) 业务部门。

配送中心的业务部门包括担负从货品进入物流配送中心到按用户要求送达目的地全部工作的各个物流业务机构,它们的主要任务是直接从事物流的经营、操作,对外建立经济联系,并负责处理经营业务纠纷等,是中心组织机构的主体。其规模和分工程度直接影响着其他部门的机构设置。

业务部门的组织机构划分和设置主要有以下 4 种方法:

1) 根据处理对象的货品类别分设二级业务部门,即通过设置下级机构分别负责一类或几类货品的全部物流业务。

2) 根据经营业务的不同环节分设二级业务部门,即按入库、保管、出库、运输等不同环节设置机构,分别负责不同的业务内容。

3) 把前两种方法结合起来,就是在货品种类分工的基础上,再把该类货品处理的各个业务环节交由一个二级机构来负责。

4) 根据地理区域范围的划分分设二级业务机构。

(2) 职能管理部门。

指与业务部门活动有着直接关系、专为业务部门开展工作而提供服务的管理部门。该部门直接承担计划、指导、监督和调节职能,包括计划统计、财务统计、劳动工资、价格等管理,以及在专业技术上予以帮助;按领导的委托向业务部门布置工作,负责收集、整理经营业务信息,是各级领导的参谋机构,不直接从事物流配送中心的经营活动。

(3) 行政事务部门。

指间接地服务于经营业务和职能管理部门活动的行政事务机构,包括秘书、总务、教育保卫等机构。它们的主要任务和职责权限是为经营和管理工作提供事务性服务、人事管理、安全保卫和法律咨询等。

上述是配送中心组织机构设置的一般模式,并不是永久不变的,应当随着企业自身条件和内外部经济条件的变动加以必要的充实和调整,保证企业目标的顺利实现。

3. 配送中心主要部门的岗位设置

(1) 采购或进货管理部门。

负责安排订货、采购、进货等作业环节及相应的事务处理,同时负责对货物的验收工作。主要有接单员、进货员、装卸工等业务岗位。

(2)储存管理部门。

负责货物的保管、提取、养护等作业运作与管理。主要有仓库管理员、装卸工、盘点员等主要业务岗位。

(3)装卸搬运管理部门。

承担车辆装卸、货物搬运、堆码作业等。主要为装卸搬运人员。

(4)机械技术管理部门。

分为装卸、搬运机械设备操作和设备维修、养护两部分。主要工作人员为设备维修养护人员。

(5)加工管理部门。

负责按照要求对货物进行包装、加工。主要有包装设计员、包装检验员、包装员、各配送加工人员等业务岗位。

(6)配货部门。

负责对出库货物的拣选和组配作业进行管理。主要有拣货员、补货员、配货员等岗位。

(7)运输部门。

负责按客户要求制定合理的运输方案,将货物送交客户,同时对完成配送的情况进行确认。主要有车辆调度、装车工、送货员等岗位。

(8)营业管理或客户服务部门。

负责接收和传递客户的订货信息、送达货物的信息,处理客户投诉,受理客户退换货请求。主要有订单处理员、售后服务人员等岗位。

(9)财务管理部门。

负责核对配送完成表单、出货表单、进货表单、库存管理表单,协调控制监督整个配送中心的货物流动,同时负责管理各种收费发票和配送收费统计、配送费用结算等工作。主要有财务会计、出纳等岗位。

(10)退货与坏货作业部门。

当营业管理或客户服务部门接收到退货信息后,退货与坏货作业部门将安排车辆回收退货商品,再集中到仓库的退货处理区,重新清点整理。主要有检验员、运输人员、装卸工等岗位。

(11)信息管理部门。

指挥和管理着整个配送中心,对外负责收集和汇总各种信息,并根据这些信息做出相应的决策;对内负责协调、组织各种活动,指挥调度各部门的人员,共同完成配送任务。如信息分析员、信息管理员等。

以上是一般配送中心的主要岗位设置。由于配送中心的规模、设施设备、作业内容、服务对象不同,岗位设置也不尽相同。

 工作页

配送中心操作权限说明工作页

岗位	说明	功能	备注
市场开发员			
客户服务员			
业务受理员			
进货检验员			
仓储管理员			
分拣管理员			
配送调度员			
客户结算员			
资源管理员			

配送中心认知工作页

拓展活动	头脑风暴：配送企业的"配送中心选址"在哪里？
主持人： _____	今天讨论的问题是配送企业的"配送中心选址"在哪里？请大家畅所欲言，过程中我们不加以任何评价，记录员请做好记录。
记录员： _____	

任务 3　配送作业一般流程

工作内容
1. 认识配送作业系统的构成。
2. 了解配送作业一般流程相关知识。
3. 用关键词描述配送作业流程的内涵。

请读者学习材料 1、材料 2 后完成配送流程认知工作页。

学习材料

材料 1　配送作业系统（理论）

一、配送作业系统的构成

配送作业系统是由运输网络中的运输路线和集散站的仓储设施结合而构成的。随着时间的变化，不同的货物在此系统中流动。在配送网络中流动的货物，不管是原材料还是提供消费的成品，只要是在两点中移动，均需要靠运输服务来完成。同时，由于范围逐渐扩大和有效经营观念的提升，加上运输方式已经逐渐改良，两地间连接运送方式增加运转作业，即货物流通网络也逐渐复杂，而输送和配送的两段运输更加明显。因此，配送系统便以输送和配送的基本框架来完成货物的流程程序，如图 5-3 所示。

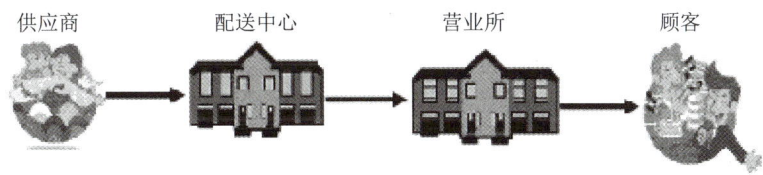

图 5-3　配送系统基本框架

由于顾客逐渐增加，顾客分布的范围逐渐扩大，需要运输服务的数量也不断增加，因此，配送系统必须根据环境的变化进行调整，除了必须增加营业所外，配送中心应运而生，以使作业更加经济、有效，从而构成更复杂且更有效的现代化配送系统，如图 5-4 所示。

供应商到配送中心运输一般距离比较远，称之为输送。配送中心到营业所和顾客运输距离一般比较近，称之为配送。输送是不与顾客直接接触的。至于集配，则是指营业所与顾客间的集货与配送作业。这种物流作业方式的改变，显示出运输作业较细的分工，也增加了运输效率。

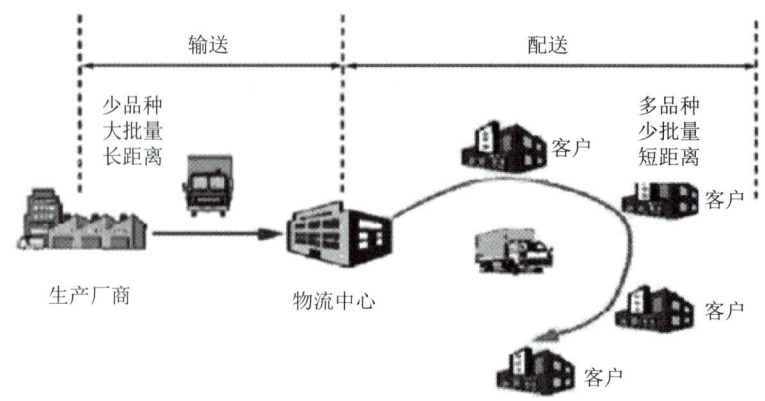

图 5-4 现代化配送系统

在现代化配送系统的构架下，货物的配送方式应按照成本最低化原则，根据其内外部环境的变化进行调整。目前配送系统中的各种运输工具大都与公路运输有关，因此下面将以公路运输的货物托运流程作业为例简单说明货物在配送系统中的流动。事实上，托运过程的主要作业为集货、分类装货、运送（包括转运）、卸货、分送货物、送达客户手中。

二、配送作业的基本环节

配送由备货、理货和送货 3 个基本环节组成。

备货是配送业务的基础环节，涉及准备和筹集货物等操作性活动。

理货是按照客户需要对货物进行分拣、配货、包装等一系列操作性活动。理货是配送业务中操作性最强的环节，是配送区别于一般送货的重要标志，而且从操作角度讲，理货技术也是配送业务的核心技术。

送货是配送业务的核心，也是备货和理货工序的延伸。在物流运动中送货实际上就是货物的运输（或运送），因此常常以运输代表送货。但是，组成配送活动的运输与通常所讲的"干线运输"是有很大区别的，前者是由物流体系中的运输派生出来的，多表现为"末端运输"和短距离运输，并且运输的次数比较多，而后者多为长距离运输（一次性运输）。

三、配送服务要点

配送是物流中心作业最终及最具体直接的服务体现，服务要点有下述几项。

1. 时效性

时效性是流通业客户最重视的因素，也就是要确保能在指定的时间内交货。由于配送是从客户订货至交货各阶段中的最后一个阶段，也是最容易无计划性延误时程的阶段（配送中心内部作业的延迟较易掌握，可随时与客户调整），一旦延误便无法弥补。

即使内部阶段稍稍延迟，若能规划一个良好的配送计划则仍可能补救延迟的时间，因此配送作业可以说是掌控时效的关键点。

一般未能掌握输配送时效性的原因，除司机本身问题外，不外乎所选择的配送路径路况不良、中途客户点货物搬运困难、客户未能及时配合等问题，因此要合理选择运输车辆和配送路径或加派助理辅助卸货，这样才能让每位客户都能在其所期望的时间收到期望的货物。

2. 可靠性

可靠性是指将货品完好无缺地送达目的地，这一点与配送人员的素质有很大关系。以配送而言，要达成可靠性目标的关键原则在于：装卸货时的细心程度、运送过程对货品的保护、对客户地点及作业环境的了解、配送人员的职业道德。如果配送人员能随时注意这几项原则，货品必能以最好的品质送到客户手中。

3. 沟通性

配送人员是将货品交到客户手中的负责人，也是客户最直接接触的人员，因而其表现出的态度、反应会给予客户深刻的印象，无形中便成为公司形象的体现，因而配送人员应能与顾客做相对的沟通，且具备良好的服务态度，这样必能维护公司的形象，并巩固客户的忠诚度。

4. 便利性

配送最主要的是要让顾客觉得方便，因而对于客户点的送货计划应采取较弹性的系统，才能够随时提供便利的服务。例如紧急送货、信息传送、顺道退货、辅助资源回收等。

5. 经济性

实现一定的经济利益是企业运作的基本目标，因此，对合作双方来说，以较低的费用完成配送作业是企业建立双赢机制加强合作的基础。所以客户的要求不仅是高质量、及时方便的配送服务，还必须提高配送运输的效率，加强成本控制与管理，为客户提供优质、经济的配送服务。

材料2　配送作业流程的内涵

配送的一般作业流程只能说是配送活动的典型作业流程模式。在市场经济条件下，用户所需要的货物大部分都由销售企业或供需企业某一方委托专业配送企业进行配送服务，但货物商品特性多样，配送服务形态也各种各样。

一般认为，随着商品日益丰富，消费需求个性化、多样化，多品种、少批量、多批次、多用户的配送服务方式最能有效地通过配送服务实现流通终端的资源配置，是当今最具时代特色的典型配送活动形式，并且这种类型的配送活动服务对象繁多，配送作业流程复杂，故将这种配送活动作业流程确定为通用、标准流程。最具代表性的配送一般作业流程如图 5-5 所示。

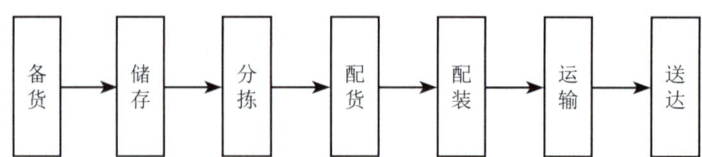

图 5-5　配送作业的一般流程

配送活动一般由备货、储存、订单处理、流通加工、分拣配货、配载、运送、送达服务、车辆回程几个基本功能要素组成。

1. 备货

备货是配送的准备工作或基础工作，备货工作包括筹集货源、订货或购货、集货、进货及有关的质量检查、结算、交接等。配送的优势之一就是可以集中用户的需求进行一定规模的备货。备货是决定配送成败的初期工作，如果备货成本太高，会大大降低配送的效益。

2. 储存

配送中的储存有储备和暂存两种形态。

储备是按一定时期的配送经营要求形成的对配送的资源保证。这种类型的储备数量较大，储备结构也较完善，视货源及到货情况可以有计划地确定周转储备及保险储备的结构和数量。配送的储备保证有时在配送中心附近单独设库解决。

另一种储存形态是暂存，是具体执行日配送时，按分拣配货要求在理货场地所做的少量储存准备。由于总体储存效益取决于储存总量，所以这部分暂存数量只会对工作方便与否产生影响，而不会影响储存的总效益，因而在数量上控制并不严格。

还有另一种形式的暂存，即分拣、配货之后形成的发送货载的暂存，这个暂存主要是调节配货与送货的节奏，暂存时间不长。

3. 分拣及配货

分拣及配货是配送不同于其他物流形式的有特点的功能要素，是配送成败的一项重要支持性工作，是不同配送企业在送货时进行竞争和提高自身经济效益的必然延伸，所以也可以说是送货向高级形式发展的必然要求。有了分拣及配货就会大大提高送货服务水平，所以分拣及配货是决定整个配送系统水平的关键要素。

4. 配装

在单个用户配送数量不能达到车辆的有效载运负荷时，就存在如何集中不同用户的配送货物进行搭配装载以充分利用运能、运力的问题，这时就需要配装。

和一般送货不同之处在于，通过配装送货可以大大提高送货水平和降低送货成本，所以配装也是配送系统中有现代特点的功能要素,是现代配送不同于以往送货的重要区别之处。

5. 配送运输

配送运输属于运输中的末端运输、支线运输,和一般运输形态的主要区别在于:配送运输是较短距离、较小规模、额度较高的运输形式,一般使用汽车作运输工具。

与干线运输的另一个区别是,配送运输的路线选择问题是一般干线运输所没有的,干线运输的干线是唯一的运输线,而配送运输由于配送用户多,一般城市交通路线又较复杂,如何组合成最佳路线、如何使配装和路线有效搭配等是配送运输的特点,也是难度较大的工作。

6. 送达服务

配好的货运输到用户还不算配送工作的完结,这是因为送达货和用户接货往往还会出现不协调,使配送前功尽弃。因此,要圆满地实现运到之货的移交,并有效地、方便地处理相关手续和完成结算,还应讲究卸货地点、卸货方式等。送达服务也是配送独具的特殊性。

7. 配送加工

在配送中,配送加工这一功能要素不具有普遍性,但是往往是有重要作用的功能要素。主要原因是通过配送加工可以大大提高用户的满意度。

配送加工是流通加工的一种,但配送加工有它不同于一般流通加工的特点,即配送加工一般只取决于用户要求,其加工的目的较为单一。

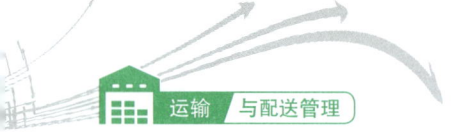

 工作页

配送作业　三联单工作页

发货方：奇新配送公司　　　发货日期：　　年　　月　　日　　　配送车牌号：

托运人单位			收货人单位	
托运人电话			收货地址	
客户订单号			收货人电话	

序号	货品编号	名称	规格	包装单位	数量	备注（批次、状况等）
1						
2						
3						
发货库确认已经恰当包装、贴签，适于运输	状况、数量是否吻合		司机确认收到以上货物	状况、数量是否吻合	收货方确认收到以上货物	状况、数量是否吻合
库管签字：			司机签字：		收货方签字：	

配送流程认知工作页

拓展活动	头脑风暴：配送企业的"流程控制"如何完成？
主持人：_____	今天讨论的问题是配送企业的"流程控制"如何完成？请大家畅所欲言，过程中我们不加以任何评价，记录员请做好记录。
记录员：_____	

项目 6　配送规划管理

知识目标
- 了解配送中心总体规划设计内容。
- 掌握配送中心选址的分析方法。
- 熟知配送计划的组成部分。
- 了解配送计划的制作流程。
- 熟悉配送计划流程的组织。

能力目标
- 能进行配送中心管理规划设计。
- 掌握配送运输线路优化模型的设计方法。
- 熟悉配送线路优化的方法。
- 掌握配送运输线路优化的解决办法。
- 能运用信息系统计算出最优的配送计划流程。
- 掌握自主学习的方法。

素质目标
- 良好的职业道德和素质,具备较强的服务意识和客户导向意识。
- 具备高度的工作热情,谦逊、负责、勤奋。
- 良好的心理状态和团队合作能力。
- 语言表达、沟通交流洽谈能力。

项目情境

奇新物流公司承接国美电器商城配送业务,要求奇新物流公司派车到金瑞外贸 DC 配送中心进行配送作业,完毕后要求配送工作人员将表中电器分别送至指定客户,全部配送完成后车辆返回金瑞外贸 DC 配送中心,具体业务数据如表 6-1 所示。

表 6-1　货物数据表

序号	货物名称	数量	长度（米）	宽度（米）	高度（米）	单个体积（立方米）	总体积（立方米）	送货目的地
1	海尔冰箱	70	0.5	0.55	0.8	0.22	15.4	信达金融中心
2	美的电磁炉	120	0.6	0.5	0.3	0.09	10.8	新华通讯社

续表

序号	货物名称	数量	长度（米）	宽度（米）	高度（米）	单个体积（立方米）	总体积（立方米）	送货目的地
3	霍尼韦尔空气净化器	45	0.5	0.4	0.2	0.04	1.8	龙华伟业写字楼
4	LG电水壶	30	0.4	0.3	0.3	0.036	1.08	北京房修建筑公司
	合计	265					29.08	

送货车辆信息：厢式货车，车牌号：京N24680。
载重：3吨，车厢尺寸：长6.2米，宽2.4米，高2.1米。

任务1 配送中心规划

工作内容

1．了解配送中心总体规划设计的内容。
2．分析配送中心存在的问题并给出合理意见及规划建议。
3．用关键词描述配送中心总体规划设计内容。
4．掌握配送中心选址的分析方法。

请读者学习材料1、材料2后完成配送中心规划认知工作页。

学习材料

材料1 配送中心系统规划（理论）

一、配送中心系统规划的内容

配送中心是以组织配送式销售和供应，执行实物配送为主要机能的流通型物流节点。配送中心的建设是基于物流合理化和发展市场两个需要而发展的，所以配送中心就是从事货物配备（集货、加工、分货、拣选、配货）和组织对用户的送货，以高水平实现销售和供应服务的现代流通设施。

配送中心是一个系统工程，其系统规划包括许多方面的内容（图6-1），应从物流系统规划、信息系统规划、运营系统规划3个方面进行。物流系统规划包括设施布置设计、物流设备规划设计和作业方法设计；信息系统规划也就是对配送中心信息管理与决策支持系统的规划；运营系统规划包括组织机构、人员配备、作业标准和规范等的设计。通过系统规划，实现配送中心的高效化、信息化、标准化和制度化。

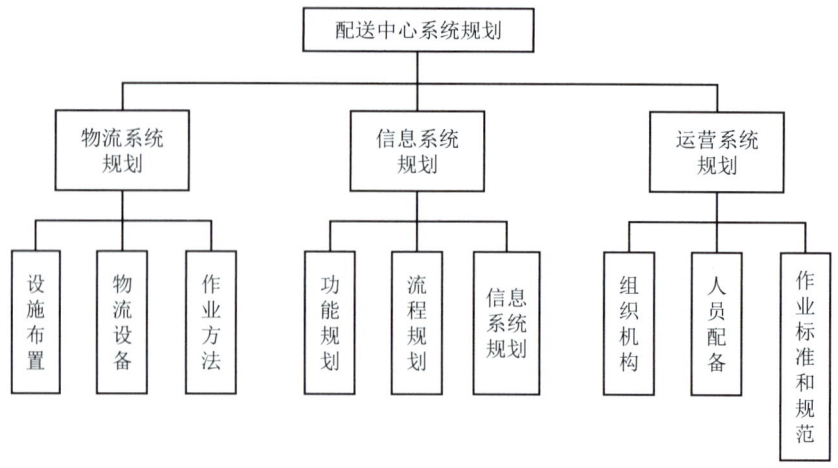

图 6-1 配送中心规划的基本内容

二、配送中心系统规划程序

配送中心系统规划程序如图 6-2 所示，可以分为以下 5 个主要阶段：

（1）筹划准备阶段。

（2）总体规划阶段。

（3）方案评估阶段。

（4）详细设计阶段。

（5）系统实施阶段。

下面分别说明各阶段的主要工作。

1. 筹划准备阶段

在配送中心建设的筹划准备阶段，首先需要对配送中心的必要性和可行性进行分析和论证，有了初步结论后就应该设立筹划小组（或委员会）进行具体规划，如图 6-3 所示。

为了避免片面性，筹划小组应该吸收多方面成员参加，包括本公司、物流咨询公司、物流工程技术公司、土建公司等的人员，以及一些经验丰富的物流专家或顾问等。

配送中心筹划准备阶段的主要任务包括以下 3 个方面：

（1）确定配送中心的定位及目标。

（2）选择配送中心的地址。

（3）明确配送中心的背景条件。

筹划小组应根据企业经营决策的基本方针进一步确认配送中心建设的必要性，确定配送中心的定位，例如配送中心在物流网络中是采取集中型配送中心还是分散型配送中心、和生产工厂以及仓库的关系、配送中心的规模以及配送中心的服务水平基本标准（如接受顾客订货后供货时间的最低期限、能满足多少顾客需要、储存商品量有多少等）。

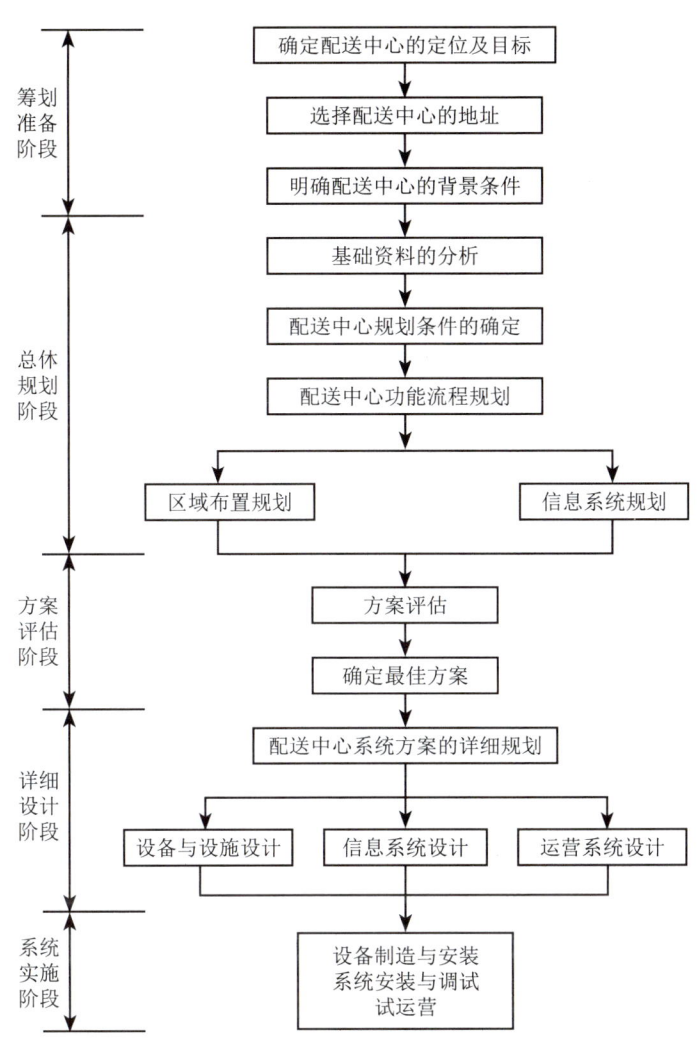

图 6-2　配送中心系统规划程序

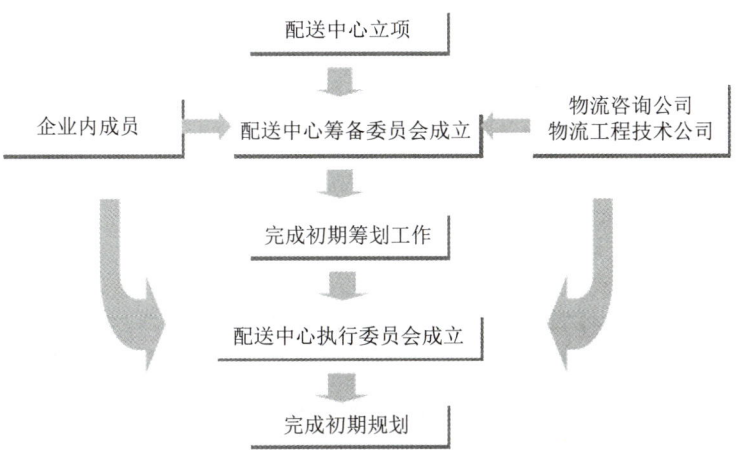

图 6-3　配送中心筹划准备阶段的工作程序

在此基础上确定配送中心地址，明确配送系统的背景条件，包括配送对象的地点和数量、配送中心的位置和规模、配送商品的类型、库存标准、配送中心的作业内容等，应进行实际调研或具体构想，把握物流系统的状况和物品（商品）的特性，如商品的规格、品种、形态、重量，各种商品进出库数量，每天进货、发货总数量，以及供货时间要求、订货次数、订货费用和服务水平等。在条件中还要考虑将来的发展，2年、5年，甚至10年以后可能发生的变化，对于配送中心所处的环境以及法规方面的限制也应有所考虑。

本阶段也是项目的详细论证阶段，将为以后的设计打下一个可靠的基础，这一阶段所进行的工作如果证明原先决策有误，可能导致项目终止，或有方向性的变更。因为本阶段要进行大量的调研，同时也需要对资料数据进行科学分析，因此必须给予足够重视，投入必要的人力和费用。

2. 总体规划阶段

在配送中心的总体规划阶段，需要对配送中心的基础资料进行详细的分析，确定配送中心的规划条件，在此基础上进行基本功能和流程的规划、区域布置规划和信息系统规划，根据规划方案制订项目进度计划、投资预算和进行经济效益分析等。配送中心总体规划阶段的主要任务包括：

（1）配送中心规划的基础资料分析。配送中心规划的基础资料分析包括订单变动趋势分析、EIQ分析、物品特性与储运单位分析等，通过分析可以确定配送中心的规划条件，为配送中心的规划提供设计依据。

（2）配送中心的规划条件。配送中心的规划条件包括配送中心的运转能力、物流单位、自动化水平等。

（3）配送中心的功能流程。根据配送中心的规划条件和基础资料的分析结果确定配送中心的功能和作业流程。如将进货、保管、流通加工、拣取、分货、配货等作业按顺序做成流程图，而且初步设定各作业环节的相关作业方法，如进货环节是用铁路专用线或卡车进货，还是用人力或机械进行卸货，机械卸货又要考虑用传送带还是叉车，再根据卸货点到仓库的距离确定搬运作业方法，在库内与保管设施相适应的作业方法等，如保管环节，是用巷道堆垛机或自动高架仓库还是普通货架以人力搬运车进行人工存取，或是采用高架叉车作业配合中高货架存放等。

（4）配送中心的平面布置。确定各业务要素所需要的占地面积及其相互关系，考虑到物流量、搬运手段、货物状态等因素，做成位置相关图。在平面设计中还要考虑到将来可能发生的变化，要留有余地。

（5）信息系统规划。包括配送中心信息系统的功能、流程和网络结构。

（6）运营设计。包括作业程序与标准、管理方法和各项规章制度、各种票据处理及各种作业指示图、设备的维修制度与系统异常事故的对策设计，以及其他有关配送中心的业务规划与设计等。

（7）制订进度计划。对项目的基本设计、详细设计、土建、机器的订货与安装、系统试运转、人员培训等都要制订初步的进度计划。

（8）建设成本的概算。以基本设计为基础，对设计研制费、建设费、试运转费、正式运转后所需作业人员的劳务费等作出费用概算。

3. 方案评估阶段

在基本设计阶段往往产生几个可行的系统方案，应该根据各方案的特点，采用各种系统评价方法或计算机仿真的方法，对各方案进行比较和方案评估，从中选择一个最优的方案进行详细设计。

4. 详细设计阶段

在详细设计阶段，在对总体方案进行完善设计的基础上，决定作业场所的详细配置，对配送中心所使用的各种设备、能力等进行详细设计，并对办公及信息系统、运营系统进行详细设计等。本阶段的主要任务包括：

（1）设备制造厂的选定。设备制造厂的选定一般通过投标竞争的方式进行。选定制造厂后，应和制造厂一起对基本设计的指导思想进行认定，取得共识，并考虑和采纳厂方的新方案和意见，制订下一步的计划。

（2）详细设计。在详细设计阶段要编制具体的实施条目和有关设备形式的详细计划，主要有以下各点：

1）装卸、搬运、保管所用的机械和辅助机械的型号规格。
2）运输车辆的类型、规格。
3）装卸搬运用容器的形状和尺寸。
4）配送中心内部详细的平面布置与机械设备的配置方案。
5）办公与信息系统有关设施的规格、数量等。

（3）信息系统的设计。

（4）运营系统的设计。大规模的配送中心是由许多参加单位共同进行系统规划与实施的。为了保证系统的统一性，要制定共同遵守的规则，如通信和信号的接口、控制方式等。

5. 系统实施阶段

为了保证系统的统一性和系统目标与功能的完整性，应对参与设计施工各方所设计的内容从性能、操作、安全性、可靠性、可维护性等方面进行评价和审查，在确定承包工厂前应深入现场，对该厂的生产环境、质量管理体制以及外协件管理体制等进行考察，如发现问题应提出改善要求。在设备制造期间也需要进行现场了解，对质量和交货日期等进行检查。

材料2　配送中心规划资料的分析

一、配送中心的规划要素

配送中心的规划要素就是影响配送中心系统规划的基础数据和背景资料，主要包括如下几个方面：

(1) E－Entry：配送的对象或客户。

(2) I－Item：配送货品的种类。

(3) Q－Quantity：配送货品的数量或库存量。

(4) R－Route：配送的通路。

(5) S－Service：物流服务水平。

(6) T－Time：物流的交货时间。

(7) C－Cost：配送货品的价值或建造的预算。

1. 配送的对象或客户（E）

配送中心的服务对象或客户不同，配送中心的订单形态和出货形态就会有很大不同。例如为生产线提供 JIT 配送服务的配送中心和为分销商提供服务的配送中心，其分拣作业的计划、订单传输方式、配送过程的组织将会有很大区别；而同是销售领域的配送中心，面向批发商的配送和面向零售商的配送，其出货量的多少和出货的形态也有很大不同。

零售商型配送中心的配送对象分析如表 6-2 所示。零售商型的配送中心，其配送的对象可能是批发店、超市、便利店，批发店的订货单位通常为托盘或箱，超市的订货单位通常为箱（占 60%），而便利店的订货单位多数为单品（70%），因此我们在规划前首先应该分析配送客户的情况，以便决定配送中心的出货形态和特征。

表 6-2　零售商型配送中心的配送对象分析

	批发店	超市	便利店
P->P	40%	10%	
P->C	60%	60%	30%
C->B		30%	70%

注：P 为托盘（pallet），C 为箱（case），B 为单品（board case）。

2. 配送的货品种类（I）

在配送中心所处理的货品品项数差异性非常大，多则上万种以上，如书籍、医药、汽车零件等配送中心；少则数百种甚至数十种，如制造商型配送中心；由于品项数的不同，其复杂性和困难性也有所不同，例如所处理的货品品项数为一万种的配送中心与处理货品品项数一千种的配送中心是完全不同的，其货品储放的储位安排也完全不同。

另外，在配送中心所处理的货品种类不同，其特性也完全不同。如目前比较常见的配送货品有食品、日用品、药品、家电品、3C 货物、服饰货物、录音带货物、化妆品、汽车零件、书籍货物等。它们分别有其货品的特性，配送中心的厂房硬件及物流设备的选择也完全不同。例如食品及日用品的进出货量较大，而 3C 货物的货品尺寸大小差异性非常大，家电品货物的尺寸较大。

3. 货品的配送数量或库存量（Q）

这里 Q 包含两个方面的含义：一是配送中心的出货数量；二是配送中心的库存量。货品的出货数量多少和随时间的变化趋势会直接影响到配送中心的作业能力和设备的配置。例如一些季节性波动、年节的高峰等问题都会引起出货量的变动。

配送中心的库存量和库存周期将影响到配送中心对面积和空间的需求。因此应对库存量和库存周期进行详细的分析。一般进口商型的配送中心因进口船期的原因，必须拥有较长的库存量（约 2 个月以上）；而流通型的配送中心，则完全不需要考虑库存量但必须注意分货的空间及效率。

4. 物流通路（R）

物流通路与配送中心的规划也有很大的关系。常见的几种通路模式如下：
（1）工厂→配送中心→经销商→零售商→消费者。
（2）工厂→经销商→配送中心→零售商→消费者。
（3）工厂→配送中心→零售店→消费者。
（4）工厂→配送中心→消费者。

因此规划配送中心之前首先必须了解物流通路的类型，然后根据配送中心在物流通路中的位置和上下游客户的特点进行规划，才不会造成失败的案例。

5. 物流的服务水平（S）

一般企业建设配送中心的一个重要的目的就是提高企业的物流服务水平，但物流服务水平的高低恰恰与物流成本成正比，也就是物流服务品质越高则其成本也越高，但是站在客户的立场而言则希望以最经济的成本得到最佳的服务，所以原则上物流的服务水准应该是合理的物流成本下的服务品质，也就是物流成本不会比竞争对手高，而物流的服务水平比他高一点即可。

物流服务水平的主要指标包括订货交货时间、货品缺货率、增值服务能力等。应该针对客户的需求制定一个合理的服务水平。

6. 物流的交货时间（T）

在物流服务品质中物流的交货时间非常重要，因为交货时间太长或不准时都会严重影响零售商的业务，因此交货时间的长短与是否守时成为物流业者的重要评估项目。

物流的交货时间，是指从客户下订单开始，经过订单处理、库存检查、理货、流通加工、装车、卡车配送，最终到达客户手上的这一段时间。物流的交货时间依厂商的服务水平的不同，可分为 2 小时、12 小时、24 小时、2 天、3 天、1 星期送达等几种。同样地，物流的交货时间越短则其成本也会越高，因此最好的水平约为 12～24 小时，稍微比竞争对手好一点，但成本又不会增加。

7. 配送货品的价值或建造的预算（C）

在配送中心规划时除了考虑以上基本要素外，还应注意研究配送货品的价值和建造预算。

首先，配送货品的价值与物流成本有很密切的关系，因为在物流的成本计算方法中，往往会计算它所占货品的比例，因此如果货品的单价高则其百分比相对会比较低，则客户比较能够负担得起；如果货品的单价低则其百分比相对会比较高，则客户负担感觉会比较高。

其次，配送中心的建造费用预算也会直接影响到配送中心的规模和自动化水平，没有足够的建设投资，所有理想的规划都是无法实现的。

二、中心规划资料的分析

1. 物品特性分析

物品特性是货物分类的参考因素，如按储存保管特性可分为干货区、冷冻区、冷藏区；按货物重量可分为重物区、轻物区；按货物价值可分为贵重物品区、一般物品区等。因此，配送中心规划时首先需要对货物进行物品特性分析，以划分不同的储存和作业区域。

2. 储运单位分析

储运单位分析就是考察配送中心各个主要作业（进货、拣货、出货）环节的基本储运单位。一般配送中心的储运单位有 P—托盘、C—箱和 B—单品，而不同的储运单位，其配备的储存和搬运设备也不同。因此掌握物流过程中的单位转换相当重要，需要对这些包装单位（P、C、B）进行分析，即所谓的 PCB 分析。

常见的例子为企业的订单资料中同时含有各类出货型态，包括订单中整箱与零散两种类型同时出货，以及订单中仅有整箱出货或仅有零星出货。为使仓储与拣货区得到合理的规划，必须对订单资料按出货单位类型加以分析，以正确计算各区实际的需求。配送中心物流系统的储运单位组合型式如表 6-3 所示。

表 6-3　配送中心包装单位分析表

入库单位	储存单位	拣货单位
P	P	P
P	P、C	P、C
P	P、C、B	P、C、B
P、C	P、C	C
P、C	P、C、B	C、B
C、B	C、B	B

注：P 为托盘，C 为箱，B 为单品。

3. EIQ 分析

EIQ 分析就是利用 E、I、Q 这三个物流关键要素来研究配送中心的需求特性，为配送中心提供规划依据。日本铃木震先生积极倡导以订单品项数量分析方法来进行配送中心的系统规划，即从客户订单的品项、数量、订购次数等出发进行出货特性的分析。分析的内容包括：

(1) 订单量（EQ）分析：单张订单出货数量的分析。

(2) 订货品项数（EN）分析：单张订单出货品项数的分析。

(3) 品项数量（IQ）分析：每单一品项出货总数量的分析。

(4) 品项受订次数（IK）分析：每单一品项出货次数的分析。

订单量（EQ）分析如图 6-4 所示，主要可了解单张订单订购量的分布情形，可用于决定订单处理的原则、拣货系统的规划，并将影响出货方式及出货区的规划。

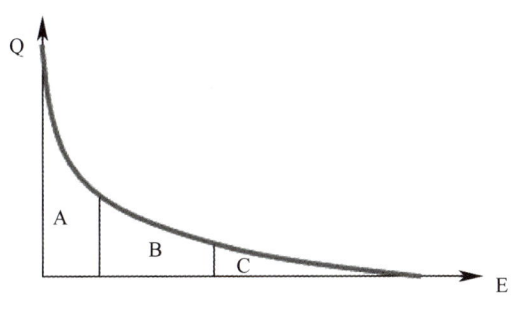

图 6-4　EQ 分析

品项数量（IQ）分析如图 6-5 所示，主要了解各类货品出货量的分布状况，分析货品的重要程度与运量规模，可用于仓储系统的规划选用、储位空间的估算，并将影响拣货方式及拣货区的规划。

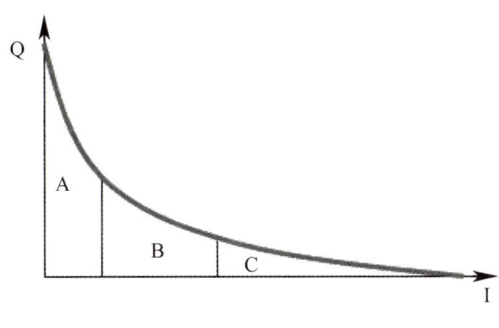

图 6-5　IQ 分析

订单品项数（EN）分析主要了解订单与订购品项数的分布，对订单处理的原则及拣货系统的规划有很大的影响，并将影响出货方式及出货区的规划。通常需要配合总出货品项数、订单出货品项累计数及总品项数三项指标综合考虑。

品项受订次数（IK）分析主要分析各类货品出货次数的分布，对于了解货品的出货频率有很大的帮助，主要功能是可配合 IQ 分析决定仓储与拣货系统的选择。

三、配送中心的选址

有关配送中心位置的选择，将显著影响实际营运的效率与成本，以及日后仓储规模的扩充与发展。因此，企业在决定配送中心设置的位置方案时，必须谨慎参考相关因素，并按适当步骤进行，通常在选择过程中如果已经有预定地点或区位方案，应于系统规划前先行提出，并成为规划过程的限制因素；如果没有预定的地点，则可于系统规划方案成形后进行位置方案的选择，必要时需要修正系统规划方案，以配合实际土地及区块面积的限制。

1. 选址的决策

选址包括两方面的含义：地理区域的选择和具体地址的选择。

配送中心的选址首先要选择合适的地理区域：对各地理区域进行审慎评估，选择一个适当范围为考虑的区域，如华南地区、华北地区等，同时还须配合配送中心物品特性、服务范围及企业的运营策略而定。

配送中心的地理区域确定后，还需确定具体的建设地点，如果是制造商型的配送中心，应以接近上游生产厂或进口港为宜；如果是日常消费品的配送，则宜接近居民生活社区。一般应以进货与出货产品类型特征及交通运输的复杂度来选择接近上游点或下游点的选址策略。

2. 选址的主要因素

配送中心选址时应该考虑的主要因素有客户分布、供应商分布、交通条件、土地条件、自然条件、人力资源条件、政策环境条件等。

（1）客户分布。配送中心选址时首先要考虑的就是所服务客户的分布，对于零售商型配送中心，其主要客户是超市和零售店，这些客户大部分是分布在人口密集的地方或大城市，配送中心为了提高服务水平及降低配送成本，配送中心多建在城市边缘接近客户分布的地区。

（2）供应商分布。另外配送中心的选址应该考虑的因素是供应商的分布地区。因为物流的商品全部是由供应商所供应的，物流越接近供应商，则其商品的安全库存可以控制在较低的水平。但是因为国内一般进货的输送成本是由供应商负担的，因此有时不重视此因素。

（3）交通条件。交通条件是影响物流配送成本及效率的重要因素之一，交通运输的不便将直接影响车辆配送的进行。因此必须考虑对外交通的运输通路，以及未来交通与邻近地区的发展状况等因素。地址宜紧邻重要的运输线路，以方便配送运输作业的进行。考核交通方便程度的条件有高速公路、国道、铁路、快速道路、港口、交通限制规定等。一般配送中心应尽量选择在交通方便的高速公路、国道及快速道路附近的地方，如果以铁路及轮船来作为运输工具，则要考虑靠近火车编组站、港口等。

（4）土地条件。即土地与地形的限制，对于土地的使用，必须符合相关法规及城市规划的限制，尽量选在物流园区或经济开发区。建设用地的形状、长宽、面积与未来扩充的可能性则与规划内容有密切的关系。因此在选择地址时，有必要参考规划方案中仓库的设计内容，在无法完全配合的情形下，必要时需要修改规划方案的内容。

另外，还要考虑土地大小与地价，在考虑现有地价及未来增值状况下，配合未来可能扩充的需求程度，决定最合适的面积大小。

（5）自然条件。在物流用地的评估中，自然条件也是必须考虑的，事先了解当地自然环境有助于降低建设的风险。例如在自然环境中有湿度、盐分、降雨量、台风、地震、河川等几项指标，有的地方靠近山边湿度比较高，有的地方湿度比较低，有的地方靠近海边盐分比较高，这些都会影响商品的储存品质，尤其是服饰产品、3C 产品等对湿度及盐分都非常敏感。另外降雨量、台风、地震、河川等自然灾害对配送中心的影响也非常大，必须特别留意并且避免被侵害。

（6）人力资源条件。在仓储配送作业中，最主要的资源需求为人力资源。由于一般物流作业仍属于劳力密集的作业型态，在配送中心内部必须要有足够的作业人力，因此在决定配送中心位置时必须考虑劳工的来源、技术水平、工作习惯、工资水平等因素。

人力资源的评估条件有附近人口、上班交通状况、薪资水平等几项。如果物流的选址位置附近人口不多且交通不方便时，则基层的作业人员不容易招募；如果附近地区的薪资水平太高，也会影响到基层作业人员的招募。因此必须调查该地区的人力、上班交通及薪资水平。

（7）政策环境条件。政策环境条件也是物流选址评估的重点之一，尤其是物流用地取得困难的现在，如果有政府政策的支持，则更有助于物流业者的发展。政策环境条件包括企业优惠措施（土地提供、减税）、城市规划（土地开发、道路建设计划）、地区产业政策等。最近在许多交通枢纽城市如深圳、武汉等地都在规划设置现代物流园区，其中除了提供物流用地外，也有关于税赋方面的减免，有助于降低物流业者的营运成本。

 **工作页**

配送中心各功能区域工作页

作业类别	高	中	低	……
进货区				
理货区				
分类区				
流通区				
保管区				
送货区				
特殊作业区				
办公区				

配送中心规划认知工作页

拓展活动	头脑风暴：配送中心的"规划"如何完成？
主持人：_____	今天讨论的问题是配送中心的"规划"如何完成？请大家畅所欲言，过程中我们不加以任何评价，记录员请做好记录。
记录员：_____	

任务 2　配送线路规划

工作内容

1. 理解配送线路规划的目的和意义。
2. 熟练掌握线路规划的原则。
3. 了解直送式配送运输的概念、适用条件、线路规划方法。
4. 了解分送式配送运输的概念、适用条件、线路规划方法。
5. 用关键词描述配送线路规划的方法。

请读者学习材料 1、材料 2 后完成配送线路规划认知工作页。

学习材料

材料 1　认识配送线路规划（理论）

线路规划的目的是将货物在准确的时间，以正确的数量和所要求的质量，以最佳的成本送至正确的客户处。

简而言之，在规划线路时要确定货物接收人的送达顺序。这对运输车辆的装载也很重要，因为先卸载的货物必须最后装车，使得货物刚好位于舱门旁边，就是说线路规划对于货车的装卸顺序也非常重要。为了做到这一点，就有必要在地理位置和经济性的基础上对线路进行规划。原则上货物的交付可以通过以下两种方式进行：

（1）单独送货。订单的量与车辆的大小相比刚好能够单独运送至客户处。

（2）集体送货。各个订单的体积和重量太小，需要多个准备发送的订单组合成一个送货路线。

无论是采用手工还是借助于计算机程序来制定线路规划，其构成始终遵循着相同的基本原则。

在线路规划时送货量必须根据可使用的运输车辆，根据核载重量及装运体积进行调整。

车辆的时间安排原则上取决于自己员工的工作时间，而安排好的车辆使用时间又与行车路段、道路情况以及行车和停留时间有关。行车路线越优化，行经的距离就越短，行车的时间就越短。行车时间也取决于所使用的道路（高速公路、城市道路）。

此外还必须考虑到道路交通网络的限制，例如工地、拥堵路段、绕路、禁行及单行路等。

如今针对每一个客户必须规定一个客户时间窗口，在此要考虑到收货检查、午休时间、停留时间、排队时间（例如在入口等候或等待卸货）等与客户有关的服务时间，以及其他的困难因素，如对车辆尺寸和类型的限制、调度需要、外部库存等。

除此之外，进行时间规划时还要注意规定的驾驶中断时间（休息时间）。

这些众多要注意的因素在实际工作中使当长期客户超过 50 家时如今多数都采取信息化手段来完成线路规划。传统的使用小旗子、细线及分好类的送货单来规划路线的方式已经过时，因为线路规划所必须考虑的因素实在太多。

每一种线路规划方案都适用相同的路线优化原则：规划的总路线尽可能短，通过选择相应的道路缩短行驶时间，通过选择正确的车辆达到尽可能高的车辆利用率，进行符合逻辑且保证交通运输安全的装车规划，避免规划错误，例如送货错误等，提升客户服务质量，将成本最小化作为线路规划的最高目标。

如今的趋势是将线路规划与移动通信和卫星导航结合到一起，由此可以使调度员在很短的时间内与司机取得直接联系，以便在出现堵车、需要额外取货时安排最新的路线变更，如表 6-4 所示。

表 6-4　线路规划逻辑

线路规划	线路规划的目的	单独送货	集体送货
交通网络限制	客户时间窗口	驾驶中断时间	车辆利用率
总路线	运输安全	装卸顺序	信息化手段

材料 2　配送线路选择

在配送运输线路设计中，需要根据不同客户群的特点和要求选择不同的线路设计方法，最终达到节省时间、运行距离和运行费用的目的。

一、直送式配送线路选择

配送运输由于配送方法的不同，其运输过程也不尽相同，影响配送运输的因素有很多，如车流量的变化、道路状况、客户的分布状况和配送中心的选址、道路交通网、车辆额定载重量、车辆运行限制等。配送线路设计就是整合影响配送运输的各因素，适时适当地利用现有的运输工具和道路状况，及时、安全、方便经济地将客户所需的不同物资准确送达客户手中，以提供优良的物流配送服务。

在配送线路设计中，当由一个配送中心向一个特定的客户进行专门送货时，从物流角度看，客户的需求量接近或大于可用车辆的定额载重量，需专门派一辆或多辆车一次或多次送货，配送线路设计时，追求的是最短配送距离，以节省时间、多装快跑，提高送货的效率。目前解决最短线路问题的方法有很多，如位势法、"帚"型法、动态法等。

直送式配送线路适用的条件：

（1）由配送中心向每一位客户开展专门送货。

（2）该客户的送货量一般必须满足配送车辆满载。

适用的线路规划方法：最短路径法，如图 6-6 所示。

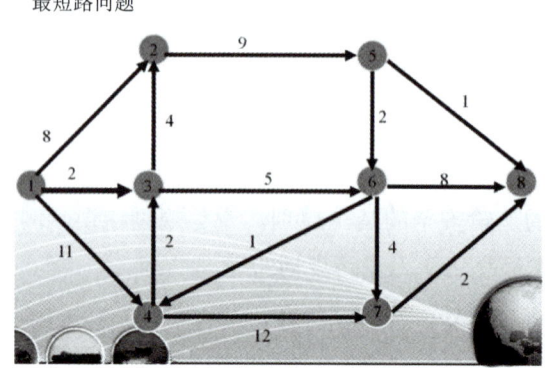

图 6-6　配送线路示意图

Dijkstra 算法用于计算一个节点到其他所有节点的最短路径，主要特点是以起始点为中心向外层层扩展，直到扩展到终点为止。Dijkstra 算法能得出最短路径的最优解，但由于它遍历计算的节点很多，所以效率低。

寻找最短线路的步骤如下：

第一步：选择货物供应点为初始节点，并取其位势值为"零"，即 $V_i=0$。

第二步：考虑与 i 点直接相连的所有线路节点。设其初始节点的位势值为 V_i，则其终止节点 j 的位势值可按下式确定：

$$V_j = V_i + L_{ij}$$

式中，L_{ij} 为 i 点与 j 点之间的距离。

第三步：从所得到的所有位势值中选出最小者，此值即为从初始节点到该点的最短距离，将其标在该节点旁的方框内，并用箭头标出该连线 i—j，以此表示从 i 点到 j 点的最短线路走法。

第四步：重复以上步骤，直到物流网络中所有节点的位势值均达到最小为止。最终，各节点的位势值表示从初始节点到该点的最短距离，如图 6-7 所示。带箭头的各条连线则组成了从初始节点到其余节点的最短线路。分别以各点为初始节点，重复上述步骤，即可得各节点之间的最短距离。

二、分送式配送线路选择

分送式配送是指由一个供应点对多个客户的共同送货。其基本条件是同一条线路上所有客户的需求量总和不大于一辆车的额定载重量。送货时，由这一辆车装着所有客户的货物，沿着一条精心选择的最佳线路依次将货物送到各个客户手中，这样既保证按时按量将用户需要的货物及时送到，又节约了车辆，节省了费用，缓解了交通紧张的压力，并减少了运输对环境造成的污染。

最短线路问题

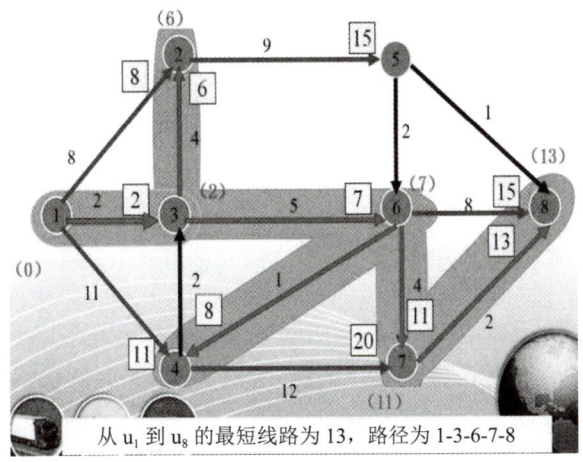

从 u_1 到 u_8 的最短线路为 13，路径为 1-3-6-7-8

图 6-7　配送线路最短示意图

1. 路径选择的原则

在对物流配送进行物流路径优化之前，首先应该明确路径选择的原则。

（1）安排车辆负责相互距离最接近的站点的货物运输。卡车的行车路线围绕相互靠近的站点群进行计划，以使站点之间的行车时间最短。

（2）从距仓库最远的站点开始设计路线。要设计出有效的路线，首先要划分出距仓库最远的站点周围的站点群，然后逐步找出仓库附近的站点群。一旦确定了最远的站点，就应该选定距该核心站点最近的一些站点形成站点群，分派载货能力可以满足该站点群需要的卡车。然后，从还没有分派车辆的其他站点中找出距仓库最远的站点，分派另一车辆。如此往复，直到所有站点都分派有车辆。

（3）安排行车路线时各条路线之间应该没有交叉。应该注意的是时间窗口和送货之后才能取货的限制可能会造成线路交叉。

（4）尽可能使用最大的车辆进行运送，这样设计出的路线是最有效的。理想状况是用一辆足够大的卡车运送所有站点的货物，这样将使总的行车距离或时间最小。因此，在车辆可以实现较高的利用率时，应该首先安排车队中载重量最大的车辆。

（5）取货送货应该混合安排，不应该在完成全部送货任务之后再取货。应该尽可能在送货过程中安排取货以减少线路交叉的次数（如果在完成所有任务之后再取货，就会出现线路交叉的情况）。线路交叉的程度取决于车辆的结构、取货数量和货物堆放对车辆装卸出口的影响程度。

（6）对过于遥远而无法归入群落的站点，可以采用其他配送方式。那些孤立于其他站点群的站点，为其提供服务所需的运送时间较长，运送费用较高。考虑到这些站点的偏僻程度和货运量，采用小型车单独为其进行服务可能更经济。此外，利用外包的运输服务也是一个很好的选择。

（7）避免时间窗口过短。各站点的时间窗口过短会使得行车路线偏离理想模式，所以如果某个站点或某些站点的时间窗口限制导致整个路线偏离期望的模式，就应该重新进行时间窗口的限制或重新优化配送路线。

这些原则较为简单，而且按照这些原则在物流配送中可以较快地找到比较合理的方案。但是，随着配送限制条件的增加，如时间窗口限制、车辆的载重量和容积限制、司机途中总驾驶时间的上限要求、不同线路对于行车速度的限制等使得最优路线的设计越来越复杂。

2. 制定配送路线

制定配送路线主要有两个方法：扫描法和节约法。本书只介绍节约法。

（1）节约法的基本规定。

利用里程节约法确定配送线路的主要出发点是，根据配送方的运输能力及其到客户之间的距离和各客户之间的相对距离来制定配送路线，使配送车辆总的周转量达到或接近最小的配送方案。

为方便介绍，假设：

1）配送的是同一种或相类似的货物。

2）各客户的位置及需求量已知。

3）配送方有足够的运输能力。

4）设状态参数为 t_{ij}，t_{ij} 是这样定义的：

$t_{ij}=\{1$，表示客户 i、j 在同一送货线路上；0，表示客户 i、j 不在同一送货线路上$\}$

$t_{0j}=2$ 表示由 P_0 向客户单独派车送货。

且所有状态参数应满足下式：

$$\sum_{i=1}^{j-1} t_{ij} + \sum_{i=j+1}^{N} t_{ij} = 2 \quad (j=1, 2, \cdots, N)$$

式中，N 为客户数。

利用节约法制定出的配送方案除了使总的周转量最小外，还应满足：

1）方案能满足所有客户的到货时间要求。

2）不使车辆超载。

3）每辆车每天的总运行时间及里程满足规定的要求。

（2）节约法的基本思想。

节约法的目标是使所有车辆行驶的总里程最短，并进而使为所有站点提供服务的车辆数最少，如图6-8所示。首先假设每一个站点都有一辆虚拟的卡车提供服务，随后返回仓库，由配送中心 P 向用户 A、B 配货），这时的路线里程是最长的；然后，将两个站点合并到同一条线路上，减少一辆运输车，相应地缩短路线里程。在图 6-8 中，合并线路之前的总里程为 $2PA+2PB$，合并后的路线总里程为 $PA+AB+PB$，缩短的线路里程为 $PA+PB-AB$。

图 6-8　节约法原理示意图

继续上述的合并过程。如果是多站点配送（三个及其以上），除了将两个单独的站点合并在一起外，还可以将某站点并入已经包含多个站点的线路上，同样可以达到节省配送费用、缩短线路里程的作用，缩短的里程同样可以计算出来。

应该注意的是，每次合并都要计算所缩短的距离，节约距离最多的站点就应该纳入现有线路；如果由于某些约束条件（如线路过长、无法满足时间窗口的限制或车辆超载等），节约距离最多的站点不能并入该线路，则考虑节约距离次多的站点，直至该线路不能加入新的站点为止。然后重复上述整个过程至所有站点的路线设计完成。

节约法在按照最大节约值原则将站点归入某条路线之前，预先考查加入该站点后路线的情况，而且还要考虑一系列关于路线规划的问题，如行车时间、时间窗口限制、车辆载重等。这种处理方法能够处理有众多约束条件的实际问题，而且可以同时确定路线和经过各站点的顺序，有较为强大的处理能力。但是，随着约束条件的增加，扩展问题难度加大，节约法不能保证得到最优解，但是可以获得合理解。

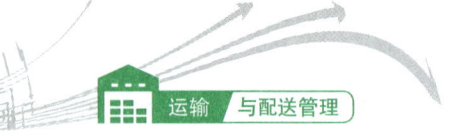

 工作页

配送中心与营业网点最短距离工作页

	配送中心（P）	营业网点一（A）	营业网点二（B）	营业网点三（C）	营业网点四（D）	营业网点五（E）	营业网点六（F）
配送中心（P）							
营业网点一（A）							
营业网点二（B）							
营业网点三（C）							
营业网点四（D）							
营业网点五（E）							
营业网点六（F）							

线路节约运营工作页

线路名称	临时紧急线路		途经路点		
成本核计					

途经路点	里程	油耗成本（元）	时长	装卸人工成本（元）

其他费用及明细：

配送线路规划认知工作页

拓展活动	头脑风暴：配送企业的"线路规划"在哪里？
主持人： _____	今天讨论的问题是配送企业的"线路规划"在哪里？请大家畅所欲言，过程中我们不加以任何评价，记录员请做好记录。
记录员： _____	

任务 3　配送计划制订

工作内容

1. 了解配送计划的组成部分。
2. 熟悉配送计划的制作流程。
3. 用关键词描述配送服务要点，制定配送需求计划。
4. 运用信息系统计算出最优的配送计划流程。

请读者学习材料 1、材料 2 后完成配送计划认知工作页。

学习材料

材料 1　认识配送计划（理论）

一、配送计划的定义

配送计划是根据客户货物的体积、重量和送货与收货时间等需求信息，结合物流企业自身的仓储能力、库存信息、设备和人员等实际情况，考虑公司的顾客服务目标，然后在配送成本和顾客服务目标之间寻找一个平衡点，并在此基础上制定出的配送工作计划。

配送是物流管理中一个重要的环节，配送计划完善与否直接关系到企业的总体绩效和未来发展。从本质上讲，企业的物料配送就是将产品及时、安全地运到目的地。它与产品数量、产品特性、仓库（数量、地点、规模和类型）、运输工具及目的地有密切的关联。另外，还需要考虑公司的顾客服务目标，在配送成本和顾客服务目标之间寻找一个平衡点。

二、配送需求计划

配送需求计划（Distribution Requirement Planning，DRP），是一种既保证有效地满足市场需要，又使得物流资源配置费用最少的计划方法，是物料需求计划（Material Requirement Planning，MRP）原理与方法在物品配送中的运用。

配送需求计划是流通领域中的一种物流技术，是物料需求计划在流通领域应用的直接结果。它主要解决分销物资的供应计划和速度问题，使企业具有对订单和供货具有快速反应和持续补充库存的能力，达到保证有效地满足市场需要又使得配置费用最省的目的。

在互联网上，供应商和经销商之间可以实现实时地提交订单、查询产品供应和库存状况，并获得市场、销售信息及客户支持，实现了供应商与经销商之间端到端的供应链管理，有效地缩短了供销链。DRP 这种新的模式就借助互联网的延伸性及便利性使商务过程不再受时间、地点和人员的限制，企业的工作效率和业务范围都得到了有效提高。

企业也可以在兼容互联网时代现有业务模式和现有基础设施的情况下，迅速构建 DRP 电子商务平台，扩展现有业务和销售能力，实现零风险库存，大大降低分销成本，提高周转效率，确保获得领先一步的竞争优势。

三、配送需求计划在配送企业中的应用

一些含有物流配送业务的企业，如储运公司、配送中心、流通中心等，它们最基本的特征是：它们可能亲自搞销售，也可能不搞销售，但是它们必然有储存和运输的业务，也就是有进货或送货的业务。为简单起见，我们都典型地一律称之为"物流配送中心"（而流通中心就是还具有销售业务的物流配送中心）。

配送中心的基本业务如下：它自己有强大的储存能力和运输能力，受一些生产厂的委托存货或者自己从这些生产厂购进货物存放在自己的仓库里。然后为生产厂销售部门或社会上的流通企业向他们的订货用户送货。

配送中心可能还有自己的下属子配送中心，它们分布在各个地区，也从本中心进货在当地进行配送。在这种业务活动中，配送中心追求的目标有两个：一是保证满足用户的需要；二是争取自己的总费用最省、自己的资源（车辆、仓库等）利用率最高，如图 6-9 所示。

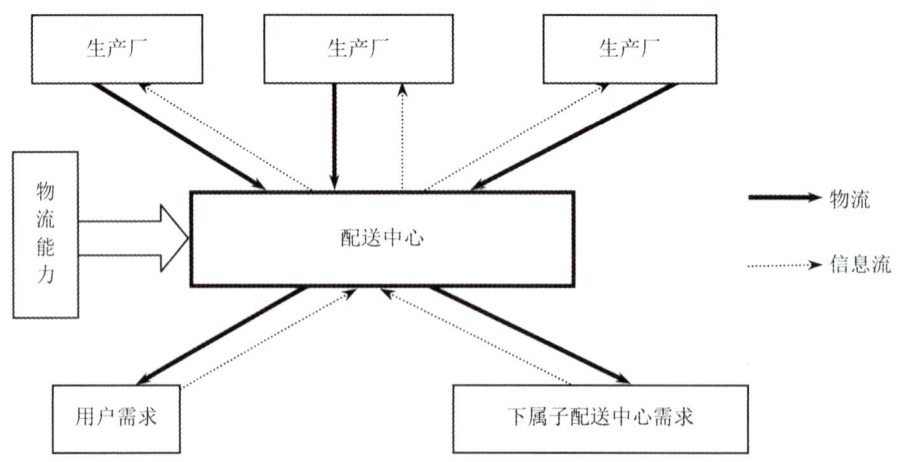

图 6-9　配送中心分销业务模式图

材料 2　配送需求计划的制订

配送需求计划的制订主要是根据客户的货物需求量、需求时间、送货提前期和车辆运输能力决定。

一、配送需求计划的优缺点

1. 优点

（1）营销上的好处。

1）改善了服务水平，保证了准时递送和减少了顾客的抱怨。

2）更有效地改善了促销计划和新产品引入计划。

3）提高了预计短缺的能力，使营销努力不花费在低储备的产品上。

4）改善了与其他企业功能的协调，因为 DRP 有助于共用一套计划数字。

5）提高了向顾客提供协调存货管理服务的能力。

（2）物流上的好处。

1）由于协调装运，降低了配送中心的运输费用。

2）因为 DRP 能够准确地确定何时需要何种产品，降低了存货水平。

3）因存货减少，使仓库的空间需求也减少了。

4）由于延交订货现象的减少，降低了顾客的运输成本。

5）改善了物流与制造之间的存货可视性和协调性。

6）提高了预算能力，因为 DRP 能够在多计划远景下有效地模拟存货和运输需求。

2. 缺点

（1）存货计划系统需要每一个配送中心精确的、经过协调的预测数。该预测数对于指导货物在整个配送渠道的流动是必需的。在任何情况下，使用预测数去指导存货计划系统时，预测误差就有可能成为一个重大问题。

（2）存货计划要求配送设施之间的运输具有固定而又可靠的完成周期，而完成周期的不确定因素则会降低系统的效力。

（3）由于生产故障或递送延迟，综合计划常易遭受系统紧张的影响或频繁改动时间表的影响。

二、实现 DRP 的关键成功因素

1. 高层领导的支持

这个高层领导一般是销售副总、营销副总或总经理，他是项目的支持者，主要作用体现在三个方面：首先，他为 DRP 设定明确的目标；其次，他是一个推动者，向 DRP 项目提供为达到设定目标所需的时间、财力和其他资源；最后，他确保企业上下认识到这样一个工程对企业的重要性。

在项目过程中出现重大分歧和阻力时,方向性的决策能力是项目成功的必要条件,往往实际情况是这样,新系统上马,短时间内,各级人员都很难适应,轻者,会有很多抱怨摆在项目组面前,重者,新系统不仅短时间内没有起到提升管理水平的作用,反而由于不适应、不熟悉等原因降低了管理效率,并引发生意指标下降。这时,如果没有高层领导高瞻远瞩,从大局和长久发展出发,没有充分的决心和魄力,系统将会面临搁浅的命运。他激励员工解决这个问题而不是打退堂鼓。

2. 要专注于流程

成功的项目小组应该把注意力放在流程上,而不是过分关注于技术。他认识到,技术只是促进因素,本身不是解决方案。因此,好的项目小组开展工作后的第一件事就是花费时间去研究现有的营销、销售和服务策略,并找出改进方法。

3. 技术的灵活运用

在那些成功的 DRP 项目中,他们的技术的选择总是与要改善的特定问题紧密相关。如果销售管理部门想减少新销售员熟悉业务所需的时间,这个企业应该选择营销百科全书功能。选择的标准应该是,根据业务流程中存在的问题来选择合适的技术,而不是调整流程来适应技术要求。

4. 组织良好的团队

DRP 的实施队伍应该在四个方面有较强的能力。首先是业务流程重组的能力。其次是对系统进行客户化和集成化的能力,特别是对那些打算支持移动用户的企业来说更是如此。再次是对 IT 部门的要求,如网络大小的合理设计、对用户桌面工具的提供和支持、数据同步化策略等。最后,实施小组具有改变管理方式的技能,并提供桌面帮助。这两点对于帮助用户适应和接受新的业务流程是很重要的。

5. 极大地重视人的因素

很多情况下,企业并不是没有认识到人的重要性,而是对如何做不甚明了。我们可以尝试如下几个简单易行的方法。方法之一是,请企业的未来的 DRP 用户参观实实在在的分销管理系统,了解这个系统到底能为 DRP 用户带来什么。方法之二是,在 DRP 项目的各个阶段(需求调查、解决方案的选择、目标流程的设计等)都争取最终用户的参与,使得这个项目成为用户负责的项目。方法之三是,在实施的过程中,千方百计地从用户的角度出发,为用户创造方便。

6. 分步实现

欲速则不达,这句话很有道理。通过流程分析,可以识别业务流程重组的一些可以着手的领域,但要确定实施优先级,每次只解决几个最重要的问题,而不是毕其功于一役。

7. 系统的整合

系统各个部分的集成对 DRP 的成功很重要。DRP 的效率和有效性的获得有一个过程，它们依次是：终端用户效率的提高、终端用户有效性的提高、团队有效性的提高、企业有效性的提高、企业间有效性的提高。

三、DRP 的实施过程

DRPI 是基本 DRP，即分销需求计划，是流通领域进行物资资源配置的技术。我们以物流中心为代表来研究 DRP 原理。DRP 原理如图 6-10 所示。

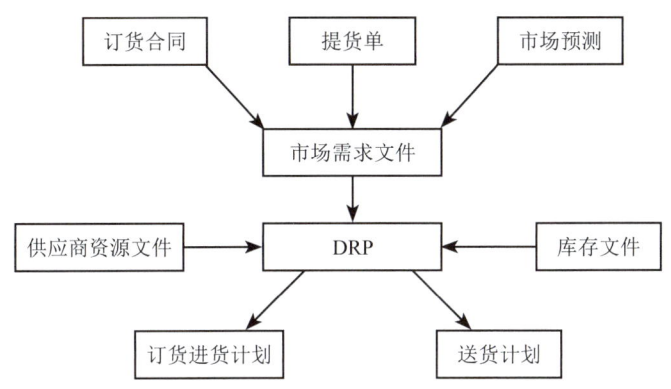

图 6-10　DRP 原理

1. DRP 输入的 3 个文件

（1）市场需求文件：是指所有的用户订货单、提货单和供货合同，也包括下属各子公司、下属各地区物流中心的订货单。将这些按品种、需求日期进行统计构成一个文件，制定出市场需求文件。如果市场需求没有这些预先的订货单、供货合同等，那么市场需求量就需要靠预测来确定。市场需求文件是进行 DRP 处理的依据，是 DRP 处理的最重要的文件，没有这个文件就不可能进行 DRP 处理。

（2）库存文件：是物流中心仓库里所有库存物品量的列表。物流中心需要它确定什么物品可以从仓库里提货送货、送多少，什么物品需要订货进货。仓库里有的物品可以提货送货，但是送货的量不能超过现有的库存量；仓库里没有的，可以订货，但是订货量不要超过仓库里对该物品的容量。

（3）供应商资源文件：这是物资供应商的可供资源文件，其中包括可供物品品种和供应商的地理位置等情况，主要是供 DRP 制订订货计划使用。

2. DRP 输出的 2 个计划

（1）送货计划。对于客户需求的物品，如果仓库里有，就由仓库里提货送货。由于仓库与客户、下属子公司、子物流中心（统称需求者）有一定的距离，所以提货送货需要一个提前时间才可以保证货物能按需求时间及时送达。送货分直送和配送。对大批量的需求者实行直送，对小批量的需求者实行配送。所谓配送，是对成片小批量用户的依次循环送货，配送方式在保证客户需求的同时又可减少车次，节省费用。

（2）订货进货计划。对于客户需求的物品，如果仓库到时候没有库存量，则需要供应商订货进货。因为订货进货也需要花时间，所以也需要设定订货提前期。要根据具体的供应商来设定提前期，这由供应商资源文件提供。

假如没有在途商品，这里计算的日期是仓库缺货的日期（如果考虑安全库存则是低于安全库存的日期）。如考虑在途商品，必须将在途商品加入库存以决定库存能够维持的时间，这样库存商品与购进在途商品数量之和所需的日期就是订货进货到达的最佳日期。商品到达物流中心的日期与中央供应点的装运配送日期可能不一致，这就需要计算供应点的订货进货提前期。这段时间包括本物流中心将订货信息传输到中央供应点的时间，加上由中央供应点到本物流配送中心的装运、运输时间和本物流中心的验货收货时间等。进货批量应当是规定的订货批量。

对物流配送中心送货的处理也应该参考送货提前期来确定送货日期。即由用户的需求日期倒推送货提前期，以确定本物流中心向用户的送货日期。

这样，既确定了本物流配送中心向供货方的订货进货日期和数量，又确定了本物流配送中心向需求方送货的日期和数量，这样物流配送中心的工作计划就可以确定了。这个过程就是 DRP 在物流配送中心的运作流程，如图 6-11 所示。

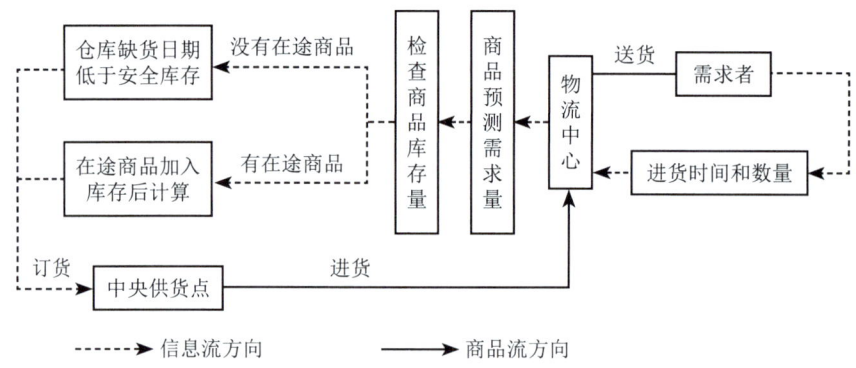

图 6-11　物流配送中心 DRP 运作流程

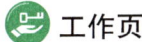 **工作页**

任务工作描述一：假设现 L 物流配送中心有商品 A 库存 1000 单位，安全库存为 400 单位，每周需求量在 160～240 单位之间。

DRP 需求与库存处理逻辑表

时间	期前	第1周	第2周	第3周	第4周	第5周	第6周	第7周	第8周
需求主计划		200	240	180	220	240	200	160	240
计划库存	1000	800	560	380	160	-80	-280	-440	-680
到货计划									
订进计划									
送货计划									

注：商品 A，订货批量 600，送货提前期 1，进货提前期 2，安全库存 400。

请结合所学内容为 L 物流配送中心指定配送需求计划。

任务工作描述二：假设某物流配送中心 A 有某种商品的库存 500 单位，安全库存为 200 单位，每周的需求量在 80～120 单位之间。

物流中心 A 与库存逻辑表

品种 A01		物流中心 A				供货单位：中央供应点			
安全库存 200 订货批量 300 进货提前期 2 送货提前期 1	期前	周							
		1	2	3	4	5	6	7	8
需求主计划		100	120	90	110	120	100	80	120
送货在途到货									
计划库存	500	400	280	190	80	-40	-140	-220	-340
进货在途到货									
到货计划									
订进计划									
送货计划									

请为该物流配送中心 A 制订配送需求计划。

配送计划认知工作页

拓展活动	头脑风暴：配送企业的"作业计划"如何完成？
主持人：_____	今天讨论的问题是配送企业的"作业计划"如何完成？请大家畅所欲言，过程中我们不加以任何评价，记录员请做好记录。
记录员：_____	

项目 7　配送作业管理

知识目标

- 了解配送作业流程。
- 熟悉配送业务作业方法。
- 理解配送中心作业各环节知识及特点。
- 熟悉配送作业的整体运作流程。
- 掌握配送各作业环节的正确操作方法。

能力目标

- 熟知配送拣货等作业管理的内容。
- 能够分析配送作业效率及各项作业指标。
- 掌握配送作业各环节的运作步骤。
- 掌握配送各作业流程的相互关系。
- 领会配送作业流程合理性的重要性。
- 掌握自主学习的方法。

素质目标

- 良好的职业道德和素质，具备较强的服务意识和客户导向意识。
- 具备高度的工作热情，谦逊、负责、勤奋。
- 良好的心理状态和团队合作能力。
- 语言表达、沟通交流洽谈能力。

项目情境

奇新物流公司承接大中电器商城配送业务，要求奇新物流公司派车到金瑞外贸 DC 配送中心进行配送作业，完毕后要求配送工作人员将表中电器分别送至指定客户，全部配送完成后车辆返回金瑞外贸 DC 配送中心，具体业务数据如表 7-1 所示。

表 7-1　货物数据

序号	货物名称	数量（台）	长度（米）	宽度（米）	高度（米）	单个重量（千克）	总重量	送货目的地
1	联想电脑	75	0.6	0.4	0.4	15	1125	龙华伟业写字楼
2	华为液晶电视	160	0.75	0.3	0.4	10	1600	信达金融中心
3	HP 打印机	50	0.45	0.3	0.3	5	250	新华通讯社
4	美的微波炉	30	0.4	0.35	0.45	7.5	225	北京房修建筑公司
	合计	315	2.2	1.35	1.55		3200	

送货车辆信息：厢式货车，车牌号：京 N13579。

载重：3.5 吨，车厢尺寸：长为 5.8 米，宽为 2.1 米，高为 2.2 米。

任务 1　订单处理

工作内容

1. 熟练掌握一份规范的订单处理内容。
2. 了解订购单的制作流程。
3. 用关键词描述配送中心订单处理注意事项。
4. 采用小组讨论法对单的使用和跟踪过程进行推演。

请读者学习材料 1、材料 2、材料 3 后完成配送订单处理认知工作页。

学习材料

材料 1　认识订单处理

从接到客户订货开始至准备着手拣货之间的作业阶段称为订单处理，包括有关客户和订单的资料确认、存货查询、单据处理、出货配发等。订单处理的操作流程如图 7-1 所示。

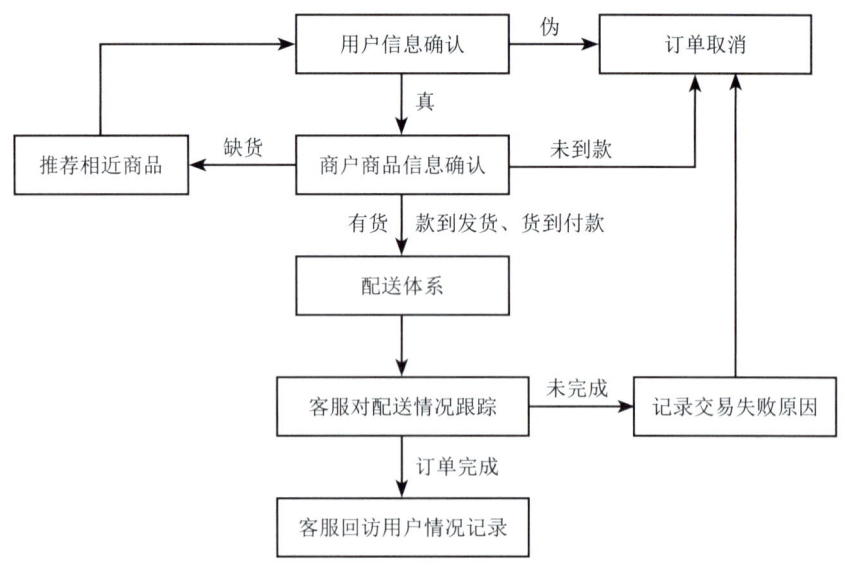

图 7-1　订单处理流程图

材料 2　订单处理的程序

一、接受订货

接受订货的第一步是接受订单，订货方式主要有传统订货和电子订货两种。

1. 传统订货方式

传统订货方式又有以下几种具体方法：

（1）厂商补货。厂商补货方法就是供应商直接将商品放在车上，依次给各订货方送货，缺多少补多少。这种方式常用于周转率较快的商品或新上市的商品。

（2）厂商巡货、隔日送货。厂商巡货、隔日送货方法就是供应商派巡货人员前一天先到各客户处寻查需补充的货物，隔天再予以补货。这种方法的好处是可利用巡货人员为店铺整理货架、贴标或提供经营管理意见等的机会促销新产品或将自己的产品放在最占优势的货架上。

（3）口头订货。口头订货是订货人员以电话方式向厂商订货。口头订货的缺点是因客户每天需订货的种类可能很多，数量也不尽相同，因此错误率较高。

（4）传真订货。传真订货就是客户将缺货资料整理成书面资料，利用传真机发给厂商。利用传真机可快速地传送订货资料，缺点是传送的资料常因品质不良而增加事后的确认作业。

（5）邮寄订单。邮寄订单就是客户将订货表单或订货磁片、磁带邮寄给供应商。

（6）业务员跑单接单。即业务员到各客户处推销产品，而后将订单带回公司。

2. 电子订货方式

电子订货方式是采用电子传运方式取代传统人工书写、输入、传送的订货方式，它将订货资料由书面资料转为电子资料，通过通信网络进行传送，该信息系统被称为电子订货系统（Electronic Order System，EOS）。

电子订货系统的做法通常可分为以下 3 种：

（1）订货簿与终端机配合。订货人员携带订货簿及手持终端机巡视货架，若发现商品缺货则用扫描器扫描订货簿或货架上的商品标签，再输入订货数量，当所有订货资料皆输入完毕后，再利用数据机将订货资料传送给供应商或总公司。

（2）销售时点管理系统（Point of Sale，POS）。即在商品库存文档里设定安全库存量，每当销售一笔商品时，计算机自动扣除该商品库存，当库存低于安全库存量时，即自动产生订货资料，并将此订货资料确认后通过电信网络传送给总公司或供应商。

（3）订货应用系统。客户信息系统里若有订单处理系统，就可以将应用系统产生的订货资料经转换软件转成与供应商约定的共通格式，再在约定时间将资料传送出去。

电子订货方式不仅可大幅提高客户服务水平，还能有效地缩减存货及相关成本费用，但其运作费用较为昂贵，因此在选择订货方式时应视具体情况而定。

二、客户信用的确认

不论是何种订单，接受订单后都要核查客户的财务状况，以确定其是否有能力支付该订单的账款。通常的做法是检查客户的应收账款是否已超过其信用额度。具体可采取以下两种途径来核查客户信用的状况：

（1）输入客户代号或客户名称。

当输入客户代号名称资料后，系统即加以检核客户的信用状况，若客户应收账款已超过其信用额度，系统加以警示，以便输入人员决定是继续输入其订货资料还是拒绝其订单。

（2）输入订购项目资料。

当输入客户订购项目资料后，客户此次的订购金额加上以前累计的应收账款超过信用额度，系统应将此订单资料锁定，以便主管审核。审核通过后，此订单资料才能进入下一个处理步骤。

三、确认订单形态

在接受订货业务上，表现为具有多种订单的交易形态，所以物流中心应对不同的订单形态采取不同的交易和处理方式。

1. 订单形态：一般交易

一般交易订单就是接单后按正常的作业程序拣货、出货、发送、收款的订单。

接到一般交易订单后，将资料输入订单处理系统，按正常的订单处理程序处理，资料处理完后进行拣货、出货、发送、收款等作业。

2. 订单形态：现销式交易

现销式交易订单就是与客户当场交易，直接给货的交易订单。

这种订单在输入资料前就已把货物交给了客户，故订单资料不再参与拣货、出货、发送等作业，只需记录交易资料即可。

3. 订单形态：间接交易

间接交易订单就是客户向配送中心订货，直接由供应商配送给客户的交易订单。接到间接交易订单后，可将客户的出货资料传送给供应商由其代配。需要注意的是，客户的送货单是自行制作或委托供应商制作的，应对出货资料加以核对确认。

4. 订单形态：合约式交易

合约式交易订单就是与客户签订配送契约的交易订单。

对待合约式交易订单，应在约定的送货期间，将配送资料输入系统处理以便出货配送；或一开始便输入合约内容的订货资料并设定各批次送货时间，以便在约定日期系统自动产生所需的订单资料。

5. 订单形态：寄库式交易

寄库式交易订单是客户因促销、降价等市场因素先行订购一定数量的商品，往后视需要再要求出货的交易订单。

处理寄库式交易订单时，系统应检核客户是否确实有此项寄库商品。若有，则出此项商品，否则，应加以拒绝。

四、建立客户档案

建立客户档案，不但有益于此次交易的顺利进行，而且有益于以后合作机会的增加。客户档案的内容一般包括：

（1）客户姓名、代号、等级形态。
（2）客户信用度。
（3）客户销售付款及折扣率的条件。
（4）开发或负责此客户的业务员。
（5）客户配送区域。
（6）客户收账地址。
（7）客户点配送路径顺序。
（8）客户点适合的车辆形态。
（9）客户点的下货特性。
（10）客户配送要求。

五、订单资料处理输出

订单资料经上述处理后，即可开始印制出货单据，展开后续的物流作业。

1. 拣货单

拣货单用于指示商品出库，作为拣货的依据。拣货资料的形式需配合配送中心的拣货策略及拣货作业方式来设计，以提供详细且有效率的拣货信息，以便于拣货的进行。

2. 送货单

送货单是客户签收和确认出货资料的凭证。送货单应特别注意以下内容：

（1）单据打印时间。为保证送货单资料与实际出货资料一致，最好在出车前完成一切清点工作，而且不相符的资料也在计算机中修改完毕，再打印出货单。

（2）送货单资料。送货单上的资料除基本出货资料外，还应附上一些订单的异常情形，如缺货项目、缺货数量等。

（3）缺货资料。对于缺货商品或缺货的订单资料，系统应提供查询或报表打印功能。提供按商品或供应商的名称代号查询缺货商品资料的目的是提醒采购人员及时采购。缺货订单是用来按客户或业务员的名称代号查询的缺货订单资料。

六、按订单供货

按订单供货是整个订货处理过程中最复杂的部分。确定供货的优先等级对订货处理周期时间有重要影响。许多企业没有正式地确定供货优先等级的标准，操作人员面对大量的订货处理工作会习惯性地优先处理简单的、品种单一、订货量少的订单，其结果往往造成对重要客户和重要订单供货的延迟。在确定供货的优先等级时应坚持以下几个原则：

（1）按接收订单的时间先后处理。
（2）处理时间最短的先处理。
（3）批量最小的、最简单的订单先处理。
（4）按预先设定的顾客优先等级处理。
（5）按向顾客承诺的到货日期先后进行处理。
（6）离承诺到货日期时间最近的先处理。

七、订单处理状态跟踪

为了满足顾客希望了解订货处理状态信息的要求，向顾客提供更好的服务，需要对订货处理进行状态追踪，并与顾客交流订货处理状态信息，加强与顾客的联系。

材料3 订单管理系统

订单是现代配送企业运作的重要驱动力，采购、设计、制造、销售等一系列工作都围绕订单展开，因此订单处理的支持对于配送中心而言至关重要。订单管理系统包含一组与订单处理相关的功能模块，其涉及的作业主要包括客户订单的受理、入库和出货订单的受理、相应的订单处理生成入库计划与发货计划等。

配送中心的订单处理基本上是依靠 EDI 系统数据转换完成的，即当客户通过 EDI 方式直接与配送中心进行订单数据交换时完成相应的数据格式转换。因此，订单处理对应的功能模块包括出入库订单受理和订单数据转换两个方面。

1. 出入库订单受理

订单处理包括自动报价与接受订单。自动报价系统需要输入的数据包括客户名称、物品名称、物品详细规格、物品等级等。信息系统根据这些数据调用产品明细数据库、客户交易此物品的数据库、对该客户报价的历史数据、客户数据库、生产企业报价数据等，以取得此项物品的报价资料、数量折扣、客户以往交易记录及客户折扣、物品供应价格等信息。

然后，由配送中心根据所需利润与配送成本、保管成本等制定估价公式并计算销售价格。

接着由报价单制作系统打印出报价单，经销售主管核准后送交顾客，经客户签字确认后成为正式订单。

2. 订单数据转换

订单传送有多种方法，包括邮寄、销售人员取回、电话订购、传真订购、通过计算机网络订购等，在订单接收时还需要考虑订单数据的识别及法律效力等问题。

若订单是由报价单确认而来，则可由信息系统将报价数据转换为订购数据；若订单由计算机网络传送，则需要根据 EDI 标准格式将数据转换成内部订单文件格式。输入转换后的订购资料需由销售人员核查在客户指定出货日期是否能如期完成。这样一旦当销售部门了解到无法如期配送时，可以由销售人员跟客户协商是否能分批交货或延迟交货，然后按照协商结果调整订单数据文件。

销售人员还必须检查客户付款状况及应收账款数据是否满足公司信用策略中设定的相应信用额度，超出该额度时则需要销售主管核准后再重新输入订购数据。当商品退回时，可按订单号码找出原始订单数据与配送数据，修改其内容并标识退货记号，以备退货数据处理。

3. 客户信息服务

在配送中心门户网站上及时发布在库信息及发运信息，供客户、收货人、货运公司实时查询；或者客户服务人员按客户查询条件生成统计报表，保存成指定数据格式，进而与客户信息系统进行数据交换。

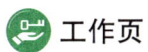 工作页

订单需求情况汇总工作页

客户名称	接单时间	需求商品				
		品名	规格	数量（箱）	毛重（千克/箱）	体积（厘米×厘米×厘米）
A 客户	8:20	光明牛奶	250 克/袋	6	8	70×50×40
B 客户	8:40	葵花色拉油	5 升/桶	8	20.5	90×60×45
C 客户	9:16	奥妙洗洁精	500 克/袋	7	11	85×60×45

客户情况汇总工作页

客户名称	客户类型	客户信用	客户等级	对订单要求
A 客户				
B 客户				
C 客户				
D 客户				
E 客户				
F 客户				

任务2　进货作业管理

工作内容

1. 掌握配送进货作业相关知识。
2. 描述进货的原则和订货的方法。
3. 用关键词描述卸货验收的内容和方法。
4. 采用小组讨论法对分类的程序和堆垛方法进行推演。

请读者学习材料1、材料2、材料3后完成配送进货管理认知工作页。

学习材料

材料1　认识进货作业

进货作业是供应商根据有关采购指令将货物送达配送中心后开始的,配送中心经过装卸、搬运、分类、验收、确认后,将货物按预定的货物存储入库,这一过程即为进货作业。进货作业是实现商品配送的前置工作。

配送中心的收货工作涉及商品所有权的转移,商品一旦收下,配送中心将承担商品完好的全部责任。因此,进货作业质量至关重要。通常,进货作业的内容包括制订进货作业计划、卸货、验收、编号、分类、堆垛等。

一、制订进货作业计划的依据

作业计划是根据采购计划与实际的进货单据,以及供应商的送货规律与送货方式来制定的。制订进货作业计划的目的是依据订单所反映的信息,掌握商品到达的时间、品类、数量及到货方式,尽可能地准确预测出到货时间,以尽早做出卸货、储位、人力、物力等方面的计划和保证整个进货流程的顺利进行,同时提高作业效率,降低作业成本。

二、进货前的准备

1. 储位准备

储位准备是根据预计到货的商品特性、体积、质量、数量和到货时间等信息,结合商品分区、分类和储位管理的要求预计储位,预先确定商品的理货场所和储存位置。

2. 设备器材的准备

设备器材的准备是根据到货商品的理化性能及包装、单位重量、单位体积、到货数量等信息,确定检验、计量、卸货与搬运方法,准备好相应的检验设施、度量衡、卸货及码货工具与设备,并安排好卸货站台空间。

3. 人力安排

依照到货的时间和数量，预先计划安排好接货、卸货、检验、搬运货物的作业人员。

三、进货考虑的因素

（1）一日内的供应厂数。

（2）商品种类与数量：一日内的进货项数。

（3）进货车种与车辆台数：车数/日。

（4）每一时刻的进货车数调查。

（5）每一车的卸（进）货时间。

（6）进货场地人员数。

（7）商品的形状、特性。

（8）配合储存作业的处理方式。

材料2　卸货及验收作业

配送中心卸货一般在收货站台上进行。送货方到指定地点卸货，并将抽样商品、《送货凭证》《增值税发票》交验。卸货方式通常有人工卸货、输送机卸货和码托盘叉车卸货。

一、卸货验收的目的及要求

验收是进货工作中的一个重要环节，目的是保证商品能及时、准确、安全地发运到目的地。商品在供应商和工厂与仓库之间相互有交接关系，所以验收的目的首先在于与送货单位分清责任；其次在商品运输过程中，因种种原因可能造成商品溢缺、损失，供需双方更应当面查点交接，分清责任。验收工作是一项细致复杂的工作，一定要仔细核对，做到"三核对"和"全核对"。

"三核对"即核对商品条形码（或物流条形码），核对商品的件数，核对商品包装上的品名、规格、件数。只有做到"三核对"，才能达到品类相符、件数准确。由于用托盘收货时，要做到"三核对"有一定难度，故收货时可采取边收边验的方法来保证"三核对"的执行。

有的商品即使进行了"三核对"，仍会产生一些规格和等级上的差错，如品种繁多的小商品，对这类商品就要采取全核对的方法，要以单对货，核对所有项目，即品名、规格、颜色、等级、标准等，才能保证单货相符、准确无误。

二、卸货验收的内容和方法

验收使交接双方划分责任的界限，要实现把完好的商品收进来送给门店（或客户），必须经过商品条形码标识、数量、质量、包装4个方面的验收。

1. 商品条形码标识验收

在作业时要抓住两个关键：一是检验该商品是否是有送货预报的商品；二是验收该商品的条形码与商品数据库内已登录的资料是否相符。

2. 数量验收

由于配送中心的收货工作非常繁忙，通常会几辆卡车接连到达，为了节约时间，一般采取"先卸后验"的办法，几辆卡车同时卸车，先卸完的先验收，交叉进行，既可节省人力，又可加快验收速度，还可有效防止差错。

3. 质量验收

由于交接时间短促和现场码盘等条件的限制，在验收时，一般只能用"看""闻""听""摇""拍""摸"等感官检验方法，检查范围也只能是包装外表。

对于流汁商品的验收，应检验包装外表有无污渍（包括干渍和湿渍），若有污渍，必须拆箱检验并调换包装；对于玻璃制品的验收（包括部分是玻璃制作的制品），要件件摇动或倾倒细听声响；对于香水、花露水等商品的验收，除了"听声响"外，还可以在箱子封口处"闻"；对针织品等怕湿商品的验收，要注意包装外表有无水渍；对于有有效期的商品的验收，必须严格注意商品的出厂日期，并按规定把关，防止商品失效和变质。

4. 包装验收

包装验收的目的是保证商品在运行途中的安全。物流包装一般在正常的保管、装卸和运送途中经得起颠簸、挤压、摩擦、污染等影响。在包装验收时，应具体检查纸箱封条是否破裂、箱盖（底）是否粘牢、纸箱内包装或商品是否外露、纸箱是否受过潮湿。

三、编号作业

1. 编号的意义

编号是指将商品按其分类内容有秩序地编排，用简明的文字、符号或数字代替商品的名称、类别及其他有关信息的一种方式。由于进货作业是配送中心作业的第一阶段，因而如何让后续作业能够迅速正确地进行，并使商品品质及作业水平也能得到妥善维持，在进货阶段就将货品作好清楚有效的编号是非常重要的。

2. 编号的功能

商品经过有秩序的编号后，不论对作业还是管理皆能起到标准化的作用。

（1）增加商品资料的正确性。

（2）核查管理容易。

（3）提高商品作业活动的工作效率，而且便于信息的传递。

（4）可以利用计算机处理分析。

（5）可以节省人力、减少开支、降低成本。

（6）便于进货、发货。

（7）因记录正确可迅速按秩序储存或拣取货品，一目了然，减少弊端。

（8）削减存货。一旦有了统一编号，可以防止重复订购相同的商品，而且仓储及盘点作业将更易于进行，对控制存货有很大帮助。

（9）可考虑选择作业的优先性，如先进先出。

（10）利用编号代码来表示各种商品，可防止企业机密外泄。

3. 编号的原则

（1）简易性：应将商品化繁为简，便于商品活动的处理。

（2）完全性：要使每一项商品都有一种编号代替。

（3）单一性：每一个编号只能代表一项商品。

（4）一贯性：要统一而有连贯性。

（5）充足性：其所采用的文字、记号或数字必须有足够的数量来编号。

（6）组织性：编号应有组织，以便存档或查知账卡及相关资料。

（7）易记性：应选择易于记忆的文字、符号或数字，或富于暗示及联想性。

（8）扩充弹性：为未来商品的扩展及产品规格的增加留有余地，使其可因要求而自由延伸，或随时从中插入。

（9）分类展开性：若商品过于复杂使得编号庞大，则应使用渐进分类的方式来进行层级式的编号。

（10）应用机械性：信息化管理是当前的趋势，因而编号应考虑与计算机的配合。

材料3　分类与堆垛作业

分类是将不同商品按其性质或其他条件分别逐次区分，将之归纳于不同货物类别，进行系统的排列，以提高作业效率。

一、分类的意义

（1）是商品控制合理化的基础，作为货品编号的依据。

（2）将商品系统分层归类，可提高管理效率。

（3）便于收发保管。

（4）方便商品的分配与调拨。

（5）便于记账及统计分析。

（6）能减少作业中的移动距离，并使存取人员更容易记忆商品位置，可说是增进作业效率的关键。

二、分类的原则

（1）分类应按照统一的标准，自大分类至小分类依同一原理区分，以合乎逻辑。

（2）分类必须根据企业本身的需要来选择适用的分类形式，应具有实用性。

（3）分类必须有系统地展开，逐次细分，方能层次分明。

（4）分类应明确而相互排斥，当一产品已归于某类后，绝不可能再分至他类。

（5）分类必须具有完全性、普遍性，使所有商品均能清楚归类。

（6）分类应有不变性，即商品一经确定其类别后，便不可任意变更，以免造成混乱。

（7）分类应有伸缩性，以便随时可增列新商品。

三、分类的方式

（1）为适应货品储存保管需要而按照商品特性分类。

（2）为配合商品使用而按照商品使用目的、方法及程序分类，如将流通加工者划分为一类，直接原料划分为一类，间接原料划分为一类。

（3）为适应商品采购的便利而按照交易行业分类。

（4）为便于商品账务处理而按照会计科目分类，如价值很高者划分为一大类，价值低廉者划分为一大类。

（5）依商品状态分类，如商品的内容、形状、尺寸、颜色、重量等。

（6）依信息方面分类，如商品送达的目的地、顾客等。

四、分类的程序

对品项较多的分类储存，可分为两阶段、上下两层输送同时进行，具体步骤如下：

（1）由条码读取机读取箱子上的物流条形码，依照品项作出第一次分类，再决定归属上层或下层的存储输送线。

（2）上下层的条码读取机再次读取条码，并将箱子按各个不同的品项分门别类到各个储存线上。

（3）在每条储存线的切离端，箱子堆满一只托盘的分量后，一长串货物即被分离出来。

（4）当箱子组合装满一层托盘时就被送入中心部。

（5）箱子在托盘上一层层地堆叠，堆到预先设定的层数后完成分类。

（6）操作员用叉式堆高机将分好类的货物依类运送到储存场所。

这种自动分类储存系统不仅可以有效地利用空间（上下输送线）进行分类储存，而且能在1分钟内自动堆叠48箱货物，大大提高了分类作业的效率。

五、堆垛

商品的堆垛一定要从保证商品安全和适应点验、复查出发，要规范化操作。在商品码托盘时应注意：商品标志必须朝上、商品摆放不超过托盘的宽度、商品重量不得超过托盘规定的载重量。托盘上的商品尽量堆放平稳，便于上面叠放。每盘商品件数必须标明；为防止跌落，上端用行李松紧带捆扎牢固。

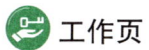 **工作页**

进货检查清单工作页

序号	操作要点	是否已注意	说明
1			
2			
3			
4			

其他/提示：　　　　　　　　　　检查员签名：

卸货明细工作页

清点卸货明细							
托运单号	货物名称	数量	体积	重量	地点	备注	
合计							

任务 3　仓储经营管理

工作内容

1．熟知配送企业的仓储经营管理内容。
2．用关键词描述配送中心仓储经营方式。
3．采用小组讨论法对配送中心的仓储功能进行推演。
4．了解配送中心仓储经营管理的方法。
请读者学习材料 1、材料 2、材料 3、材料 4 后完成配送仓储经营认知工作页。

学习材料

材料 1　配送保管型仓储

现代配送中心使用的仓储经营方法主要包括保管仓储、混藏仓储、消费仓储、仓库租赁经营、流通加工经营等。

一、保管仓储经营的含义

保管仓储是指存货人将储存物交付给仓储经营人储存并支付仓储费的仓储经营方法。在保管仓储中，仓储经营人以获得仓储保管费最多为经营目标，仓储保管费与仓储物的数量、仓储时间和仓储费率三者密切相关。

二、保管仓储经营的方法

在保管仓储经营中，仓储经营人一方面需要尽可能地吸引仓储，获得大量的仓储委托，求得仓储保管费收入的最大化，另一方面还需要在仓储保管中尽量降低保管成本来获取经营成果。

$$仓储经营利润 = 仓储保管费总收入 - 仓储总成本$$

仓储总成本又由仓储固定成本和变动成本构成。每一次仓储保管费取决于仓储物的数量、仓储时间和仓储费率，其计算公式为：

$$C = Q \times T \times K$$

式中，C 为仓储保管费，Q 为存货数量，T 为存储时间，K 为仓储费率。

综上仓储总收入可通过下式计算：

$$仓储总收入 = 总库容量 \times 仓容利用率 \times 平均率$$

三、保管仓储的经营特点

1. 仓储物原物返还，所有权不转移

保管仓储的目的在于保持保管物原状，寄存人交付保管物于保管人，其主要目的在于保管。也就是说，他主要是将自己的货物存入仓储企业，仓储企业必须对仓储物实施必要的保管而达到最终维持原状的目的，一定要确保原物形状。它与存货企业是一种提供劳务的关系，所以在仓储过程中，仓储物的所有权不转移到仓储过程中，仓储企业没有处分仓储物的权力。

2. 保管对象是特定物

仓储物一般都是数量大、体积大、质量高的大宗货物、物资，例如粮食、工业制品、水产品等。

3. 收入主要来自仓储费

保管仓储活动是有偿的，保管人为存货人提供仓储服务，存货人必须支付仓储费。仓储费是保管人提供仓储服务的价值表现形式，也是仓储企业盈利的来源。

4. 仓储过程由保管人操作

仓储保管经营的整个仓储过程均由保管人进行操作，仓储经营企业需要有一定的投入，为了使仓储物品质量保持完好需要加强仓储的管理工作。仓储企业要加强仓储技术的科学研究，不断提高仓库的机械化、自动化水平，组织好物资的收、发、保管保养工作，掌握监督库存动态，保持物资的合理储备。

建立和健全仓储管理制度，加强市场调查和预测，与客户保持联系，不断提高仓储工作人员的思想政治水平和业务水平，培养一支业务水平高、技术水平高、管理水平高的仓储工作队伍，等等这一切吸引仓储客户的活动都需要一定的收入，才能使保管仓储发挥其应有的作用。

四、保管仓储的经营管理

要使仓储物品质量保持完好，需要加强仓储的管理工作。

首先要加强仓储技术的科学研究，根据商品的性能和特点提供适宜的保管条件，保证商品数量正确、质量完好。

其次要不断提高仓储员工的业务水平，培养出一支训练有素的员工队伍，在养护、保管工作中发挥其应有的作用。

最后要建立和健全仓储管理制度，加强市场调查和预测，搞好客户关系，组织好商品的收发和保管保养工作，掌握库存动态，保证仓储经营活动的正常运行。

材料2　配送混藏型仓储

一、混藏仓储经营的含义

混藏仓储是指存货人将一定品质、数量的储存物交付给仓储经营人储存，在储存保管期限届满时，仓储经营人只需以相同种类、相同品质、相同数量的替代物返还的一种仓储经营方法。混藏仓储经营人的收入依然来自于仓储保管费，存量越多、存期越长收益越大。

二、混藏仓储经营的方法

混藏仓储主要适用于农业、建筑业、粮食加工等行业中对品质无差别、可以准确计量的商品。在混藏仓储经营中，仓储经营人应寻求尽可能控制品种数量和大批量混藏的经营模式，从而发挥混藏仓储的优势。

混藏仓储经营方法的收入主要来源于仓储保管费，存量越多、存期越长收益越大。

混藏仓储保管费的计算公式与保管仓储的相同。

三、混藏仓储的经营特点

1. **替代物返还，所有权不转移**

混藏仓储的保管物并不随交付而转移所有权，混藏保管人只需为寄存人提供保管服务，而保管物的转移只是物的占有权转移，与所有权的转移毫无关系，保管人无权处理存货的所有权。

例如，农民将玉米交付给仓储企业保管，仓储企业可以混藏玉米，仓储企业将所有玉米混合储存于相同品种的玉米仓库，形成一种保管物为混合物（所有权的混合物）状况，玉米的所有权并未交给仓储企业，各寄存人对该混合保管物按交付保管时的份额各自享有所有权。在农民需要时，仓储企业从玉米仓库取出相应数量的存货交给该农民。

2. **保管对象是种类物**

混藏仓储的对象是种类物。混藏仓储的目的并不完全在于原物的保管，有时寄存人仅仅需要实现物的价值的保管即可，保管人以相同种类、相同品质、相同数量的替代物返还，并不需要原物返还。因此当寄存人基于物之价值保管的目的而免去保管人对原物的返还义务时，保管人既减轻了义务负担，又扩大了保管物的范围，种类物成为保管合同中的保管物。

保管人即以种类物为保管物，则在保存方式上失去各保管物特定化的必要，所以将所有同种类、同品质的保管物混合仓储保管，因此种类物混藏的方式便于统一仓储作业、统一养护、统一账务处理等管理。

将所有同种类、同品质的保管物混合仓储保存，则在保存方式上失去各保管物特定化的必要，种类物成为保管合同中的保管物。各存货人对混合保管物交付保管时的份额而各自享有所有权。这种种类物混藏的方式给各种作业、养护及账务工作带来管理上的便利。

3. **收入主要来自仓储费**

混藏式仓储是成本最低的仓储方式。当存货人基于物品之价值保管目的而免去保管人对原物的返还义务时，仓储经营人既减轻了义务负担，又扩大了保管物的范围。混藏仓储是在保管仓储的基础上，为了降低仓储成本，通过混藏的方式使仓储设备投入最少，仓储空间利用率最高，从而使仓储成本最低。

4. **仓储过程由保管人操作**

混藏仓储的整个仓储过程也是由保管人操作，但该种仓储经营方法是一种特殊的仓储方式，混藏仓储与消费仓储、保管仓储有着一定的联系，也有一定的区别。保管仓储的对象是特定物，而混藏仓储和消费仓储的对象是种类物。

混藏仓储在物流活动中发挥着重要作用，在提倡物尽其用、发展高效物流的今天，赋予了混藏仓储更新的功能，配合以先进先出的运作方式使仓储物资的流通加快，有利于减少损耗和过期变质等风险。

另外，混藏方式能使仓储设备投入最少，仓储空间利用率最高。存货品种增加会使仓储成本增加，所以在混藏仓储经营中应尽可能开展少品种、大批量的混藏经营。

因此，混藏仓储主要适用于农村、建筑施工、粮食加工、五金等行业对品质无差别、可以准确计量的商品。

材料3　配送消费型仓储

一、消费仓储经营的含义

消费仓储是指存货人不仅将一定数量、品质的储存物交付给仓储经营人储存，而且双方约定，将储存物的所有权也转移到仓储经营人处，在合同期届满时，仓储经营人以相同种类、相同品质、相同数量替代物返还的一种仓储经营方法。

二、消费仓储的经营方法

消费仓储经营人的收益主要来自对仓储物消费的收入，当该消费的收入大于返还仓储物时的购买价格时，仓储经营人获得了经营利润。反之，消费收益小于返还仓储物时的购买价格时，就不会对仓储物进行消费，而依然原物返还。

在消费仓储中，仓储费收入是次要收入，有时甚至采取零仓储费结算方式。消费仓储的开展使得仓储财产的价值得以充分利用，提高了社会资源的利用率。消费仓储可以在任何仓储物中开展，但对于仓储经营人的经营水平有极高的要求。现今广泛开展在期货仓储中。

三、消费仓储的经营特点

1. 替代物返还，所有权随储存物交付而转移

消费仓储以物的价值保管为目的，保管人仅以种类、品质、数量相同的物进行返还 在消费仓储中不仅转移保管物的所有权，而且还必须允许保管人使用、收益、处分保管物。即将保管物的所有权转移给保管人，保管人无须返还原物，而仅以同种类、品质、数量的物品返还，以保存保管物的价值即可。

保管人通过经营仓储物获得经济利益，通过在高价时消费仓储物，低价时购回，如建筑仓储经营人直接将委托仓储的水泥厂用于建筑生产，在保管到期前从市场购回相同的水泥归还存货人；或者通过仓储物市场价格的波动进行高卖、低买获得差价收益。当然在最终，需要买回仓储物归还存货人。

2. 保管对象是种类物

消费仓储以种类物作为保管对象，仓储期间转移所有权于保管人。在消费仓储中，寄存人将保管物寄于保管人处，保管人以所有人的身份自有处理保管物，保管人在他所接收的保管物于转移之时便取得了保管物的所有权。这是消费仓储最为显著的特征。在保管物返还时，保管人只需以相同种类、相同品质、相同数量的物品代替原物返还即可。

3. 收入主要来自于仓储物消费的收入

消费仓储经营人的收益主要来自于对仓储物消费的收入，当该消费的收入大于返还仓储物时的购买价格时，仓储经营人获得了经营利润。反之，消费收益小于返还仓储物时的购买价格时，就不会对仓储物进行消费，而依然原物返还。

在消费仓储中，仓储费收入是次要收入，有时甚至采取无收费仓储。可见消费仓储经营人利用仓储物停滞在仓库期间的价值进行经营，追求利用仓储财产经营的收益。消费仓储的开展使得仓储财产的价值得以充分利用，提高了社会资源的利用率。消费仓储可以在任何仓储物中开展，但对于仓储经营人的经营水平有极高的要求，现今在期货仓储中广泛开展。

4. 仓储过程由仓库保管人操作

消费仓储在储存过程中由仓库保管人操作，仓储企业同样要加强仓储技术的科学研究，不断提高仓库的机械化、自动化水平，组织好物资的收、发、保管保养工作，同时要随时掌握市场上该种仓储物的供需情况，以便抓住市场先机，提高仓储企业的利润空间。

消费仓储是一种特殊的仓储形式，以种类物作为保管对象，兼有混藏仓储的经营特点，原物虽然可以消耗使用，但其价值得以保存，为仓储经营提供了发挥的空间。

材料 4　配送租赁型仓储

一、仓库租赁经营的含义

仓库租赁经营是通过出租仓库、场地和仓库设备，由存货人自行保管货物的仓库经营方式。

二、仓库租赁的经营方法

进行仓库租赁经营时，最主要的一项工作是签订一个仓库租赁合同，在合同条款的约束下进行租赁经营，取得经营收入。仓库租赁经营既可以是整体性的出租，也可以采用部分出租、货位出租等分散出租方式。在分散出租形式下，仓库所有人需要承担更多的仓库管理工作，如环境管理、保安管理等。目前，采用较多的是部分出租和货位出租方式，正在迅速发展的箱柜委托租赁保管业务也成为一种趋势。

仓库租赁经营中，租用人的权利是对租用的仓库及仓库设备享有使用权并保护仓储设备设施，按约定的方式支付租金。出租人的权利是对出租的仓库及设备设施拥有所有权，并享有收回租金的权利，同时必须承认租用仓库及设备设施的按约定的使用权，并保证仓库及设备设施的完好性能。

仓储租赁经营方式在经营方法上要注意以下一些问题：

（1）仓储经营人应该根据市场需要提供合适的仓库、场地和仓储设备，并保证所提供的仓储资源质量可靠。

（2）仓储经营人应该加强环境管理、安全管理工作，协助租用人使用好仓储资源，必要时可为租用人提供仓储保管的技术支持。

（3）应该签订仓库租赁合同，以明确双方的权利义务关系。

三、仓库租赁的经营特点

1. 承租人具有特殊商品的保管能力和服务水平

采取出租仓库经营方式的前提条件为：出租的收益所得高于自身经营收益所得。

一般以下面的公式计算为依据。

$$租金收入 > 仓储保管费 - 保管成本 - 服务成本$$

2. 以合同的方式确定租赁双方的权利和义务

出租人的权利是对出租的仓库及设备拥有所有权并按合同收取租金，同时必须承认承租人对租用仓库及仓库设备的使用权，并保证仓库及仓库设备的完好性能。承租人的权利是对租用的仓库及仓库设备享有使用权（不是所有权），并有保护设备及按约定支付租金的义务。

3. 分散出租方式增加管理的工作量

若采用部分出租、货位出租等分散出租方式，出租人需要承担更多的仓库管理工作，如环境管理、保安管理等。而采用整体性的出租方式，虽然减少了管理工作量，却同时也放弃了所有自主经营的权利，不利于仓储业务的开拓和对经营活动的控制。

仓库租赁经营的做法比较适合出租方没有较强的仓储业务经营能力，而承租方拥有较强的仓储经营能力的情形。这个时候把仓库交给别人经营带来的收益要大于自己经营。

四、箱柜委托租赁保管业务

目前，箱柜委托租赁保管业务在许多国家发展较快。在日本，从事箱柜委托租赁保管业务的企业数目和仓库营业面积在迅速上升。

箱柜委托租赁保管业务是仓库业务者以一般城市居民和企业为服务对象，向他们出租体积较小的箱柜来保管非交易物品的一种仓库业务。对一般居民和家庭的贵重物品，如金银首饰、高级衣料、高级皮毛制品、古董、艺术品等，提供保管服务；对企业以法律或规章制度规定必须保存一定时间的文书资料、磁带记录资料等物品为对象提供保管服务。箱柜委托租赁保管业务强调安全性和保密性，它为居住面积较小的城市居民和办公面积较窄的企业提供了一种便利的保管服务。箱柜委托租赁保管业务是一种城市型的仓库保管业务。

许多从事箱柜委托租赁保管业务的仓库经营人专门向企业提供这种业务，他们根据保管物品、文书资料和磁带记录资料的特点建立专门的仓库，这种仓库一般有以下3个特点：

（1）注重保管物品的保密性。因为保管的企业资料中许多涉及企业的商业秘密，所以仓库有责任保护企业秘密，防止被保管的企业资料流失到社会上去。

（2）注重保管物品的安全性，防止保管物品损坏变质。因为企业的这些资料如账目发票、交易合同、会议记录、产品设计资料、个人档案等需要保管比较长的时间，必须防止保管物品损坏变质。

（3）注重快速服务反应。当企业需要调用或查询保管资料时，仓库经营人能迅速、准确地调出所要资料及时地送达企业。

 **工作页**

库存明细工作页

库存明细			
储位编码	货物名称	库存数量	单位

货卡工作页

货物名称： 规格： 包装单位：

日期	储位	收入数量	发出数量	结存数量	操作人

仓库台账工作页

货主单位： 日期：

货物名称	货号	规格	单位	单价	入库数量	出库数量	结存	经手人

任务 4 拣货作业管理

工作内容

1．熟练掌握拣货作业的策略。
2．采用小组讨论法对拣货的一般程序与作业管理进行推演。
3．描述拣货作业的方式。
4．用关键词描述拣货过程当中应该注意的要点。
请读者学习材料 1、材料 2 后完成配送拣货认知工作页。

学习材料

材料 1 拣货作业基本流程

一、拣货作业的基本内容

拣货作业是依据客户的订货要求或配送中心的送货计划，尽可能迅速准确地将货物从其储位或其他区域拣取出来，并按一定的方式进行分类、集中，等待配装送货的作业过程。在配送作业的各环节中，拣货作业是非常重要的一环，它是整个配送中心作业系统的核心。

在配送中心搬运成本中，拣货作业搬运成本约占 90%；在劳动密集型配送中心，与拣货作业直接相关的人力占总人力资源的 50%；拣货作业时间约占整个配送中心作业时间的 30%～40%。

因此，合理的规划与管理拣货作业对配送中心作业效率具有决定性的影响。拣货作业集中在配送中心内部完成，是高水平配送货物所进行的拣取、分货、配货等理货工作，是配送中心的核心工序。

拣货作业的速度和质量不仅对配送中心的作业效率具有决定性的作用，而且直接影响到整个配送中心的信誉和服务水平。因此，迅速准确地将顾客所要求的货物集合起来，并且通过分类配装及时送交顾客，是拣货作业最终的目的和功能。

二、拣货作业在配送中的重要作用

分拣及配货是配送不同于其他物流形式的有特点的功能要素，也是配送成败的一项重要支持性工作。分拣及配货是完善送货、支持送货的准备性工作，是不同配送企业在送货时进行竞争和提高自身经济效益的必然延伸，所以也可以说是送货向高级形式发展的必然要求。有了分拣及配货就会大大提高送货服务水平，所以分拣及配货是决定整个配送系统水平的关键要素。

在配送作业的各环节中，拣货作业是整个配送中心作业系统的核心。在配送中心搬运成本中,拣货作业搬运成本约占90%;在劳动密集型配送中心,与拣货作业直接相关的人力占50%;拣货作业时间约占整个配送中心作业时间的30%~40%。因此,合理规划与管理拣货作业,对配送中心作业效率具有决定性的影响。

拣货作业集中在配送中心内部完成,是为提高配送水平所进行的拣取、分货、配送等理货工作,是配送中心的核心工序。从各国的物流配送实践来看,由于大体积、大批量需求多采取直达、直送的供应方式,因此配送的主要对象是中小件货物,即配送多为多品种、小体积、小批量的物流作业,这样使得拣货作业工作量占配送中心作业量的比重非常大,而且工艺复杂,特别是对于客户多、商品多、需求批量小、需求频率高、送货时间要求高的配送服务,拣货作业的速度和质量不仅对配送中心的作业效率起决定性的作用,而且直接影响到整个配送中心的信誉和服务水平。

因此,迅速且准确地将顾客所需要的商品集合起来,并且通过分类配装及时送交顾客,是拣货作业最终的目的及功能。

三、拣货作业的基本流程

拣货作业是配送中心的核心环节。从实际运作过程来看,拣货作业是在拣货信息的指导下,通过行走和搬运拣取货物,再按一定的方式将货物分类、集中,因此拣货作业的拣取过程包括如图7-2所示的4个环节。

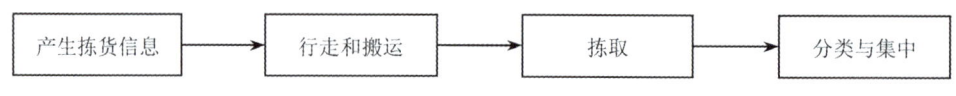

图7-2 拣货作业的主要流程

1. 产生拣货信息

拣货作业必须在拣货信息的指导下才能完成。拣货信息来源于顾客的订单和配送中心的送货单,因此,有些配送中心直接利用顾客的订单或配送中心的送货单作为人工拣货指示,即拣货作业工作人员直接凭订单或送货单拣取货物。

这种信息传递方式无法准确标示所拣货物的储位,使拣货人员延长寻找货物时间和拣货行走路径。在国外大多数配送中心一般先将订单等原始拣货信息经过处理后转换成"拣货单"或电子拣货信号,指导拣货人员或自动拣取设备进行拣货作业,以提高作业效率和作业准确性。

2. 行走和搬运

拣货时,拣货作业人员或机器必须直接接触并拿取货物,因此形成拣货过程中的行走与货物的搬运,缩短行走和货物搬运距离是提高配送中心作业效率的关键。拣货人员可以步行或搭乘运载工具到达货物储存的位置,也可以由自动储存分拣系统完成。

3. 拣取

无论是人工还是机械拣取货物,都必须首先确认被拣货物的品牌、规格、数量等内容是否与拣货信息所传递的指示一致。这种确认既可以通过人工目视读取信息,也可以利用无线传输终端机读取条码由计算机进行对比,后一种方式往往可以大幅降低拣货的错误率。

拣货信息被确认以后,拣取的过程可以由人工或自动化设备完成。通常小体积、少批量、搬运重量在人力范围内且出货频率不是特别高的,可以采取手工方式拣取;对于体积大、重量大的货物可以利用升降叉车等搬运机械辅助作业;对于出货频率很高的可以采取自动拣货系统。

4. 分类与集中

配送中心在收到多个客户的订单后可以形成批量拣取,然后再根据不同的客户或送货路线分类集中,有些需要进行流通加工的商品还需要根据加工方法进行分类,加工完毕再按一定方式分类出货,分货过程如图7-3所示。

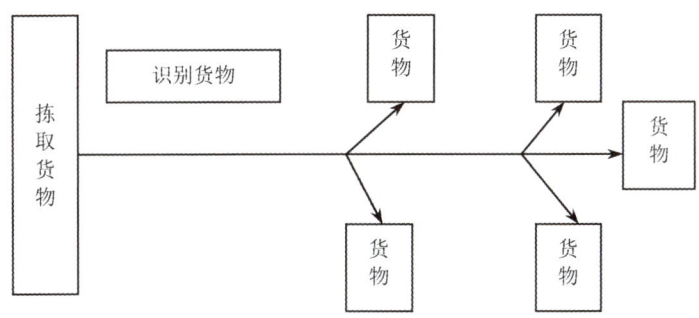

图7-3 分货过程示意图

多品种分货的工艺过程较复杂,难度也大,容易发生错误,必须在统筹安排形成规模效应的基础上提高作业的精确性。在物品体积小、重量轻的情况下,可以采取人力分拣,也可以采取机械辅助作业,或利用自动分拣机自动将拣取出来的货物进行分类与集中。分类完成后,货物经过查对、包装便可以出货、装货、送货了。

材料2　拣货作业的方式

一、拣货作业的方法

可以将拣货作业分为订单个别拣取、批量拣取和复合拣取3种方式。订单个别拣取是分拣按每份订单来拣货;批量拣取是多张订单集合成一批,汇总数量后形成拣货单,然后根据拣货单的指示一次拣取商品,再进行分类;复合拣取是充分利用以上两种方式的特点,并综合运用于拣货作业中。

1. 订单个别拣取

订单个别拣取是针对每一份订单,作业员巡回于仓库内,按照订单所列商品及数量,将客户所订购的商品逐一由仓库储位或其他作业区中取出,然后集中在一起的拣货方式。

订单个别拣取作业流程如图 7-4 所示。

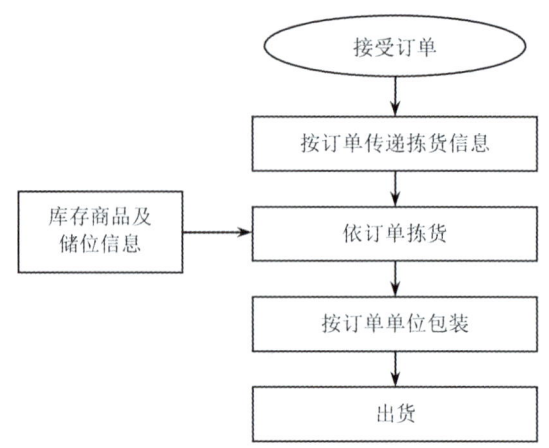

图 7-4 订单个别拣取作业流程

（1）订单个别拣取方式的特点。

1）作业方法单纯，接到订单可立即拣货、送货，所以作业前置时间短。

2）作业人员责任明确，易于安排人力。

3）拣货后不用进行分类作业，适用于配送批量大的订单的处理。

4）商品品类多时，拣货行走路径加长，拣取效率较低。

5）拣货区域大时，搬运系统设计困难。

（2）使用条件。订单个别拣取的处理弹性比较大，临时性的生产能力调整较为容易，适合订单大小差异较大、订单数量变化频繁、季节性强的商品配送。商品外形体积变化较大，商品差异较大的情况下宜采用订单个别拣取方式，如化妆品、家具、电器、百货、高级服饰等。

2. 批量拣取

批量拣取是将多张订单集合成一批，按照商品品种类别汇总后再进行拣货，然后依据不同客户或不同订单分类集中的拣货方式。

订单批量拣取作业流程如图 7-5 所示。

（1）批量拣取方式的特点。

1）适合配送批量大的订单作业。

2）可以缩短拣取货物时的行走时间，增加单位时间的拣货量。

3）必须当订单累计到一定数量时才做一次性的处理，因此会有停滞时间产生。

（2）适用条件。批量拣取方式通常在系统化、自动化设置之后，作业速度提高，而产能调整能力减少的情况下采用，适合订单变化较小，订单数量稳定的配送中心和外形较规则、固定的商品出货，如箱装、扁袋装的商品。需要进行流通加工的商品也适合批量拣取，再批量进行加工，然后分类配送，有利于提高拣货及加工效率。

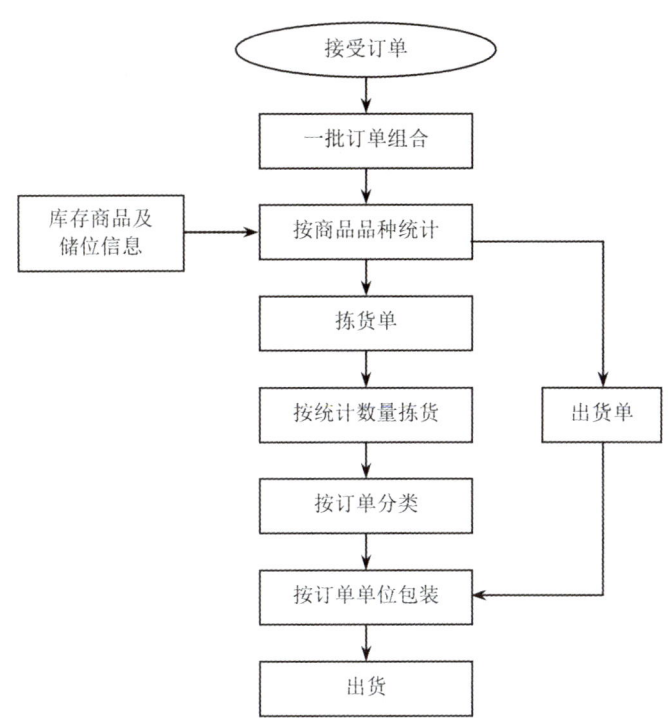

图 7-5 订单批量拣取作业流程

3. 复合拣取

为克服订单个别拣取和批量拣取方式的缺点，配送中心也可以采取将个别订单拣取和批量拣取组合起来的复合拣取方式。复合拣取即根据订单的品种、数量及出库频率，确定哪些订单适应于个别订单拣取，哪些适应于批量拣取，分别采取不同的拣货方式。

二、拣货作业中信息传递的方法

拣货信息的作用在于指导拣货作业的进行，使拣货人员正确而迅速地完成拣货作业，拣货作业的依据是顾客的订单或其他送货指令，因此拣货信息最终来源于顾客的订单。拣货信息既可以通过手工单据来传递，也可以通过其他电子设备和自动拣货控制系统传输。

1. 订单传票

订单传票即直接以客户的订单或配送中心的送货单作为拣货指示凭据。这种方法适用于订单订购品种比较少，批量较小的情况。经常配合个别订单拣取方式。订单在传票和拣货过程中易受到污损，可能导致作业过程发生错误，而且订单上未标明货物储放的位置，靠作业人员的记忆拣货，影响拣货效率。

2. 拣货单传递

用拣货单传递拣货信息，是将原始的客户订单输入计算机，进行拣货信息处理后生成并打印出拣货单，作业人员据此拣货。在拣货单上可以标明储位，并按储位顺序

来排列货物编号，缩短了拣货路径，提高了作业效率。

采用拣货单传递拣货信息的优势在于：经过处理后形成的拣货单上所标明的信息能更直接、更具体地指导拣货作业，提高拣货作业效率和准确性。但处理打印拣货单需要一定成本，而且必须尽可能防止拣货单据出现错误。

3. 显示器传递

显示器传递是在货架上安装灯或液晶显示器来显示通过数位控制系统传递过来的拣货信息，显示器安装在储位上，相应储位上的显示器显示该商品应拣取的数量，也就是采用数位拣取系统。这种系统可以安装在重力式货架、托盘货架、一般货物棚架上。显示器传递方式可以配合人工拣货，防止拣货错误，加快拣货人员的反应速度，提高拣货效率。

4. 无线通信传递

无线通信传递是在叉车上安装无线通信设备，通过这套设备把应从哪个储位拣取何种商品及拣取数量等信息指示给叉车上的司机以拣取货物。这种传递方式通常适应于大批量出货时的拣货作业。

5. 计算机随行指示

计算机随行指示是指在叉车或台车上设置辅助拣货的计算机终端机，拣取前先将拣货信息输入计算机或软件，拣货人员依据叉车或台车上计算机屏幕的指示到正确位置拣取货物。

6. 自动拣货系统传递

拣货过程全部由自动控制系统完成。通过电子设备输入订单后形成拣货信息，在拣货信息指导下由自动拣货系统完成拣货作业，这是目前物流配送技术发展的主要方向之一。

 **工作页**

拣货单（客户别）工作页

拣货单编号				客户订单编号			
客户名称							
出货日期				出货货位号			
拣货时间	年 月 日 时 分至 时 分			拣货人			
核查时间	年 月 日 时 分至 时 分			核查人			

序号	货位编码	品名	规格	商品编码	数量（包装单位）			备注
					托盘	箱	单件	
1								
2								
3								

打印人： 打印时间：

拣货单（品种别）工作页

拣货单号		包装单位				储位号码	
货物名称		数量	箱	整托盘	单件		
规格型号							
货物编码							
生产厂家							

拣货时间： 年 月 日至 年 月 日 拣货人：
检查时间： 年 月 日至 年 月 日 核查人：

序号	订单编号	客户名称	包装单位			数量	出货货位	备注
			箱	整托盘	单件			

任务 5 配送运输

工作内容

1. 熟练掌握配送运输业务流程。
2. 用关键词描述配送车辆调度的原则。
3. 采用小组讨论法对配送车辆调度方法进行推演。
4. 学会配送车辆装载量的计算。

请读者学习材料 1、材料 2、材料 3 后完成配送运输认知工作页。

学习材料

材料 1 配送运输作业流程（理论）

配送运输的一般作业流程如图 7-6 所示。

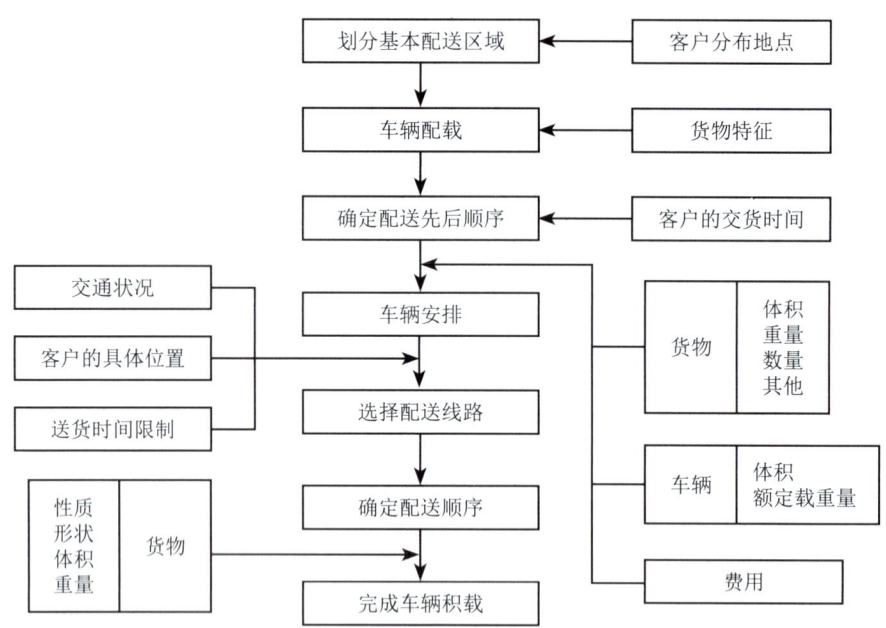

图 7-6 配送运输的一般作业流程

1. 划分基本配送区域

为使整个配送有一个可循的基本依据，应首先将客户所在地的具体位置进行系统统计，并将其作区域上的整体划分，将每一客户囊括在不同的基本配送区域之中，以作为下一步决策的基本参考。例如按行政区域或依交通条件划分不同的配送区域，在这一区域划分的基础上再作弹性调整来安排配送。

2. 车辆配载

由于配送货物品种、特性各异，为提高配送效率，确保货物质量，必须首先对特性差异大的货物进行分类。在接到订单后，将货物依特性进行分类，以分别采取不同的配送方式和运输工具，如按冷冻食品、速食品、散装货物、箱装货物等分类配载；其次，配送货物也有轻重缓急之分，必须初步确定哪些货物可配于同一辆车，哪些货物不能配于同一辆车，以做好车辆的初步配装工作。

3. 暂定配送先后顺序

在考虑其他影响因素，做出确定的配送方案前，应先根据客户订单要求的送货时间将配送的先后作业次序作一概括的预订，为后面车辆限载量做好准备工作。计划工作的目的是为了保证达到既定的目标，所以预先确定基本配送顺序可以既有效地保证送货时间，又可以尽可能提高运作效率。

4. 车辆安排

车辆安排要解决的问题是安排什么类型、吨位的配送车辆进行最后的送货。一般企业拥有的车型有限，车辆数量亦有限，当本公司车辆无法满足要求时，可使用外雇车辆。在保证配送运输质量的前提下，是组建自营车队，还是以外雇车为主，则须视经营成本而定，具体如图7-7所示。

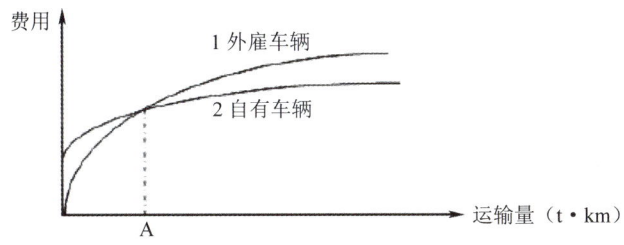

图7-7 外雇车辆和自有车辆费用比较

曲线1表示外雇车辆的配送费用随运输量的变化情况，曲线2表示自有车辆的配送费用随运输量的变化情况。当运输量小于A时，外雇车辆费用小于自有车辆费用，所以应选用外雇车辆；当运输量大于A时，外雇车辆费用大于自有车辆费用，所以应选用自有车辆。

但无论自有车辆还是外雇车辆，都必须事先掌握有哪些车辆可供调派并符合要求，即这些车辆的容量和额定载重是否满足要求；其次，安排车辆之前，还必须分析订单上货物的信息，如体积、重量、数量、对于装卸的特别要求等，综合考虑各方面因素的影响，做出最合适的车辆安排。

5. 选择配送线路

知道了每辆车负责配送的具体客户后，如何以最快的速度完成对这些货物的配送，即如何选择配送距离短、配送时间短、配送成本低的线路，这需要根据客户的具体位置、沿途的交通情况等做出优先选择和判断。

除此之外，还必须考虑有些客户或其所在地点环境对送货时间、车型等方面的特殊要求，如有些客户不在中午或晚上收货，有些道路在某高峰期实行特别的交通管制等。

6. 确定最终的配送顺序

做好车辆安排及选择好最佳的配送线路后，依据各车负责配送的具体客户的先后，即可将客户的最终配送顺序加以明确的确定。

7. 完成车辆积载

明确了客户的配送顺序后，接下来就是如何将货物装车、以什么次序装车的问题，即车辆的积载问题。原则上，知道了客户的配送顺序先后，只要将货物依"后送达先装载"的顺序装车即可。但有时为了有效利用空间，可能还要考虑货物的性质（怕震、怕压、怕撞、怕湿）、形状、体积、重量等做出弹性调整。此外，对于货物的装卸方法也必须依照货物的性质、形状、重量、体积等来做具体决定。

在以上各阶段的操作过程中，需要注意的要点有：

（1）明确订单内容。

（2）掌握货物的性质。

（3）明确具体配送地点。

（4）适当选择配送车辆。

（5）选择最优配送路线。

（6）充分考虑各作业点的装卸时间。

材料2　配送车辆调度

一、车辆调度工作的作用及特点

1. 车辆调度的作用

（1）保证运输任务按期完成。

（2）能及时了解运输任务的执行情况。

（3）促进运输及相关工作的有序进行。

（4）实现最小的运力投入。

2. 车辆调度工作的特点

（1）计划性。以合同运输为主，临时运输为辅制订运输工作计划，按运输任务认真编制、执行及检查车辆运行作业计划。

（2）预防性。在车辆运行组织中，经常进行一系列预防性检查，发现问题及时采取解决措施，避免中断运输。

（3）机动性。加强信息沟通，机动灵活地处理有关部门的问题，及时准确地发布调度命令，保证生产的连续性。

二、车辆调度工作的原则

1. 车辆调度工作的基本原则
（1）坚持统一领导和指挥，分级管理，分工负责的原则。
（2）坚持从全局出发，局部服从全局的原则。
（3）坚持以均衡和超额完成生产计划任务为出发点的原则。
（4）最低资源（运力）投入和获得最大效益的原则。

2. 车辆调度工作的具体原则
（1）宁打乱少数计划，不打乱多数计划。
（2）宁打乱局部计划，不打乱整体计划。
（3）宁打乱次要环节，不打乱主要环节。
（4）宁打乱当日计划，不打乱以后计划。
（5）宁打乱可缓运物资运输计划，不打乱急需物资运输计划。
（6）宁打乱整批货物运输计划，不打乱配装货物运输计划。
（7）宁使企业内部工作受影响，不使客户受影响。

三、车辆调度的方法

车辆调度的方法有多种，可根据客户所需货物、配送中心站点及交通线路的布局不同而选用不同的方法。简单的运输可采用定向专车运行调度法、循环调度法、交叉调度法等。如果运输任务较重、交通网络较复杂时，为合理调度车辆的运行，可运用运筹学中线性规划的方法，如最短路径法、表上作业法、图上作业法等。这里先讲图上作业法和表上作业法。

（一）空车调运数学模型

设：i——空车收点（即装货点）标号，$i=1, 2, \cdots, m$。
j——空车发点（即卸货点）标号，$j=1, 2, \cdots, n$。
Q_{ij}——由第 j 点发到第 i 点的空车数（辆）或吨位数（吨位）。
q_i——第 i 点所需车数（辆）或吨位数（吨位）。
Q_j——第 j 点空车发出数量（辆）或吨位数（吨位）。
L_{ij}——第 j 点至 i 点的距离（km）。

则空车调运最佳行驶线路选择问题可得下述数学模型。

1. 约束条件的数学模型

（1）某空车发点向各空车收点调出空车的总数，等于该点空车发量，即

$$\sum_{i=1}^{m} Q_{ij} = Q_j \quad (i=1, 2, \cdots, m)$$

（2）某空车收点调入各空车发点空车的总数，等于该点空车收量，即

$$\sum_{i=1}^{n} Q_i = q_j \quad (j=1, 2, \cdots, n)$$

(3) 上述各式中各个变量 Q_{ij} 必须不是负数，即 $Q_{ij} \geq 0$。

(4) 各空车发点调出空车的总数，等于各空车收点调入空车总数，即

$$\sum_{j=1}^{n} Q_i = \sum_{i=1}^{m} q_j$$

2. 目标函数的数学模型

确定以全部空车调运里程 $\sum L_k$ 最小为求解目标，即

$$\sum L_k = \sum Q_{ij} \cdot L_{ij} = \min$$

（二）图上作业法

这是一种借助于货物流向—流量图而进行车辆合理规划的简便线性规划方法，它能消除环状交通网上物资运输中车辆的对流运输（包括隐蔽对流运输）和迂回运输问题，得出空车调运总吨公里最小的方案。

所谓对流，就是在一段路线上有车辆往返空驶。所谓迂回，就是成圈（构成回路）的道路上，从一点到另一点有两条路可以，一条是小半圈，一条是大半圈，如果选择的路线的距离大于全回路总路程的一半，则就是迂回运输。运用线性规划理论可以证明，一个运输方案，如果没有对流和迂回，它就是一个运力最省的最优方案。

1. 图上作业法的基本知识

（1）图上作业法的常用符号。为了表达方便，交通网络使用下列符号：

○：表示货物装车点，即空车接收点。

×：表示货物卸车点，即空车发出点。

⊕：表示货物装卸点，即空车收发点。

⟶：表示重车流向线。

--▶：表示空车流向线。

（××）：某段流向线的公里数。

△：车场位置。

（2）线形分类。

图上作业法根据交通图的点和线的关系把各种线形归纳为道路不成圈（无圈）和道路成圈两类。

1）道路不成圈。就是没有回路的"树"形路线，包括直线（实际上是曲线）、丁字线、交叉线、分支线等。直线为图上作业法的基本路线，不论何种线形，都要采取一定的办法把它化为一条直线的运输形式，以便做出流向线。无圈的流向图，只要消灭对流，就是最优流向图。

2）道路成圈。就是形成闭合回路的"环"状路线，包括一个圈（有三角形、四边形、多边形）和多个圈。成圈的流向图要达到既没有对流又没有迂回的要求，才是最优流向图。

2. 交通图不含圈的图上作业法

任何一张交通网络图，其线路分布形状可分成圈和不成圈两类，对于不成圈的交

通网络图，根据线性规划原理，物资调拨或空车调运线路的确定可依据"就近调空"原则进行。此网络只要使方案中不出现对流情况即是最优方案。如根据图 7-8 所示要求就可得到图 7-9 所示的调运方案，其运力消耗最少，即吨位公里数最小。

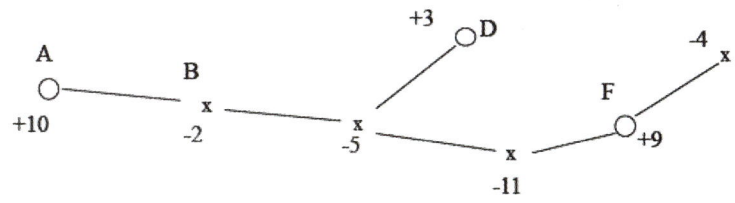

图 7-8　物资调运示意图

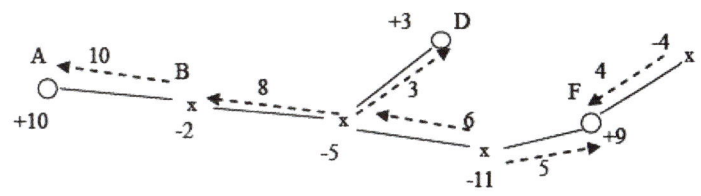

图 7-9　调运最优方案示意图

3. 交通图含圈的图上作业法

（1）假设某两点间线路"不通"，将成圈问题简化为不成圈问题考虑，得到一个初始的调运方案。

（2）检查初始调运方案是否可行。里外圈的流向线之和是否超过其周长的一半，如均小于周长的一半，则初始方案为最优方案。如外圈流向线总长超过全圈周长的一半，则缩短外圈流向；反之，应缩短里圈流向。

（3）调整超长圈。具体方法是选该圈流向线中流量最小的进行调整，在超长圈各段流向线上减去最小的运量，然后再在相反方向的圈流向线和原来没有流向线的各段加上同样数目的运量，就可得到一个新的调拨方案。然后再用上述方法处理，直到内外圈空车流向线之和均小于周长的一半，此时得到的调运方案为最优方案。对于有几个圈的交通网络，则应逐圈检查并调整，直到每一圈都能符合要求，此时才能得到空车调拨的最优方案。

（三）表上作业法

表上作业法是用列表的方法求解线性规划问题中运输模型的计算方法。当某些线性规划问题采用图上作业法难以进行直观求解时，就可以将各元素列成相关表，作为初始方案，然后采用检验数来验证这个方案，否则就要采用闭回路法、位势法、矩形法等方法进行调整，直至得到满意的结果。运输问题是一类常见且极其典型的 LP 问题。

从理论上讲，运输问题可以用单纯型来求解。但由于运输问题数学模型具有特殊的结构，存在一种比单纯型法更简便的计算方法，即表上作业法。用表上作业法来求解运输问题比单纯型可节约计算时间和计算费用，但表上作业法实质上仍是单纯型法。

表上作业法的基本程序如下：

（1）列出供需平衡表。

（2）在表上做出初始方案。

（3）检查初始方案是否最优。

（4）调整初始方案求得最优解。

材料3　配送车辆积载

一、影响配送车辆积载的因素

（1）货物特性因素。如轻泡货物，由于车辆容积的限制和运行限制（主要是超高）而无法满足吨位，造成吨位利用率降低。

（2）货物包装情况。如车厢尺寸不与货物包装容器的尺寸成整倍数关系，则无法装满车厢。如货物宽度80cm，车厢宽度220cm，将会剩余60cm。

（3）不能拼装运输。应尽量选派核定吨位与所配送的货物数量接近的车辆进行运输，或按有关规定而必须减载运送，比如有些危险品必须减载运送才能保证安全。

（4）由于装载技术的原因，造成不能装足吨位。

二、车辆积载的原则

（1）轻重搭配的原则。

车辆装货时，必须将重货置于底部，轻货置于上部，避免重货压坏轻货，并使货物重心下移，从而保证运输安全。

（2）大小搭配的原则。

货物包装的尺寸有大有小，为了充分利用车厢的内容积，可在同一层或上下层合理搭配不同尺寸的货物，以减少箱内的空隙。

（3）货物性质搭配原则。

拼装在一个车厢内的货物，其化学性质、物理属性不能互相抵触。如不能将散发臭味的货物与具有吸臭性的食品混装，不将散发粉尘的货物与清洁货物混装。

（4）到达同一地点的适合配装的货物应尽可能一次积载。

（5）确定合理的堆码层次及方法。

可根据车厢的尺寸、容积、货物外包装的尺寸来确定。

（6）装载时不允许超过车辆所允许的最大载重量。

（7）装载易滚动的卷状、桶状货物，要垂直摆放。

（8）货与货之间、货与车辆之间应留有空隙并适当衬垫，防止货损。

（9）装货完毕，应在门端处采取适当的稳固措施，以防开门卸货时货物倾倒造成货损。

(10)尽量做到"后送先装"。

三、提高车辆装载效率的具体办法

(1)研究各类车厢的装载标准,根据不同货物和不同包装体积的要求合理安排装载顺序,努力提高装载技术和操作水平,力求装足车辆核定吨位。

(2)根据客户所需要的货物品种和数量调派适宜的车型承运,这就要求配送中心根据经营商品的特性配备合适的车型结构。

(3)凡是可以拼装运输的尽可能拼装运输,但要注意防止差错。

箱式车有确定的车箱容积,敞篷车也因高度所限车辆的载货容积为确定值。设车箱容积为V,车辆载重量为W。现要装载质量体积为R_a和R_b的两种货物,使得车辆的载重量和车箱容积均被充分利用。

设两种货物的配装重量为W_a、W_b。

$$\begin{cases} W_a + W_b = W \\ W_a \times R_a + W_b \times R_b = V \end{cases}$$

$$W_a = \frac{V - W \times R_b}{R_a - R_b}$$

$$W_b = \frac{V - W \times R_a}{R_b - R_a}$$

通过以上计算可以得出两种货物的搭配使车辆的载重能力和车厢容积都得到了充分利用。但是其前提条件是:车厢的容积系数介于所要配载货物的容重比之间。如所需要装载的货物的质量体积都大于或小于车厢容积系数,则只能是车厢容积不满或者不能满足载重量。当存在多种货物时,可以将货物比重与车辆容积系数相近的货物先配装,剩下两种最重和最轻的货物进行搭配配装;或者对需要保证数量的货物先足量配装,再对不定量配送的货物进行配装。

四、配送车辆的装载与卸载

1. 装卸的基本要求

装载卸载总的要求是"省力、节能、减少损失、快速、低成本"。

(1)装车前应对车厢进行检查和清扫。因货物性质不同,装车前需对车辆进行清洗、消毒,必须达到规定要求。

(2)确定最恰当的装卸方式。在装卸过程中,应尽量减少或根本不消耗装卸的动力,利用货物本身的重量进行装卸,如利用滑板、滑槽等。同时应考虑货物的性质及包装,选择最适当的装卸方法,以保证货物的完好。

(3)合理配置和使用装卸机具。根据工艺方案科学地选择并将装卸机具按一定的流程合理地布局,以达到搬运装卸的路径最短。

(4)力求减少装卸次数。物流过程中,发生货损货差的主要环节是装卸环节,而在整个物流过程中,装卸作业又是反复进行的,从发生的频数来看,超过其他环节。

装卸作业环节不仅不增加货物的价值和使用价值，还有可能增加货物破损的概率和延缓整个物流作业速度，从而增加物流成本。

（5）防止货物装卸时的混杂、散落、漏损、碰撞。特别要注意有毒货物不得与食用类货物混装，性质相抵触的货物不能混装。

（6）装车的货物应数量准确，捆扎牢靠，做好防丢措施；卸货时应清点准确，码放、堆放整齐，标志向外，箭头向上。

（7）提高货物集装化或散装化作业水平，成件货物集装化、粉粒状货物散装化是提高作业效率的重要手段。所以，成件货物应尽可能集装成托盘系列、集装箱、货捆、货架、网袋等货物单元再进行装卸作业。各种粉粒状货物尽可能采用散装化作业，直接装入专用车、船、库。不宜大量化的粉粒状货物也可装入专用托盘、集装箱、集装袋内，提高货物活性指数，便于采用机械设备进行装卸作业。

（8）做好装卸现场组织工作。装卸现场的作业场地、进出口通道、作业流程、人机配置等布局设计应合理，使现有的和潜在的装卸能力充分发挥或发掘出来。避免由于组织管理工作不当造成装卸现场拥挤、紊乱现象，以确保装卸工作安全顺利完成。

2. 装卸的工作组织

货物配送运输工作的目的在于不断谋求提高装卸工作质量及效率、加速车辆周转、确保物流效率。因此，除了强化硬件之外，在装卸工作组织方面也要给予充分重视，做好装卸组织工作。

（1）制定合理的装卸工艺方案。用"就近装卸"法或"作业量最小"法。在进行装卸工艺方案设计时应该综合考虑，尽量减少"二次搬运"和"临时放置"，使搬运装卸工作更合理。

（2）提高装卸作业的连续性。装卸作业应按流水作业原则进行，工序间应合理衔接，必须进行换装作业的应尽可能采用直接换装方式。

（3）装卸地点相对集中或固定。装载、卸载地点相对集中，便于装卸作业的机械化、自动化，可以提高装卸效率。

（4）力求装卸设施、工艺的标准化。为了促进物流各环节的协调，就要求装卸作业各工艺阶段间的工艺装备、设施与组织管理工作相互配合，尽可能减少因装卸环节造成的货损货差。

3. 装车堆积

装车堆积，是在具体装车时为充分利用车厢载重量、容积而采用的方法。一般是根据所配送货物的性质和包装来确定堆积的行、列、层数及码放的规律。

（1）堆积的方式。堆积的方式有行列式堆码方式和直立式堆码方式。

（2）堆积应注意的事项。

1）堆码方式要规律、整齐。

2）堆码高度不能太高。车辆堆装高度一是受限于道路高度限制，二是道路运输法规规定，如大型货车的高度从地面起不得超过 4m，载重量 1000kg 以上的小型货车不得超过 2.5m，载重量 1000kg 以下的小型货车不得超过 2m。

3）货物在横向不得超出车厢宽度，前端不得超出车身，后端不得超出车厢的长度为：大货车不超过 2m，载重量 1000kg 以上的小型货车不得超过 1m，载重量 1000kg 以下的小型货车不得超过 50cm。

4）堆码时应重货在下，轻货在上；包装强度差的应放在包装强度好的上面。

5）货物应大小搭配，以利于充分利用车厢的装载容积及核定载重量。

6）按顺序堆码，先卸车的货物后码放。

4. 绑扎

绑扎是配送发车前的最后一个环节，也是非常重要的环节。是在配送货物按客户订单全部装车完毕后，为了保证货物在配送运输过程中的完好，以及为避免车辆达到各客户点卸货或开箱时发生货物倾倒，而必须进行的一道工序。

（1）绑扎时的考虑。

1）绑扎端点要易于固定而且牢靠。

2）可根据具体情况选择绑扎形式。

3）应注意绑扎的松紧度，避免货物或其外包装损坏。

（2）绑扎的形式。

绑扎的形式有单件捆绑、单元化/成组化捆绑、分层捆绑、分行捆绑、分列捆绑。

（3）绑扎的方法。

绑扎的方法有平行绑扎、垂直绑扎、相互交错绑扎。

工作页

任务描述：某建材配送中心，某日需运送水泥 580 吨、盘条 400 吨和不定量的平板玻璃。该中心有大型车 20 辆、中型车 20 辆、小型车 30 辆。各种车每日只运送一种货物。

运输定额工作页

车辆种类	运送水泥	运送盘条	运送玻璃
大型车	20	17	14
中型车	18	15	12
小型车	16	13	10

根据经验派车法确定，车辆安排的顺序为大型车、中型车、小型车。货载安排的顺序为水泥、盘条、玻璃，共完成货运量 1080 吨。

派车方案工作页

车辆种类	运送水泥	运送盘条	运送玻璃	车辆总数
大型车	20		14	20
中型车	10	10	12	20
小型车		20	10	30
货运量 / 吨	580	400		

请结合所学内容为某配送中心制订配送车辆积载计划。

参 考 文 献

[1] 程一飞．货物配送实务 [M]．2 版．北京：人民交通出版社，2021．
[2] 李作聚．回收物流实务 [M]．北京：清华大学出版社，2011．
[3] 汪晓霞．城市物流配送管理 [M]．北京：北京交通大学出版社，2021．
[4] 高晓莎．配送中心运营管理 [M]．北京：北京师范大学出版社，2021．
[5] 刘华．现代物流管理概论 [M]．北京：清华大学出版社，2010．
[6] 花明．运输与配送实务 [M]．2 版．杭州：浙江大学出版社，2020．
[7] 张志乔．物流配送管理 [M]．北京：人民邮电出版社，2020．
[8] 程海洪．配送中心管理理论与实务 [M]．北京：北京交通大学出版社，2021．
[9] 赵娴．连锁企业物流配送 [M]．北京：中国发展出版社，2019．
[10] 刘联辉．配送实务 [M]．2 版．北京：中国财富出版社，2019．
[11] 朱华．配送中心管理与运作 [M]．北京：高等教育出版社，2016．
[12] 李玉民．配送中心运营管理 [M]．北京：电子工业出版社，2017．
[13] 白世贞．仓储与配送实务 [M]．北京：中国财政经济出版社，2021．
[14] 朱庆伟．配送管理实务 [M]．北京：中国财富出版社，2021．
[15] 谢雪梅．物流仓储与配送 [M]．北京：北京理工大学出版社，2010．
[16] 沈瑞山．配送管理实务 [M]．北京：中国人民大学出版社，2011．
[17] 姚城．配送中心规划与运作管理 [M]．广州：广州经济出版社，2011．
[18] 舒文．物流仓储与配送管理 [M]．成都：西南交通大学出版社，2013．
[19] 陈虎．物流配送中心运作管理 [M]．北京：北京大学出版社，2011．
[20] 关杰．物流配送与仓储实务 [M]．重庆：重庆大学出版社，2011．
[21] 花明．运输与配送实务 [M]．杭州：浙江大学出版社，2009．
[22] 刘南．运输与配送 [M]．北京：科学出版社，2010．
[23] 杨国荣．配送管理实务 [M]．北京：北京理工大学出版社，2010．
[24] 李守斌．配送作业实务 [M]．2 版．北京：机械工业出版社，2011．
[25] 孙晓．物流配送 [M]．北京：化学工业出版社，2007．
[26] 石纳芳．配送管理实务 [M]．北京：人民邮电出版社，2011．

[27] 谭利其. 配送与流通加工作业实务 [M]. 北京：科学出版社，2011.

[28] 吉亮. 仓储与配送管理 [M]. 北京：中国农业大学出版社，2010.

[29] 王喻. 仓储与配送管理项目式教程 [M]. 北京：北京大学出版社，2012.

[30] 蒋长兵. 运输与配送管理实验与案例 [M]. 北京：中国财富出版社，2011.

[31] 冯耕中. 物流配送中心规划与设计 [M]. 2版. 西安：西安交通大学出版社，2011.

[32] 刘昌祺. 物流配送工程管理技术及其设计应用 [M]. 北京：中国财富出版社，2010.